어떻게
그렇게

우선덕 산문

어떻게
그렇게

초판 1쇄 발행 · 2024년 12월 20일

지은이 우선덕
펴낸곳 오프로드
펴낸이 우영창
편집 권윤지
디자인 김경일

출판등록 제 2022-000122 호 (2022. 10. 26)
주소 (13517) 경기도 성남시 분당구 야탑로 102 뉴젠빌 521호
대표전화 010 4615 7651
e-mail dookj14@naver.com
웹사이트 https://dookj14.wixsite.com/searchjeonbok

ISBN · 979-11-980874-1-6(03810)

· 비상업적 용도에 한해 내용 일부 인용 및 이미지 복사·전송 가능합니다.
· 값은 뒤표지에 있습니다.
· 잘못된 책은 구입하신 서점에서 바꾸어 드립니다.

이 책은 서울시, 서울문화재단의 지원을 받아 제작되었습니다.

어떻게 그렇게

우선덕 산문

저자의 마음

산문집 비슷한 책을 내고 싶었다.
산문집이면 산문집이지, '비슷한'이라니.
글의 깊이와 무게에 자신 없으니 해보는 소리이다.
우물이 깊어야 물맛이 차고 맑고 무겁다던가.
허나, 맨손으로 한 움큼 퍼 올려 마른 입술 잠깐 적시는
옹달샘 물도 반가울 수 있다.
새들과 네 발 가진 동물들이 편히 마시고,
벌과 뱀도 목마름을 달래고 가는 산속 숲속 작은 샘물.
그리고 그대와 나도 잠시 쉬어가는 것인데 이 책이 그렇다면 좋겠다.
어쩌다 작은 웃음보도? 더 바랄나위가 없을 터이다.

샘으로 가는 길은 소박하고 외지며 때로는 거친 오솔길이다.
나무와 풀과 바람, 구름이 있는 풍경은 가볍다.
이 날까지의 글에서 추려 엮어보니 오솔길로 왔음을 알겠다.
이 길이 아닌 저 길로 갈 기회는 여러 번이었다.
영광이 약속된 것 같은 저 길들.
저 길을 택해야 했다는 후일담을 더러 듣지만,
분명히 매번 알며 곁길을 골랐다.
덕분에 이 책이 시대의 기록이 되지 못하고
오로지 개인 발자취의 일부가 됨을 안다.

'물이 반 컵이나 있다 · 반 컵밖에 없다'
둘 다 아니고 '물이 반 컵 있다'고 생각하는 쪽이다.
바로 긍정의 참뜻. 나는 긍정의 인간이다.
소설은 허구와 상상력을 바탕으로 이야기와 등장인물을 통해
소설가의 어느 생각과 주장을 형상화시킨다.
그렇기에 소설이 아닌 나의 이야기, 산문집을 한 번은 원한 것이다.

세심하게 작업해준 펴낸이,
내 방식으로 보낸 원고의 방을 열고
또 열어 읽느라 고행한 명민한 사람 권윤지 작가,
표지그림을 어렵게 허락해준 사랑하는 딸 도경,
책의 모양을 잡아준 김경일 디자이너, 정말 고맙다.
故정신기 할머니를 으뜸으로
〈어떻게 그렇게〉의 여러분께 사랑과 고마운 진심을 바친다.
저세상에 계신 분, 이 세상에 남은 분
모두 부디 평온과 평화와 건강과 행복이 가득하시기를!

2024. 12월.

우선덕 씀

차례

1 한 시절이 가네 · **008**

2 그해 그즈음 · **045**

3 한담 · **070**

4 바보 같은 나의 육아 · **090**

5 부모 그리고 고향 · **113**

6 생활 속에서 · **150**

7 자식 · **190**

8 형제 자매 · **224**

9 사랑과 행복에 관하여 · **239**

10 사람이란 것 · **264**

11 생명들과 함께 · **277**

12 약간 사회시사 그리고 각종 기도 · **301**

1

한 시절이 가네

간이역
연꽃
첫
신춘문예와 나
한 시절들이 가네
금일봉
가끔 고쳐 쓰는 연보

간이역

　아침 기차를 타고 가면 안개가 뽀얀 간이역이 있다. 안개는 출발역부터 있었건만 공연히 간이역의 안개가 더 멋있고 짙게 느껴진다. 안개 속에서 떠올라오는 둥근 해며 햇살을 타고 발갛게 스러지는 안개. 안개는 이슬비로 변하고 장마의 예감을 가져오기도 한다. 장마 때는 거의 안개를 볼 수 있다.
　창에는 사람들 숨결이 어리고 솔솔 물방울로 흘러내린다. 얼마나 많은 이들의 생명이 창에까지 다가와서 흐르고 마는가.
　차창 밖의 모든 것이 아스라이 멀고 세상의 것 같지 않다. 영혼도 어디론가 떠나고 안개 속엔 무너져 내리는 육신이 하나 있을 뿐이다.

　철로와 함께 나란히 뻗어 나간 도로는 안개로 가득 채워져 있다. 그 속을 헤치며 오는 자동차의 불빛은 솜방망이를 만들며 시드는 민들레꽃 모양을 하고 있다. 후- 불면 공중으로 떠오르고 산산이 흩어질 것만 같다. 흩뿌려지고 떠다니다 어느 낯선 거리, 낯선 뜰에 사뿐히 내려앉을 것이다. 씨앗은 낯선 거리, 낯선 뜰, 낯선 언덕배기에서 또 하나의 생명을 싹트게 하지 않으면 안 된다. 낯선 이웃에게 상냥한 인사를 건네어도 보고, 서로 길들고 길들이는 일을 하며 잎새를 뻗어 올리고 꽃을 피우고 다시 견고한 씨앗을 만들어야 한다.
　생명이란 끈질긴 것이다. 무너진 탄광 갱도에 갇혔다가 2주일 훨씬 뒤에 구출된 광부의 것만은 아니다. 단지 몇날을 살아보자고 오랜 동면의 인고를 한 한 마리 매미의 것이며, 찢긴 조각조각으로 꿈틀대는 불가사리의 것이며, 인큐베이터 속에 갇힌 갓난애의 것이기도 하다.

아는 이가, 증오는 순간이고 감성은 나비의 날개가루 떨어지는 것보다 더 바쁘게 흩어지는 것이라고 했다. 무릇 모질고 끈질긴 이승의 모든 생명은, 순간이다. 잠시 멈칫거리다 흘러내려 어느 틈새로 스며드는 차창의 물방울 같은 것이다.

순간이란 매력에 불과한지 모른다. 끈질김은 애착을 강요한다. 보통 끈질김이라는 건 아름다운 어휘와 껍질로 치장되어 있으나 구차하다.

사람들은 끈질김을 살고 있는 것, 살아가는 것이라고 바꾸어 부르기도 한다.

살아 있다는 건 나쁜 일이 아니다. 대단히 중요하며 가장 중요하며 고마운 일이다. 잘 수 있고 말할 수 있으며 먹을 수 있기 때문이다. 사랑할 수 있고 추억을 만들 수 있고 그 기억 속에 잠길 수도 있기 때문이다.

사람의 기억이란 놀랍고 이상스럽다. 옆방에 맘씨 고운 여자가 살았는데 기억 때문에 괴로워하고는 했다. 마음을 앓았던 기억이 타인에 의해 불러일으켜질 때를 참지 못했다. 사람들이란 대체로 편리한 것을 좋아해서 자신의 나쁜 일보다는 남의 나빴던 일을, 남의 좋은 일보다는 자신의 좋았던 일을 기억하며 즐겨 이야기하기 마련이다.

명심보감에 '다른 사람을 헤아리려거든 먼저 스스로를 헤아려 보라, 남을 해치는 말은 도리어 스스로를 해침이니 피를 머금어 남에게 뿜자면 먼저 제 입이 더러워지는 법이다'고 했고, 이는 또한 '하늘을 향해 침을 뱉으면 도로 제 몸에 떨어지는 것과 같다'고도 했건만 여전히 스스로 더

럽힘을 주저하지 않는다.

 강아지가 아파도 근심하여 아끼고 낫도록 살펴 주는 게 인정인데 하물며 사람의 아픔에 있어서야 더 말할 여지도 없으리라. 몸이 아프든 마음이 아프든 보이게 보이지 않게 상처가 생기고 대부분의 상처는 아물어도 흔적이 남게 마련이다.
 아픔과 상처와 그 흔적으로 깁고 기운 누더기의 기억일지라도 뉘우침과 맑음을 키우며 변명조차 없던 여자는 찬란하다. 실오라기만 한 진실이 아직 세상에 남아 있다면 그건 스스로 더럽힘을 당하는 이들의 것은 아니다.

 이제 여자는 새벽에 일어나 싱싱한 공기를 마시며 마당을 쓸어 봐도 좋을 것이다. 눈부시게는 아니어도 잘 바랜 옥양목 같은 빛깔을 여자는 뽐내며 걸어야 한다. 상처의 흔적이 대니얼 호손 주홍 글씨의 에스터처럼 A자 모양으로 빛나고 있대도 상관없겠다.
 아침 기차를 타고 가면 안개가 뽀얀 간이역이 있다. 도로변의 '안개 지역'이라는 안전 팻말이 도리어 안개를 부른다. 안개는 때로 이슬비가 되고 장마의 예감을 가져오기도 한다. 장마철에는 거의 안개를 볼 수 있다.

 창에는 사람들의 숨결이 어리고 솔솔 물방울로 흘러내린다. 얼마나 많은 이들의 생명이 창에까지 다가왔다 덧없이 스러지는 것일까.
 아마 오늘은 춥지 않으리라, 그러나 비가 올까 걱정이다.

 (1976)

연꽃

그게 늦은 봄인지 여름인지 가을인지 잘 모르겠다. 추웠으니까 여름은 아닐 것 같다.

아버지는 가끔 그러셨는데 모종을 얻어 통금이 다 된 시간에 들어오시고는 하였다. 술을 한 잔 받아주고 얻었는지, 그림이라도 한 폭 쳐주고 바꿨는지 알 수 없으나, 얼근하게 취해서 늦은 밤 모종을 하시곤 했다. 회중전등을 비추거나 모종의 윗부분을 들고 있어야 하는 게 내게 주어진 일이었다.

잔 솜털뿌리 하나라도 다칠세라 취중에도 여간 애쓰는 게 아닌 아버지를 지키고 있노라면 추위 속에서도 따뜻한 무엇이 밀려 올라옴을 느끼고는 하였다.

그렇게 심은 모종에는 단풍이 있고 생각나지 않는 꽃들과 목련이 있었다.

가을낙엽을 주우러 아버지와 커다란 망태기를 들고 헤매던 일들. 누군가는 낙엽을 모아 태운다는데 우리 부녀가 긁어모은 낙엽은 땅속 깊이 묻혔다가 이듬해 봄에 야릇한 냄새를 피우며 파헤쳐지고는 했다. 그것들은 까맣게 썩어 앞뜰의 꽃과 나무와 채소를 살찌게 해주었다.

언제 어디에 잠깐 머물러도 아버지는 자신만의 분위기를 만들어낸다.

아버지가 머무는 곳에는 꽃이 있고 채소밭이 있고 소라와 커다란 조개껍질이 있다. 갓 삶아 널어놓은 러닝셔츠가 바람과 햇볕에 바라며 마르고 있고, 값은 비싸지 않으나 무척 보기 좋은 골동품도 놓여진다. 난을 수십 번 그었을 새까매진 화선지가 잿빛 하늘 아래 자라기도 하고, 새벽, 하얗게 눈 덮인 세상에 싸리비가 스쳐간 오솔길도 보인다.

아버지만큼 베레가 어울리는 사람을 나는 살아오면서 아직 본 적이 없다.

어렸을 때 쥐색 프랑스제 베레를 아버지에게서 선물 받았다. 베레 쓰는 법을 설명을 해준 아버지 앞에서 나는 여러 번 실기(實技)를 해보여야 했다. 쓰는 법이란 게 따로 있는 건 아니겠지만 그래도 다른 이들이 베레 쓴 모양은 지금도 우습게만 보인다.

생김으로 예술을 하는 건 아닐 것이다. 그러나 이 또한 아버지만큼 예술가란 명칭이 어울리는 이도 드물다. 아버지의 얼굴은 아버지의 것만으로 되어 있다. 옳은 고집으로 일관된 평생이었던 것이다. 세상 모든 사람이 자기만의 얼굴을 가질 수는 없으리라.

상해유학시의 젊은 시절 아버지는 서양화를 공부하였다. 그 후 사정이 나빠져 서양화를 계속할 수 없었고 그러다가 묵을 치게 되었다.

작년에 내가 신춘문예에 당선하고서 모처럼 부녀는 팔을 끼고 걸어 휘돌아다녔다. 매서운 겨울바람도 부녀를 춥게 하지는 못했다. 아버지는 대폿집 순례를 하며 야주를 드시곤,

- 이놈이 제 딸 녀석입니다.

하시고는 했다.

- 제 딸 녀석입니다.

지나는 낯선 사람을 붙잡고도 신문을 펼쳐 보이며 그렇게 노래했다. 내가 크도록 기쁨과 슬픔과 따뜻한 정조차 내비치지 않던 아버지였다. 하여튼 지난해 끝날 대폿집을 돌다가 마지막 집에서 부녀는 마주앉았다. 상당히 취한 아버지는, 신인으로 작가로 예술인으로 지녀야할 마음가짐에 대하여 일일이 가르쳤다. 문 틈새로 전깃줄을 때리고 온 바람이 스며들고 있었다.

- 이젠 그만 드세요. 과음하셨단 말예요.
- 아니다. 아무렇지도 않다. 얼마든지 마실 수 있다.

그러면서 고집과 기쁨을 섞어 한없이 드시는 거였다.

- 난 말이다, 남들이 들으면 웃을지 몰라도 육십이란 생각이 안 든다. 이제부터인 것만 같구나. 어떻게 올해부터는 유화를 해보았으면 하는 생각도 들고 말이다. 끝까지 노력하는 그림장이었으면 하는 게 내 소원이다.

어쩌다 아버지가 그런 이야기까지 하였는지, 육십이 될 동안 내내 가슴에 품고만 사셨는지는 모르겠다. 그러나 그날 아버지는 나를 자식으로가 아니라 같이 이해하고 숨 쉬며 고통을 인내해야 할 한 명의 예술인으로 대해주었던 것이다. 나는 가슴이 함부로 쓰리는 감격에,

- 우 선생, 그리시오! 쓰러질 때까지 그리는 겁니다. 언제나 시작이 아니겠소?

하며 어깨를 힘차게 두드려 주고 싶은 무한한 동지애를 느꼈으나, 원체 우리 부녀 사이에는 쑥스러운 일이라서 그 마음은 그냥 접어두고 말았다.

그 후 틈틈이 아버지는 유화에 손을 대었다. 잘돼요? 여쭈면, 이제 처음부터 하려니 어렵구나, 하고는 혼자 얼굴을 붉혔다.

올해 들어 아버지는 눈에 띄게 쇠약해졌다. 봄에 있던 회갑전에서 나는 세상에 나와 처음으로 아버지의 유화를 만났다. 기쁜 날 왠지 슬픔 비슷한 감정이 뭉클뭉클 솟는지 모를 일이었다. 제발 한 40년쯤 더 사셔서 그렇게 하고 싶어 하는 유화를 마음껏 하실 수 있기를 바라서였을 것이다.

아버지 그림 속의 것은 죄다 외로워 보인다. 사용하는 색채 또한 그렇다. 아버지가 드물게 웃을 때는 고독한 짙은 그림자를 볼 수 있다. 그건 곧고 바르게 살아온 자만 가질 수 있는 견고한 그림자이다.

- 애야, 그 옆으로 가봐라.

얼마 전 아버지에게 갔더니 그 말만 하고는 빈 물통을 들고 휑하니 우물가로 사라져 버렸다. 집 옆으로 돌아가 보니 많던 화분은 다 어디로 갔는지 크고 작은 물통이 몇 개 있었다. 물통 안에는 몇 종류인가 연이 제각기 꽃을 피워 올리고 있는 중이었다. 아침햇살을 받아 꽃은 찬란하고 고왔으나 무척 조용했다.

아끼던 화초를 버리고 왜 돌연 연을 구하였는지 그건 좀 더 두고두고 생각해 볼 일이다.

산을 내려오며 위를 쳐다보니 아버지는 여전히 마당을 쓸고 나무를 나르고 못질을 하신다. 그곳에 아버지가 안 계신다고 해도 나는 아버지의 거처임을 쉽게 알아낼 수가 있다. 아버지가 머무는 곳이면 그 주위가 모여 아버지의 모습을 만들어내기 때문이다. 아버지 모습은 바다를 내려다보고 있는 것 같다.

오 내 나이 아직 어릴 때 내 입은 가볍고 바다 위에 떠돌기 나 참 원했네…

아버지는 바다를 보며 두나를 부르는지도 모른다. 아니면, 지금도 끊임없이, 아버지가 선택한 그림, 지금까지와 마찬가지로 멀고 고독한 그 길을 갈고 닦으며 한 송이 연꽃을 피우고자 하는지도 모른다. 무릇, 피었다지면 그뿐인 세상의 꽃이 아니라 찬란하되 겸손하며 시들지 않는 꽃을.

(1976)

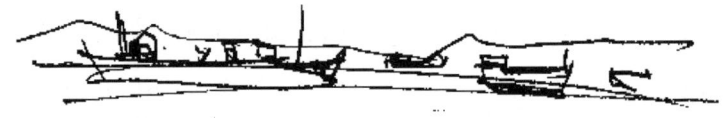

첫

소설가가 되고 78년 11월 초에 '첫'책이 나왔다. 그런데 아뿔싸! 그게 첫 책이 아니었다. 76년에 여러 작가가 함께 엮은, 제목조차 잊어버린 에세이집이 있었다. 소설로는 고려원에서 낸 책이 첫 책이고, 그냥 책으로는 에세이집이 첫 책이 될 것이다. '첫'두 번째 장편소설이 있고, '첫'세 번째 장편소설도 있다. '첫'아이는 83년에 낳았다. '첫'둘째아이는 87년에 만났다. 올해 '첫' 마흔아홉 번째 생일을 보냈다. 내년에 내 생애 '첫' 쉰 살을 맞이하게 될 것이다.

살아온 흔적에 이렇게 '첫'자를 붙여 보았다. 모든 사랑은 첫사랑이라는 진부하되 진실임에 틀림없는 말구를 적용해본 것이다. 결혼하는 신부가, 평생에 단 한 번뿐인 결혼식이니 기억에 남게 잘 치르고 싶다는 그 말에의 흔한 대구對句가 떠올라서이다. 평생에 단 한 번뿐인 게 어찌 너의 결혼식뿐이랴, 모든 하루가 너의 생에 단 한 번뿐이다, 라는 말씀 말이다.

오늘 지금 이 자리는 단 한 번이며 지나가면 다시 오지 않는다. 그만큼 소중하며 허수로이 할 수 없는 우리 생의 순간순간을 선인들은 말하였다. 그런데도 절대로 두 번 오지 않을 소중한 '첫'을 잊고 산다. 하루와 순간을 치열하게 살아내야 함을 잊어버린다. 천천히, 느림, 때로는 빈둥거리는 것도 좋다는 책 제목에 심히 매료되어 다만 그 실행을 우선으로 한 일상이 더 많은 나날이다.

모든 '첫'을 말하매 결국 지나간 시간이다. '첫'은 과거이며 추억이다. '첫'을 맞이할 때 몰랐던 설렘이 오히려 오늘 그리움과 함께 정겹게 묻어온다. 그리고 내년에 올 '첫'쉰 살과 쉰 살 난 해의 일들은 말할 수 없다. 당연한 얘기지만 오지 않은 일은 말할 게 없고, 말할 수도 없기 때문이다.

78년 늦봄 아니면 초여름, 나는 나의 '첫'직장, 태창영화사 기획실에서 근무하고 있었다. 기획실 근무자는 4명이었다. 한 명은 전무 직함을 갖고 있는 사장의 막내 동생이고, 조정래 선생, 나, 영화 조감독 한 명.

4명에게 특별히 주어진 일은 없었다. 배달되어 온 신문을 나눠 읽고 우리 영화사와 관계된 한 줄짜리 기사라도 있으면 오려내 스크랩을 하였다. 기사가 없는 날은 진짜 할 일이 없었고 그런 날이 더 많았다. 식사시간 되면 밥 먹고 잡담하다가 시각에 맞춰 퇴근하였다. 그게 일이라면 일이었다. 영화사가 기획실을 왜 두고 있는지 전혀 알 수 없었다.

한심하고 한가한 세월을 보내던 어느 날 고려원 편집장이라는 남자의 전화를 받았다. 어눌하고 성실한 어조였다. '출판사에서 신인 소설가 5명을 선정하였다, 5명의 신인 작가가 쓴 장편소설 5권을 한꺼번에 책으로 낸다는 기획에 우선덕이 포함되어 있다.' 그러니 계약하자는 이야기였다.

세상에, 8백매라니! 장편소설이라니! 얼마만큼 쓰고 또 써야 8백매가 되는 것인가?

매스컴에, 환상적이고 파격적이며 신선한 계약과 기획이라는 기사가 대서특필되었다. 초판 1만부. 선 인세에 해당되지 않는 순수한 계약금. 8백매 원고료 따로 지급. 거기에 인세. 우리나라 출판 사상 처음 있는 일이며, 신생 출판사의 '첫' 시도라고 했다.

사표를 냈다. 직장생활 두 달째에 받은 마지막 월급과 출판사 계약금이 원고를 건네줄 8월 30일까지 내 명줄을 지켜줄 전 재산이었다. 약속대로 원고를 넘기면 원고료를 받을 테고, 책이 나오면 인세가 있을 테니, 먹고 사는 일은 걱정하지 않아도 될 것 같았다.

칠월 팔월. 더웠다. 세 살던 자취방은 창문이 출입문이어서 높은 창문턱을 통해 넘나들어야 했다. 까치발로 창문턱을 내려서면 급조된 임시 부엌이 있었다. 부엌문과 출입창문을 열어 놓아봤자 바람 한 점 들어오지 않았다. 출입은 창문으로 해야 한다는 희한한 조건의 자취방에서 나는 '첫'장편소설을 썼다. 방안은 찜통이었다. 대여섯 장 물수건으로 머리 꼭대기부터 다리까지 얹고 둘렀다. 발은 대야 물에 담갔다. 방바닥과 몸에 물과 땀이 줄줄 흘러 끈적이며 미끈거렸다. 온몸 가득 방울방울 투명한 습진이 가득 돋아났다. 헉헉거리며 몽롱해지기도 하며 나는 썼다. 별수가 없었다.

8백매 원고를 보자기에 싸들고 인사동 입구에 있던 고려원에 갔다. 약속한 8월 30일이었다. 나머지 김신운 이광복 이외수 한각수 4명이 다 써서 갖고 오려면 아직 멀었다고 시인이며 편집장인 이세룡 씨는 알려주었다. 그렇더라도 출판사는 원고와 맞바꾸기로 한 원고료를 준비해놓지 않았다. 원고료를 신청해 보겠다며 편집장이 나를 달랬지만 나는 이해되지 않았다. 그 어떤 일도.

가을 이사철이 되며 방세가 올라 출입이 부엌창문이어야 하는 그 집을 나와야 했다. 동대문구 끝에서 삼청동 비탈 동네로 가게 되었다. 원고료 약속한 날에서 한 달이 지난 후였으므로 쌀이 없고 연탄이 없었다. 아침저녁 기온은 하루가 다르게 낮아졌다. 무척 춥게 잔 다음날은 인사동 길을 걸어 고려원에 갔다. 편집장은 매번 어쩔 줄 몰라 허둥거리며 근처 술집에서 맥주 한 병을 사 내게 반을 주고 반은 자기가 마셨다. 그가 고료를 내놓는 사장이 아니었으므로, 다시 삼청동 언덕길을 타박타박 걸어 관속같이 좁고 작으며 어두운 방으로 돌아오는 일이 계속되었다. 없는 쌀보다 없는 연탄이 더 뼈아프게 슬프고 서러우며 시렸다.

연탄 사야 하는데… 연탄 사야 되는데….

밤에는 울었다. 나머지 4명의 원고는 그때도록 도착하지 않았다. 그들이 다 써오면 한꺼번에 준다는데, 약속을 지키지 않아도 세상은 정녕 어떻게 그렇게 괜찮은지. 세상살이란 게 도무지 이상하기만 하여 속수무책에다 막막하기만 할 뿐이었다.

그러면서 어쨌든 그해가 가기 전에 책이 나왔다. 5명 모두에게 '첫' 책이었다. 우리나라 출판 광고 사상 '첫' 라디오 방송 광고도 하였다. 획기적이었다. 이외수 같은 이는 그 기획의 '첫' 책으로 기립박수를 받아 5명 중 유일하게, 소위, 뜬 인물도 되었다. 원고료와 인세를 받고 연탄과 쌀을 샀다.

'첫' 책이 나올 그즈음 나는 어리기만 하였다. 세상과 사람, 인생을 모르고 사람과의 관계도 몰라 눈물을 많이 흘렸다. 내가 쓰는 글은 깊지 못하고 오로지 서툴렀다.

소설가가 되어 27년이 지나고 있다. 그 햇수보다 더 많은 숫자가 되는 책을 내었다. 지금도 세상 돌아가는 판에 용납되지 않는 일이 허다하다. 나는 옛날과 다름없이 아둔하고 허술하기 짝이 없지만 어려서는 아니다. 단지 모자라게 타고나서이다. 세상은 그런 나를 자주 후려갈긴다. 그런 채로 살아낸 나의 '첫'은 대견하다.

두렵고 겁나던 '첫', 온갖 시행착오의 범벅을 만들어버리던 '첫'. 가고 나면 설렘과 신선함과 그리움으로 남아 있는 '첫'. 내 인생 앞에 기다리고 있을 아직 오지 않은 수많은 모든 '첫', 또한 힘 다해 살아내야 하리.

(2002.10.12.)

이 글에 아래와 같은 소감문이 있었다.

- 소감

'첫'의 두려움, 신선함, 또 그 신산함/yookeumho 2002-10-12

'첫'이라는 말에는 신선함 속에 두려움과 호기심, 기대와 불안들이 늘 섞여있습니다.
그러나 그 '첫'의 기회가 줄어들면서, 조금씩 나태해지고, 타성에 잠기고, 허무감마저 오는 것이 아닌가 그 생각을 더러 합니다.
그러나 또 생각해보면 우리는 맨날 '첫' 앞에 있습니다.
오늘 아침의 태양이 어제와 같지 않고, 오늘 어제와 같은 장소에서 같은 사람을 만나도 기온과 습도와 구름의 양이 달라 결국 또 '첫'이 되어버립니다.
그래서 우리는 끝도 없이 '첫'사랑을 하며, 첫 키스를 하며, 첫 미소와 첫 눈 흘김을, 첫 이별들을 합니다. 그리고 이런 곳에 '첫'글을 씁니다.

유금호 소설가

신춘문예와 나

여기저기서 신춘문예, 신춘문예 하니 '신춘문예와 나' 그런 이야기나 해볼까.

다시 신춘문예 철인가보다. 선배들 말에 의하면 신춘문예로 등단하고 세월이 지났어도 이 시기에는 향수병 비슷한 게 돈다고 한다. 응모와 낙방을 거듭거듭 한 분들이 특히 그런 모양이다. 마음이 아릿하고, 방랑자처럼 안정이 안 되며 자기도 또 응모해야 할 것 같은 충동에 술렁술렁 울렁증이 생긴다는 소리를 누구에게인가 들었다.

삼십여 년 전, 원고가 든 서류봉투를 들고 신춘문예 응모마감일 마감시간에 헐레벌떡 신문사현관에 뛰어들던 생각이 난다. 어느 신문사는 현관경비실에서 경비원이 접수를 하고 어느 신문사는 문화부에서 직접 접수했던 것 같다.

대략 일주일 걸려 뚜르르, 쫘르륵, 대여섯 편을 급조, 각 신문사마다 던져놓고 내려놓고 마지막 신문사에 가면 마감시각 박두.

내 앞, 마흔이 한참 넘었을 남자의 초라한 짙은 쥐색 오버 뒷모습, 춥게 움츠린 등이 아련하면서도 생생하다. 그는 누구였을까, 이후 등단은 하였을까. 걱정과 궁금증도 가만히 따른다.

당시 여러 장면이 환등기 속 사진처럼 뿌연 흑백 그림으로 한 장 한

장 솟았다 스러진다. 대부분 친구와 함께한 시간과 작은 이야깃거리가 주종이다.

나를 아는 사람은 이미 아는 이야기지만 명색이 국문학과인 나는 3학년이 되도록 신춘문예가 무엇인지 몰랐다. 기본적으로 무식 무지했기 때문이다. 이렇게 말하면 모르는 이들은 겸손이 지나쳐 잘난척한다고 여긴다. 나는 본래 겸손한 사람이며 내가 나의 겸손을 증명한다. 난척할 게 따로 있지. 무식, 무지가 결코 자랑이 아님은 누구나 알 것이다.

74년. 초겨울 어느 날. 우리 단짝 삼총사는 여느 때처럼 내 자취방에서 무릎을 맞대고 있었다.
"야, 너희들 이거 좀 읽어봐 줘."
혁민이가 이만큼 두꺼운 원고뭉치를 꺼내며 운을 뗐다.
"어머 기집애, 혁민이 너 신춘문예 준비했구나. 기특한 것!"
은옥이 그랬을 것이다. 은옥이는 '기집애'란 말을 잘 쓴다. 그러는 두 아이에 대고 순진무구 천진, 천치다운 표정으로 내가 물었다.
"신춘문예가 뭔데? 준비란 건 뭐야? 그건 뭐고 그건 뭐야?"
두 친구는 잠시 멍청해졌다. 이내 뭐라 시끄럽게 굴며 야단쳐댄다. 나가 죽어라 식의, 인간아 왜 사니 식의. 절차는 기어이 내 머리통을 쥐어박고 떠미는 애정 어린 폭력단계로 갔다.
은옥이와 혁민이가 나를 가엾이 여겨 늘 데리고 다녀주기는 하지만 설마 그 정도 수준이리라고는 상상도 못한 게 틀림없다. 학원문학상 출신인 은옥. 여학생문학상 출신인 혁민. 고교생문사였던 두 애와 다니니까 나도 자기들 정도는 되는 걸로 믿었나 보다. 나는 명색이 고교문예현상 당선자로 우리 과 번호 1번 아닌가. 셋이 뭉쳐 다니는 동안 그 애들 믿음을 매번 배반하여 은옥이로부터 잔소리와 야단을 어찌나 많이 들었는지. 창피해서 너랑 다니지 않겠다는 경고협박은 얼마나 많이 받았던지. 그래도 두 친구는 나를 버리지 않고 함께 졸업을 해주었다. 정말 고맙다 은옥아, 혁민아. 너희들 보고 싶구나.

눈물이 쏙 빠지도록 훈계를 들은 후 알게 된 신춘문예란 이런 것이었다. 1.신춘문예가 되면 상금 30만원. 2.신춘문예가 되면 소설은 소설가, 시는 시인이 그때부터 된다.

30만원! 우리 대학등록금이 학기당 5만 얼마에서 6만 얼마 아니냐. 그러니 2번 항목은 전혀 관심 밖이다. 1번만이 우리의, 아니, 나의 마음과 정신을 사로잡으며 졸업 전의 모토가 되었다. 그렇지만 어쩌랴. 그 준비란 걸 준비되지 않은 나만 할 수 없었다. 마감이 며칠 남지 않아 촉박한 시간에다 제대로 된 소설 한 편 써본 적이 없다. 소설, 어떻게 써야 하는지 구체적으로는 알지도 못한다.

"나 되면 너희에게 쏠게!"

그러고 보니 그때도 쏜다는 말이 있었다. 당선되면 쏜다는 약속에 우리는 혁민이가 쓴 소설을 열심히 읽어주었다. '출 에덴기'라는 제목으로 무척 긴 성장소설이었다. 3백50매를 가뿐하게 넘었다. 그럴 것이 혁민이는 천재소녀다. 혁민이는 전에 고백하였다. 난 표현해야 하는 데에 적확한 단어가 한꺼번에 사백 개 이상이 생각난단 말이야! 하지만 '출 에덴기'를 읽은 은옥이와 거의 문외한인 나까지도 고개를 저었다. "너무 길다!" "짤라!" 신춘문예요강을 모르는 나는 그저, '길다, 필요 없는 부분이 많다.' 정도였지만 요강을 아는 은옥이는 냉정하게 주문했다.

"인간아, 칠십 매야, 칠십 매. 낱말이 사백 개 생각나도 딱 한 개만 써 넣으라고!"

혁민이가 3백 몇 매 소설을 70매로 줄이기 위해 돌아가고 은옥이도 화곡동 집에 갔다. 두 친구가 간 후 30만 원을 생각했다. 애들 모르게 내 봐? 무조건 70매씩 채워서. 아 뭐 내볼 수는 있는 거잖아.

절친했던 두 친구가 여태 모르고 있는 비밀. 74년 그해에, 그리하여 지금은 네 편인지 다섯 편인지 정확히 기억나지 않는, 소설이란 말을 붙이기 민망할 조금 긴 글을 뚝딱뚝딱 번갯불에 콩 구워 먹듯 구워냈다. 서울시내 각 신문사마다 뛰어다니며 배달해놓고 와선 내내 시침을 뚝 뗐다. 노랫말처럼 과연 내 속엔 내가 너무 많아 이렇듯 천진한 눈빛을 하고 있지만 사실은 음흉하며 못된 아이가 나이기도 한 것이다.

74년 크리스마스. 혁민이에게서 소식이 왔다. 흥분해서 떨리는 혁민이의 음성이 전화선을 타고 들려왔다.

"야, 만나! 은옥이도 온다고 했어. 나 됐어. 선생님한테 인사가야지. 같이 가."

거두절미. 70매로 줄인 혁민이의 '출 에덴기'가 조선일보 당선이었다. 야호. 와. 우와. 낼 수 있는 환호를 다 올리며 우리는 만났다. 혁민이 당선이 우리 셋의 당선이었다. 아직 상금을 타지는 않았지만 혁민이의 30만 원도 우리의 30만 원이었다. 언젠가 선생님이 노오란 프리지아를 좋아하신다고 한 말씀을 혁민이만 잊지 않았다. 혁민이는 프리지아 한 다발을 안고 나타났다. 포장이 덜된 사당동 예술인마을 벌건 진흙길 언덕을 찬바람 맞으며 올랐다. 넓은 골목을 사이로 황순원 선생님 댁과 서정주 선생님 댁이 있던 게 생각난다. 삼총사의 느닷없는 방문에 선생님은 두 눈을 진짜 휘둥그레 뜨셨다.

"선생님, 혁민이가 조선일보 됐잖아요."

은옥이가 고하자 선생님은 이건 뭐 아예 뒤로 넘어가시기 일초직전이었다.

"아니? 그럴 리가? 그럴 리가! 그럴 리가…."

얼굴이 벌게진 선생님은 수없이 고개를 저으며 황급히 앞장서 들어가셨다. 들어가기 무섭게 선반 식 책장에 가득한 우리들 리포트 묶음을 마구 헤집어 혁민이가 낸 리포트를 찾아내 들이 내밀었다. 당혹하여 도대체 무슨 말을 해야 할지 어쩔 줄 몰라 하였다. 이런 일이! 이런 실수가! 그 표정을 숨기지 못하는 선생님. 우리는 어안이 벙벙했다.

"이 글씨는 그럼 뭔가? 이 글씨는!"

듣고 보니 이랬다. 선생님은 당신 제자는 절대로 당선시키지 않는 원칙이다. 마침 박영준 선생님 쪽에서 골라 추천하는 작품이라서 안심하였다. 그런데 '권휘성' 이름으로 쓴 원고 말미에 본명 '권혁민' 아닌가. 선생님은 놀라서 우리 학생이 아닌가싶어 얼른 리포트용지를 찾아내 글씨를 대조했다. 글씨를 보니 우리 학생 권혁민이 확연히 분명히 틀림없이 아니었다. 권혁민의 악필은 유명해서 최인호 씨가 세 번 울고 갈 정도였던 것이다. 그 자리에서 은옥이와 나도 안 사실인데, 혁민이의 다른 친구가 단정한 글씨로 필경해준 거라 한다. 권휘성이란 예명도 어디서 받아왔단다.

'권휘성이 권혁민인 걸 진작 알았더라면!'

선생님이 아무리 땅을 치고 방바닥을 쳐도 소용없는 일. 혁민은 75년 조선일보 소설부문 당선자였다. 상금 30만 원으로 혁민이는 여러 벌 옷을 맞추고 부츠와 가방과 모자를 샀다. 한 달 이상 셋이 뭉쳐 다니며 먹고 마시는데 탕진하였다. 우리에게 30만 원은 퍼내도, 퍼내도 마르지 않는 샘물이었다.

75년 초겨울, 신춘문예 계절이 되었다. 혁민이 당선하였기에 셋 중 누구도 신춘문예 응모를 말할 이유가 없었다. 마감날짜가 다가오니 30만원이 아른거린다. 음흉한 나는 두 친구 모르게 하루에 한 편씩 너덧 편 소설을 급조했다. 바라볼 게 있다면 그중 한 개, 창작론 시간에 선생님이 나와서 읽어보라며, 그러곤 아무 말씀 없이 연신 고개를 끄떡인 한 편 정도였다. 혁민이의 당선으로 선생님이 조선일보 심사위원임을 알았다. 그런 만큼 완전바보가 아닌 다음에야 조선일보 같은 데는 내면 안 된다. 조선일보만 빼고 다른 신문사들에 급조한 작품을 갖다 냈다. 당시의 이 문외한 생각엔 선생님은 신춘문예 심사도 하는 분이며 특히 조선일보에 속한 심사위원인 줄 알았던 것이다.

방학이 되어 인천 집에 내려와 이불속에서 뒹굴뒹굴하는 날이 계속되었다. 성탄절 근방이었다. 그 밤, 꿈이 많지 않은 나는 꿈을 꾸었다. 여고 교정, 하늘이다. 용 세 마리와 내가 뒤엉키고 스치며 하늘이 좁다하게 실컷 날았다. 하늘을 나는 꿈이 얼마나 황망하며 불안한가를 꿔 본 사람은 알리라. 내려오고 싶어도 내려올 수 없다. 팔과 다리가, 허리도, 나도 모르게 물고기 지느러미처럼, 새의 날개처럼 유연하게 공중을 휘젓는 것이었다. 함께 노니는 용은 청룡, 황룡, 홍룡이었다. 잠에서 일어났을 때는 소음 가득한 공사장에서 빠져나온 듯 얼얼하였다. 뭐 이런 꿈을 다 꾸나. 정신이 산란했다.

아직 오전인데 대문초인종 소리가 들렸다. 꿈에도 생각지 않은 화곡동 은옥이가 인천 우리 집 우리 방문을 열었다.

"은옥아! 너 웬일이야?"

난데없는 은옥이의 등장에 자리에서 일어나지도 못한 엉거주춤한 자세로 물었다. 은옥이는 그 애 특유의 냉정한 표정으로 종잇조각 하나를 내 앞으로 휙 던져 날렸다. 내가 나풀나풀 떨어져 내리는 종잇조각을 잡기 전에 은옥은 싸악 웃으며 툭 말을 던졌다.

"기집애. 너 됐더라. 축하해."

정말이지, 뭐가 됐다는 소린지 전보를 펴볼 때까지도 짐작하지 못하였다. 진짜로는 은옥이도 기분이 나쁘지 않았겠지만 한편으론 신경질이 났을 터였다. 은옥이 모르게 내가 모든 주소를 은옥이 집주소로 써서 보냈고, 그다음 내가 한 모든 짓을 새까맣게 잊고 있었던 것이다. 전보에는 이렇게 적혀있었다.

〈'축 당선, 急 來社바람'〉

한국일보였다. 눈이 엄청 많이 와서 인천까지 내려온 은옥이의 발길이 힘들었을, 서울로 올라가는 내 발길도 시리고 추운 겨울의 정점이었다.

혁민이가 황순원 선생님께 인사하러 갔듯, 쑥스럽긴 하지만 나도 그래야 할 것 같아서 자취집 주인아저씨께 인사하러 갔다. 자취집 주인아저씨는 김우종 선생님이다.
"아니, 우 양이 웬일이야?"
"선생님 저 신춘문예 됐잖아요."
선생님은 고개를 갸웃하며 이해하지 못하겠다는 표정이었다. 그러곤 여전히 이해하지 못한다는 얼굴로 재차 갸웃하였다.
"우 양. 우 양도 글 썼댔어?"
그 참, 그 참, 하시다가 아차 잊었구나 싶었는지 한마디 하셨다.
"아 참. 축하해 우 양."

당연한 얘기지만 시상식은 76년에 들어가서야 거행됐다. 당연한 얘기지만 우리 집 어른들은 나에게 생긴 일에 모처럼 기뻐하였다. 나도 좋았다. 한국일보는 상금이 5만원 더 많아 35만 원이었다. 다른 신문과 달리 부상도 있었다. 대한전선 빨간색 텔레비전과 만년필이었다. 우리 식구나 다름없는 김병상 신부님은 사제관 차를 냈다. 승용차가 흔하지 않은 시절이라 특별한 탑승이었다. 외할머니, 엄마, 나, 여동생, 여자 넷을 태우고 신부님은 앞에서 얼쩡대는 차량에 충청도 느린 말씨로 가끔 욕을 해대며 즐겁게 운전히였디. 이 부분은 마침 생가난 김에 일부러 기록해둔

다. 그날의 운전자를 거의 까먹고 사는 까닭이며 앞으로 신부님이 우리를 위해 운전대 잡을 날이 없으리라 싶어 기념해두기 위해서다. 신부님이 그토록 위하던 우리외할머니는 돌아가셨고 신부님은 올해가 지나면 일흔아홉이 되기 때문이다.

아무튼 그날, 심사를 하셨다는 손소희, 안수길 선생님을 뵈었다. 김동리 선생님도 오셨고 월탄 박종화 선생님과 우리할머니가 나란히 찍힌 사진은 다소곳 다정하게 늙은 부부 사진 같다. 장기영 회장이 살아있었고, 그때까지는 생존하였던 멋있는 우리이모부도 기뻐하여 오셨다. 물론 우리아버지도. 마치 잔칫날처럼, 대갓집제샷날처럼 사람들이 왁자지껄, 흥청흥청한 것이었다. 소설가로 사는 일이 어떤 것인지 소설이 무엇인지 잘 알지 못하던 철없는 어느 날들에 생긴 일이다.

소설가가 안 되었다면 알지 못할 이쪽 일을 더러더러 듣는다. 들어보면 신춘문예에 관한 온갖 비리 이야기가 다 있더라. 나로서는 이 순간에도 도무지 믿을 수 없는 이야기뿐이다. 근래에는 표절시비도 있었고, 표절시비는 예전에도 자주 불거졌다. 뿐인가. 신춘문예용 소설이라는 말을 듣는데 들을 때마다 가소롭다. 어느 신문사는 누가 심사위원인가에도 응모자들은 신경 줄을 곤두세운다. 수능 공부하듯 파악하고 분석한다. 당신 제자는 절대 안 된다는 원칙과 소신을 가진 황순원 선생님은 이 세상에 계시지 않다. 그러니 이젠 누구도 걱정할 일이 없다. 신춘문예용 소설이 따로 있단 말. 어디 심사위원이 누구누구라는 말.

내 취향이 아니라고 해서 잘 쓴 소설을 모를 리 없다. 내 취향이 아니라도 잘 쓴 소설, 좋은 소설, 앞날이 창창한 소설은 분명히 있다. 날이 갈수록 깊고 좋은 자기만의 소설을 쓸 잠재력 있는 작품에 양식 있는 심사위원들은 표를 던지리라 믿는다. 혼신을 다해, 내가 쓰고 싶은 것, 내가 말하고자 하는 걸 제대로 형상화하면 되는 것이다.

글 세계에 있어서만은 엄격한 황순원 선생님의 제자여서 고맙다. 선생님 제자여서 다행이라는 자부심이 아무래도 은연중 있다. 황순원 선생님은 시시콜콜하며, 시시한 면도 없지는 않으셨지만 글 쓰는 사람으로서 결코 명예로울 리 없는 이후의 일까지 경계하여 제자를 챙기셨던 게 아닐까. 스승, 은사의 은혜는 이렇듯 갚을 길 없게 깊기만 하다.

이 글에 나온 분 중 거개 이 세상에 안 계시다. 눈 온 길을 걸어 나에게 전보를 전해준 친구 은옥은 지지난해 크리스마스 다음날인 26일 흐드러지게 날리는 눈발을 따라 하늘로 갔다. 은옥이 빈소에 가며 속으로 혁민이를 애타게 불렀다. 혁민아 어디 있니, 왜 나타나지 않는 거니, 너에게 알릴 길이 없구나.
　은옥이가 떠나기 전에 보내온 메일에 은옥이는 썼다. '좋은 글 많이 써라. 건강하고.' 성탄카드도 왔다. 그리고 간 은옥이, 정말 그립고 보고 싶다. 좋은 글 많이 쓰라고 했는데, 건강하라고 했는데, 그래야겠지.
　내 책을 다 읽은 우리외할머니는 이러셨다. '우리 선덕이는 너무 어렵고 힘든 일을 하네요. 우리 선덕이 글은 참으로 깊네요' 외할머니를 떠올리면 누웠다가도 일단 벌떡 일어나 앉게는 된다. 할머니, 할머니, 속으로 할머니를 부르고 부른다. 그리고 은사님들이 계시고 우리엄마가 계시며 우리 두 아이와 내 형제들, 음으로 양으로 응원하는 다정한 이웃과 친구가 있다.

한 번 소설가는 영원히 소설가인가. 쓰지 못하거나 쓰지 않으면 아무것도 아니다. 쓰지 않는 동안은 소설가가 아니다. 나는 오랫동안 실제로는 소설가도 아니었다.

이룬 글 없이 그새 32년. 헛되고 헛되다. 지금 와서는 그게 무엇이든 꼭 이루어야 한다는 마음도 없다. 이런저런 여러 이유로 글 쓰는 일에 자주 매력을 잃는다. 늘어놓자면 너절한 변명과 핑계일 테니 생략한다. 그런데 저번 날 지인이 그런다.

"이제야말로 작가가 글을 쓰기 가장 좋은 때가 온 거요."

문학사에서는 자고로 춥고 배고픈 데서 진실로 빛나는 깊은 글이 나왔다는, 뭐 그런 말이었다.

(2008. 11. 28)

한 시절이 가네

바쁘게 살지는 않지만 시간이 모자라게는 산다.

그 말이 그 말 아니냐고 할지 모르지만 그 말이 그 말은 절대로 아니다.

그러다 보니 어제 밤늦게야 조해일 선배의 기사를 보았다.

아. 이런!

여러 해를, 우리 한 번 더 보자, 한 번 더 보자, 그러다가 못 본 채 여기까지 왔다.

각 신문마다 다르지만 부음기사의 비슷한 일부분은 이렇다.

'겨울여자' 작가 조해일 별세

소설가 조해일(본명 조해룡)씨가 6월 19일 오전 2시 18분 별세했다. 향년 79. 고인은 1941년 만주 하얼빈 부근에서 태어나 해방과 함께 귀국했다. 경희대 국문과와 같은 대학원을 졸업한 그는 1970년 〈중앙일보〉 신춘문예에 단편 '매일 죽는 사람'이 당선해 등단했으며 1974년에 첫 작품집 〈아메리카〉를 펴냈다. 그의 초기 중단편의 주제는 "도시화의…(생략)"

해일 선배, 그곳에서는 부디 행복하세요.

이 말을 쓰면서 비로소 뒤늦게 뒤통수가 쿵, 아프며 눈시울이 아리다.

마음이 울컥한다. 선배의 평생이 행복하지 않았음을 알기에.

행복하세요 선배, 부디부디 그곳에서는.

그러면서 이 말도 뇌리를 스친다.

나의 한 시절이 떠났네.

해일 선배와는 말하자면 진한 스토리가 있다. 딱 몇 친구에게만 들려준 어쩌면 재미있고 예쁜 이야기가 있다. 그러한 추억과 기억을 만들어 준 선배. 잊지 않으리.

지난 3월 끝께 어느 날 이 부고 기사도 만났다. 그때도 하루쯤 지나서였다. 그러니까 26일이겠다. 사실은 충격이 담담하면서 그러나 은근히, 아니 아주 컸다. 당연하지. 만 3년 매일을 축제처럼 흥청망청 수많은 친구를 불러들이며 함께 산 사람이다. 한참 울었다.

영화 '내 이름은 제제' 이세룡 감독 별세

영화 '내 이름은 제제'의 감독이자 시인 이세룡 씨가 긴 투병생활을 해오다 25일 별세했다. 73세. 1947년 서울에서 태어나 서울공업고등학교 인쇄과를 나온 고인은 1974년 월간문학 신인상에 '겨울, 비망록'에 당선…(생략)

자기는 빈소에 다녀왔다는 정 감독과 통화하며 내가 말했다.

－우리의 한 시절이… 갔네.

우리의 한 시절에 속한 정 감독도 수긍한다.

－우리의 한 시절… 그렇지, 그러네.

－그렇지만 그는 다행하게 정말 좋은 사람을 만났으니 불행했어도 행

복했어. 나하고 안 살았길 얼마나 다행이야. 나는 그렇게 지극정성으로 못했을 게 분명해.

― 모두 그 말을 하지. 나도 물었지. 한두 해가 아닌데 어떻게 그렇게 한결같이 할 수 있었느냐고, 얼마나 힘들었느냐고. 부인 말이, 아주 말 잘 듣는 착한 어린 아기 같았기 때문에 하나도 힘들지 않고, 하나도 어렵지 않고 기쁘게 할 수 있었다고 하더군.

― 두 사람 다 대단하고, 두 사람 다 아름다워. 정말 존경해.

― 그러니까, 그러니까.

우리의 한 시절인 정 감독이 먼저 떠날지 내가 먼저 떠날지는 하늘만 알리라.

어느 날 문득 부고 기사로나 알게 될지도 모른다. 그리고 저쪽 아들이 알려오겠지. 아버지가 돌아가셨다고. 반대가 될 수도 있다. 내 아들이 저쪽에 알리겠지. 아저씨, 엄마가 돌아가셨어요. 알려드려야 할 것 같아서요.

어제는 동생 미령이 영상 3개를 보내왔다.

우리 김병상 신부님, 아니 故김병상 신부님. 돌아가신 후의 영명축일 미사 영상이다.

함세웅 신부님이 작심 작정하여 주도하셨다고. 따뜻한 의리의 함 신부님.

김병상 신부님에게 마지막 순간까지 귀하고 소중한 누이였던 우리 엄마 최분순 여사님과 우미령, 이경준, 신부님의 평화로운 임종을 지켰던 간병인 아주머니 모두 참석한 미사였다.

엄마 최분순 여사님과 김병상 신부님의 한 시절이 막을 내린다.

두 분의 한 시절은 근 80년 가까이다. 짧은 100년생에서 비교적 길다 할 수 있겠다.

모든 한 시절이 가네, 가네.

나의 생이 줄어드네.

(2020. 6. 20)

금일봉

1. '칠십이면 어때(칠십이어도 괜찮아), 어차피 또 예쁠 텐데'
2. '일흔이면 어때(일흔이어도 괜찮아), 어차피 또 예쁠 텐데'

칠십인지 일흔인지, '어때'인지 '괜찮아'인지 지금 와서는 헷갈린다. 나의 절친한 친구 동화 작가 이규희의 칠십이 지난해였는지 지지난해였는지도 헷갈리고 그때 이규희가 자기 카톡 프로필 사진 첫머리에 쓴 글이 저렇게까지 헷갈린다. 어느 문구였어도 친구 이규희답고, 이규희에게 어울린다. 이규희는 일흔이 되고 여든이 되고 아흔이 되어도 어차피 또 예쁠 사람이니까.

저 문구를 접하자마자, 역시 이규희! 하였다. 상큼하고 화통한 성격의 친구 모습이 그대로 환하게 떠올랐다. 나도 칠십이 되면 이규희의 문구를 빌려와야지! 그때 작정하였고, 내 블로그에 써먹기는 하였다. 하지만 내 친구만큼 예쁘고 열렬한 삶을 살고 있지는 못하다. 말만이라도 멋있으니 안 그런 것보다 열 배는 낫다. 그새 나이 칠십이라며 우거지상이 되고 싶지 않으니 말이다.

친구 대부분은 지난해, 혹은 지지난해에 칠십을 맞이하였다. 그 애들이 자기네 여고 동창들과 칠순 여행을 다녀왔다거나, 식구들과 가벼운 여행을 하였다 하는 이야기를 들었다.

나는 친구들과 칠순 여행을 떠나지 않았고, 떠날 수 있는 완전한 동갑 친구도 없다. 아마 일곱 살에 입학한 때문일 게다.

우리 식구 넷이 소박한 점심을 먹고 가벼운 선물을 받았다.
특별히 자식은 이런 말 선물도 하였다.
"엄만 살 빼야 해!"
그야 여동생도 같은 선물을 하였다.
"언니는 살부터 빼야 해!"
살을 빼라는 충고는 진정으로 나를 위하고 걱정하고 생각하며 사랑하는 사람이나 해줄 수 있는 말이다. 사랑의 말이며, 사랑의 선물이다.
그리고 해마다 받기는 하지만, 인천 엄마가 주신 생일 금일봉과 형제 조카들로부터 받는 선물과 금일봉이 있다.
정부에서 나이 셈하는 방식을 새로이 명하고 정한 덕분에 칠십 세를 두 번 맞았다. 종내 우리 식 나이를 버리지 못하는 습관 때문이다.
여행을 못 가고 안 가기도 하지만 그런 건 아무렇지 않다. 본래 무엇을 부러워하는 성격으로 태어나지를 않았다. 욕심이 거의 전무해서이다. 무엇을 자랑하는 성격이기는 하다. 그런 만큼 아흔넷. 아흔다섯 되는 엄마로부터 생일 금일봉 받는 딸이 세상에 흔하지 않다는 자랑은 여기저기 수없이 해댄다.
오래전에 당 사주를 봐서 받은 내 팔자에 관한 당 사주 책이 집안 어딘가에 있다. 당 사주 그림에 재산은 굶어죽지 않을 만큼, 임종은 88세에 3자 임종하리라 되어있다. 당 사주에 의하면 나의 시간은 20년도 안 되게 남았고, 세월은 얼마나 빠른가.

"엄만 그걸 믿어?"

두 아이는 제 엄마가 88살에 죽는다는 당 사주 결론이 그다지 좋지는 않은 모양이다.

이 엄마는 믿지도 안 믿지도 않는다. 살아봐야 알겠고, 죽어봐야 알겠다.

일흔 넘어 이후 여든 살에도 나는 사실은 예쁘지 못하겠지만 여든 살 생일금일봉도 엄마 최분순 여사에게서 받을 수 있기를 천지신명께 비는 중이다. 불굴의 의지 자체인 우리 엄마가 10년 더 버텨내어 사랑하는 큰딸 선덕에게 생일 금일봉을 주실 수 있기를. 아멘이라고도 말해 본다. 아멘.

(2023. 1. 12)

가끔 고쳐 쓰는 연보

우리 집 어른들은 작고 힘없는 생명을 존중하며 아꼈다. 정의롭고 정직하였다. 그런 분들 대부분 그렇듯, '죽으면 썩을 몸'하며 이를 데 없이 부지런하였다.

어른들의 부지런함과 창의력과 올곧음은 어린 나에게 수많은 영감의 원천이었다.

인천박문여중에서 정서웅 선생님을 만났다. 선생님은 명심보감 책자 속에 써주셨다. '옳고 떳떳한 사람은 어떤 불행도 이길 수 있다고 나는 믿는다. - 베토벤-'

대학과 대학원에서는 황순원, 조병화, 김우종 박용주 양주동 선생님의 지도를 받았다. 스승은 내 인생과 문학에서 좋은 쪽으로 본이 되었다.

1954년 양력 2월 16일에 태어났다. 피란지 경주 불국사 앞 동네에 살며 나를 가진 인연으로 엄마와 아버지는 조금도 망설이지 않고 딸의 이름을 정했다. 선덕.

기억에 남는 유아기의 장소는 율목동 인천시립도서관 사택과 정원이다.

사택에는 여러 가구가 살았다. 엄마 최분순은 결핵성 늑막염으로 오래 앓았다.

아버지 우문국은 그림을 그렸고 인천의 각 남녀중고 미술교사, 문화원을 세우고 박물관장 역임 등 교육자와 문화행정가로 바빴다. 집에 들여오는 돈은 없었다.

병약한 엄마는 맨손으로, 그러나 뛰어난 두뇌와 재능과 성실함과 자식에 대한 책임감으로 평생 식솔을 떠맡았다. 그런 중에도 여동생 미령과 남동생 경원이 태어나 우리는 오빠 경복을 합해 사남매가 되었다.

여섯 살. 인천시 도화동 235번지 동네로 이사 갔다. 창영국민학교에 입학했고 숭의국민학교로 전학했으며 4·19, 5·16을 보았다. 동네 뒤쪽 언덕 너머 한참 걸어가면 주안염전이 있었다. 여름에는 염전저수지에 많이 갔다. 염전은 오래전에 없어졌다.

박문여자중고등학교를 나왔다. 경희대학교에 문예장학생으로 얼떨결에 입학하여 4년 다녔다. 4학년인 1975년, 눈이 무척 많이 온 크리스마스 즈음 용꿈을 꾸었는데 이러한 내용의 전보를 받았다.

※축 당선 급 래사 한국일보※
이듬해 1976년 대학원에 진학하다.
그때쯤 인천 엄마의 집은 주안, 그다음 간석동 등지로 이사 하였으며 나는 서울에 살았다. 1998년 〈우문국 그림인생 50년〉이 비슷한 제목의 전람회를 인천시에서 아버지 업적을 기리기 위해 열어주었다. 전람회 일주일쯤 후에 아버지는 돌아가셨다. 7월 22일이었다.

사랑하고 존경하는 외할머니는 96세에, 아버지는 83세에, 엄마의 네 살 위인 단 하나 자매, 이모는 86세에 돌아가셨다. 엄마 한 분만 우리 사남매와 이종형제들에게 남아계신다. 이번 2017년에 엄마는 88세가 되셨다. 되도록 통증 없이 백수까지 누리시기를 기원하고 또 한다. 엄마, 아프지 말고 오래 사세요.

많은 이들 삶이 그렇듯 나에게도 여러 일이 있었다. 그중 가장 소중한 사건은 정의롭고 총명한 아들과 딸을 낳았다는 사실이다. 아들 황도연은 음악가, 딸 도경은 만화가의 길을 가고 있다. 누가 뭐래도 가장 원하는 일들을 하고 있으니 잘될 것이다.

대학 입학하면서 올라온 서울에서 아직 산다. 서울 지리는 거의 알지 못한다. 지금은 인천 지리도 모른다. 사랑하는 이들과 때로 다투고 화해하며 집고양이 넷, 동네 길고양이, 동네 비둘기, 참새들과 어울려 산다. 생에 대고 바랄 게 모두의 건강 외에는 없다.

천상병 시인의 詩 「새」 마지막 연을 더러더러 떠올리고는 한다.
'살아서
좋은 일도 있었다고
나쁜 일도 있었다고

그렇게 우는 한 마리 새.'

－천상병 詩「새」마지막 연－

(2017. 4. 13)

이어 쓰는 연보

※2024년 현재 95세 엄마 최분순 여사 여기저기 통증으로 고통 받으시며 건강하게 인천 엄마 집에 생존해계신다.

※2024년 스승 96세 김우종 선생님 나날이 약해지시는 채 건강하게 생존해 계신다.

※2022년 8월 4일 스승 정서웅 선생님 갑자기 세상을 등지셨다.

※2023년 10월 2일 하나밖에 없던 소중한 제부 김현옥 돌연 세상을 떠났다.

※2024년 두 아이 부친 황효선 전 PD 특별히 좋은 건강은 아닌 채로 건강하게 위층에서 좋아하는 생활을 영위하며 건재하시다.

※2018년 쳐다보기만 해도 닳을까 봐 아까운 딸 도경 4월 5일 니케·나나·금동·호두 4냥이를 모시고 독립해 나가 경기도민이 되었다. 니케는 2023년 8월 25일 밤 10시경에 문득 숨을 놓았다. 도경은 만화 외에 글쓰기 등 다른 일을 시도해보며 익어가는 중이다.

※2012년 9월 1일 아들 도연 '달 고양이'라는 1인 밴드로 정규 1집 앨범「시작」을 발매하였다. 주목받을 음반이지만 주목받지 못하였다.

※2019년 11월 28일 아들 도연 '퍼플레이디 블루스' 3인 밴드 결성「조금 특별한 이야기」EP앨범 발매. 국내 몇 평론가의 주목을 받았으나 더 개진되지 못한 채 이러저러한 외국 음악제에 보냈더니 몇 곳에서 상을 주었다.

※2020년 4월 25일 오전 00시 05분 엄마 최분순 여사의 친동기간이나 마찬가지인 김병상 신부님 하느님 품으로 선종. 분순 누님의 장례미사까지는 책임지겠다던 약속을 헌신짝처럼 버리시다.

※2023년 2월 27일 아들 도연 무섭게 어려운 상황에서 불굴의 정신으로 '퍼플레이디 블루스' 정규1집 앨범 「Tuning」 발매. 절차탁마의 세월을 그대로 보여주는 전작 모두 수작으로 몇 평론가의 호평을 받았으나 국내방송과 어떤 인연도 없는 탓인지 유튜브 세계에서도 묻히는 중이다. 배우도 되기로 한 도연, 2023년 5월 모 독립영화 오디션에서 주연 중 1인으로 발탁되어 촬영하였다. 2024년에도 두 가지 길을 향해 꾸준히 가고 있다. 기필코 영광이 있기를 축원한다.

※부모형제와 자식, 신부님과 스승님, 지인들이 결국 나의 인생이다. 여기 성내동 집 안에는 구조 고양이 리치. 파양돼 돌아온 써니. 마당 집고양이 리본. 마당 손님고양이 스핑과 크스, 옥상 거주 비둘기와 손님 비둘기 오륙십 명(命)을 매일 부양하며, 새벽 서너 시에는 눈비바람 상관없이 전철 세 구역 정도 거리 11곳에 비둘기들의 한 끼니를 배달하고 돌아온다. 정부가 유해조수라는 이름표를 함부로 달아놓은 생명. 그들에게 세간과 정부의 날선 눈길이 삼엄하기 때문에 택한 시간대이다. 이렇게 그렇게 저렇게, 선덕, 세상의 시간을 지나는 중이다. 2024년 초겨울 현재.

2

그해 그즈음

|

전단지가 있는 풍경
소심하게 한마디
봄 꿈
음식은 사랑을 싣고
그대에게도 행복이
두렵다
6월의 말 한 마디
진창길의 추억
가훈
무궁화 심는 사람
남몰래 흘리는 눈물
미안하다, 미안하다

전단지가 있는 풍경

 다른 많은 직업도 그렇겠지만 전단지 나눠주는 이들도 삭풍 이는 겨울이라고 따로 쉬지는 않을 터이다. 전단지. 국립국어원 표준국어대사전에는 '전단'이라는 낱말만 이렇게 풀어 놓았다. 전단(傳單):「명사」선전이나 광고 또는 선동하는 글이 담긴 종이쪽. '알림 쪽지'로 순화.

 전단지 붙이는 분들은 유독 부지런한 것 같다. 밤에 분명히 떼어냈는데 새벽 미명에도 다가구주택인 우리 집의 벽이며 문짝이 광고 전단지로 어느새 덕지덕지하다. 담 안팎뿐 아니라 바깥 어디를 오가거나 출퇴근길에 사람이 나누어주는 전단지를 쉽게 만날 수 있다. 헬스장, 음식점, 임플란트, 학원, 슈퍼마켓, 의류 할인매장, 벚꽃관광, 무박 백두대간 등 종류도 다양하다.

 10여 년 전, 큰애가 생애 첫 아르바이트로 전단지 나눠주는 일을 받았다. 18세가 넘으면 자립한다는 선진외국 청소년들의 이야기를 아이도 귀가 있어 들었겠지. 고등학교 졸업식 바로 뒤니 별 능력이 있을 리 없어 감지덕지한 전단지 일거리였다.
 북풍 휘몰아치는, 하필 그해 가장 춥다는 날이었다. 그토록 잘 싸맸는데도 새벽에 나가 밤늦게 들어온 아이는 일대변신이 되어 왔다. 어린 노숙자가 시퍼렇게 얼어 앞에 있었다. 희게 곱던 뺨이 하루 사이에 시뻘겋

게 트고 눈가 잔주름이 자글자글, 콧물도 줄줄 흘렸다.

"아 정말 두 번은 못하겠다! 아 정말 사람들 전단지 너무 안 받더라. 전단지가 다 없어져야 일이 끝나는데 줄지를 않아, 줄지를. 사람들 아 정말 야속하더라, 아 정말 울고 싶더라. 그까짓 것 좀 받아주면 안 되나? 나는 앞으로 어떤 전단지든 누가 나눠주든 무조건 다 받아줄 거야. 아 정말 내가 해보니 심정을 알겠더라!"

아이는 '아 정말' 소리를 수없이 하며 소중한 하루 경험을 거듭 피력하였다. 비록 한 번이지만 아이 덕분에 알았다. 저분이 저 전단지를 다 없애야 일한 값을 받겠구나 싶어 예사롭지 않다. 소일 삼아 하는 이도 있겠지만 생계를 책임지는 가장도 있으리라. 전단지를 받는다고 그 물건을 사거나 그 장소를 꼭 이용해야 하는 건 아니지 않은가. 광고 전단지는 미미하나마 정보와 재활용 폐지도 되고 말이다. 어떤 종류든 다 받겠다는 자세로 오늘도 갖가지 전단지를 기꺼이 받는다. 그렇건만 여태 못 받아본 명함 크기의 어떤 전단들도 있다. 손 내밀어도 결코 주지 않는, 〈미인 즉시 출장 파견〉 종류.

(2014. 1. 13)

소심하게 한마디

　서울 어느 기관에서는 퇴근시각 6시면 아예 건물 불을 끈다고 한다. 직원 설문조사에서 "평일 퇴근 후 가족과 보내는 시간이 한 시간 미만"이라는 답이 나와서란다. 자녀의 인성은 밥상머리교육에서 나오니 가족과 시간을 보내라는 취지로 주 2회 정시 퇴근을 독려한다는 이야기다. 젊은 한 가족이 텔레비전에 나와 마침 밥상머리교육이 화두다. 온 식구가 끼니 준비를 같이하는 게 원칙. 아이들은 고사리손을 꼼지락거려 일손을 돕는다. 그다음 단출한 일품요리 앞에 둘러앉아 가령 이런 얘기를 주고받는다. '철수야, 영희와 화해는 했니?' '그 녀석과는 안 놀 거예요.' '저런, 네가 져야지. 지는 게 이기는 거야….' 운운.

　함께 끼니를 차리면 식구 간의 결속 화합과 더불어 직접 만든 음식이기에 편식도 없다. 공통 화제가 풍부하며 허심탄회하다. 자녀의 인격 수양과 형성이 자연스레 된다. 이렇듯 부모형제가 같이하는 자리는 인성교육의 기본 기초지점이랄 수 있다.
　'밥상' 하니 방송극에서의 밥 먹는 장면이 떠오른다. 흔히 음식을 미어지게 폭풍 흡입한 후, 그것을 삼키지도 뱉지도 않은 상태에서 뭐라고 떠든다. 극중 인물의 입 안에 든 내용물이 적나라하게 들여다보일 때가 부지기수다. 그 무감각, 무교양, 몰상식의 책임을 어디에 물어야 하는지 모르겠다. 담당 작가인지, 피디인지, 연기자 자신인지, 총체적 난국이다.

예전의 어른들은 수없이 잔소리를, 아니, 가르침을 주셨다. 함부로 흘리지 않는 밥알, 제대로인 수저질은 기본. 바로 앉아라. 헤적이지 말고 깨작이지 말라. 골고루 먹어라 외에 십계명이 훨씬 넘었다. 무엇보다, 반드시 입 안에 든 음식을 삼키고 손으로 입을 가린 후 말을 하게 했다. 그렇게 하지 않으면 파편이 다른 음식물 위로, 심지어 상대방 얼굴이나 입 속으로까지 튀는 불행한 사태도 봤다. 그런 일을 당하면 누구든 유쾌하지 않을 터이다.

가까울수록 예의를 지켜야 한다는 말씀은 어떤 일에서건 진리다. 밥 먹는 예절도 인성 수양 중 하나다. 상대를 배려한다면 입 안에 음식이 든 채 말하는 무신경한 언행은 하지 않을 것이다. 기분문제이기 전에 건강 청결 더 나아가 거의 도덕적인 문제 아닌가. 밥상머리교육들을 거론하니 이왕이면 밥상 앞 예절도 가르쳐주면 정말 좋겠다. 쪼잔한 자의 소심한 한마디지만 그래도 유념해주기를 기대한다.

(2014. 1. 20)

봄꿈

출근시간대가 지난 전철 찻간. 주로 나이 지긋한 분들이 듬성듬성 앉아 있다. 저녁 퇴근보다는 아침 출근 이후가 훨씬 한가한 느낌을 준다. 여자의 평균수명이 더 높다는 통계를 반영하듯 승객은 대부분 여자다. 이런 늦은 오전, 슬슬 졸음마저 오는데 처네로 아기를 업은 젊은 엄마가 들어선다. 숱한 시선이 아기엄마에게로 번쩍 쏠린다. 이십대 후반? 화장기 없이 두 뺨이 발그레한 아기엄마의 건강미와 젊음이 어여쁘다. 백일 남짓해 보이는 아기의 존재는 또 어떤가. 젊은 아기엄마 한 사람 탔을 뿐인데 미나리 푸른 싹 같고 노란병아리 떼 같은 상큼한 봄기운이 순식간에 가득하다.

아기가 칭얼댄다. 아기엄마는 당황한다. 아기는 무슨 일인지 본격적으로 울기 시작한다. "응애응애 응애." 오랜만에 들어보는 아기 우는 소리다. 아, 진짜 응애응애 우는구나. 처음 듣는 듯 신기하고 사랑스럽다. 비슷한 마음인지 승객들 얼굴에 걱정과 미소가 어린다. 누군가 말을 건넨다. "포대기 풀고 아기를 좀 살펴봐요. 여기 자리 있네." "금세 내릴 거예요. 고맙습니다." 절절매는 아기엄마는 이마까지 발개져 귀엽기 그지없다. 아기 울음이 격렬해진다. 배고파도 그럴 수 있으니 우유를 먹여 봐요. 잠투정이네 뭐. 아기 열 있나 좀 짚어보오. 아기를 키워본 경험으로 저마다 한마디씩 한다.

"몇 개월이우?" 아기엄마는 속상하고 객차 안 모두에게 그저 송구하다. "5개월 들어가요. 잘 안 우는 앤데…." 그러자 아예 합창이 나온다. "아니 갓난쟁이가 울지, 그럼 말을 하겠소!" 약속한 듯 미소와 함께 고개들을 끄덕인다. "우리 아가께서 뭐에 이렇게 화가 나셨누." 앞에 앉은 이가 아기를 어르자 아기의 울음이 잦아들더니 방긋 웃음으로 바뀐다. 같은 이가 다시 아르르, 하며 어른다. 언제 울었냐는 듯 아기는 이번엔 뭐가 우습다며 뒤로 넘어가게 까르륵 웃는다. 아기엄마는 처네를 추스르고 아기를 윗도리로 덮어씌워 내릴 준비를 한다. 차내 누구에게랄 데 없이 두루두루 허리를 접는다. "갈게요. 고맙습니다. 고맙습니다."

조심해 잘 가오. 아기 잘 키워요. 건강하구려. 애기엄마가 건강해야 돼야!

경칩이 지났어도 바깥에 찬바람이 횡횡 불어서인가. 아기엄마를 배웅하는 아쉬운 눈길이 한바탕 봄꿈을 꾼 표정들이다. 아기엄마와 아기의 모습이 사라지고 전동차 문이 닫혀 한참을 달린 후에도, 남아 있는 이들 얼굴과 눈가에 아기의 방긋한 웃음이 그대로 담겨 있었다.

(2014. 3. 10)

음식은 사랑을 싣고

블로그 이웃인 언니·동생과 오랜만에 맛있는 밥을 먹었다. 아이디만 봐도 반갑고 만나면 더 반가운 사이다. 맛있는 밥이란 좋은 이들과 마음 편히 소찬을 나누는 훈훈한 자리를 말한다. 형님 먼저, 아우 먼저, 이것 먹어 봐요, 요것도 맛 좀 봐요, 하면서.

상차림이 주로 나물이다 보니 엄마 생각이 저절로 난다. 요즘은 치아가 부실하고 건강이 여의치 않아 좋아하는 나물을 통 드시지 못하는 엄마이다.

일정 음식에는 그 음식을 좋아한 사람의 기억이 깃들기 마련이다. 음식과 연계된 기억은 깊고 따뜻하며 때로 아프다. 없이 살던 시절의 추억이 많아서이리라. 전에 엄마는 '우거지 지진 게 어찌나 맛있던지 밥 한 그릇 다 비웠다'며 전화하시곤 했다. 우리 딸이 좋아하며 잘 먹는 거라서 먹는 내내 우리 딸 생각을 했단다. 세상에 얘, 그게 뭐 좋은 음식이라고 말이다.

딸인들 안 그러랴. 취라도 데쳐 무치노라면 사십오륙 년 전 엄마가 가게물건 떼러 가는 길에 동행한 날들이 생각난다. 젊고 아름다운 엄마 모습과 그 모진 고생이 함께 떠올라 지금도 마음이 아뜩해지며 시리다. 그때 동대문시장 2층 허름한 밥집의 몇백 원짜리 고봉 양푼 밥과 풍성한 취나물 반찬에 모녀는 행복하였다.

언니·동생이 돌아간 지 한참 후인 늦은 밤. 한바탕 또 늘었을 몸무게를 다스려보자고 러닝머신에 올라간다. 텔레비전을 켜 채널을 돌리다가 정지. 망망대해처럼 펼쳐진 배추밭을 배경으로 늙은 농부가 말한다. 개척하던 당시엔 아무것도 없었지요. 눈이라도 와서 밀가루 배급이 끊어지면 며칠을 온 식구가 그저 굶는 거예요.

장면이 바뀌어 군데군데 팬 흙집 앞에서 여든 다된 노인도 하필 말한다. 쌀이 있간요. 태어나서 쌀 한 말을 못 먹고 시집간다고 했어요. 우리 엄마는 냉수 몇 사발 마시며, 난 먹었다 어서들 먹어라, 했어요. 물마시듯 굶는 걸 모르고 나는 우리 엄마가 정말 늘 먼저 잡순 줄 알았어요. 나는 우리 엄마가 정말 먼저 잡순 줄 알았어요. 사실은 내 배가 고프니 엄마가 잡쉈는지 아닌지 생각지도 않았어요. 멀건 나물죽 한 번 우리 엄마는, 우리 엄마는…. 노인은 말끝을 맺지 못하고 한 손으로 입을 막으며 한 손으로는 눈가를 훔친다.

낮에 웃음으로 버무려 먹은 맛있던 밥이 러닝머신 위에서 뒤늦게 목에 걸려 깔깔하다. 이런, 이런, 눈물까지….

(2014. 3. 31)

그대에게도 행복이

"사람들, 구경하다가 누가 쓰레기더미 위에 갖다 놓던데. 이런 날씨라면 죽을까요?"

밖을 보니 바람이 세차고 어둠이 깊다. 봄이 뭔가. 도로 겨울이 되려는 날씨이다. 더는 안 되겠다. 결국 한 시간쯤 지나 신생고양이를 봤다는 아들을 앞세우고 뛰듯 걷는데 심사가 좀 그렇다. 왜 굳이 말하느냐고, 어쩌라고!

다른 동네 깜깜한 주차장. 누군가가 쓰레기더미 위에 놨다더니 거기에는 없다. 다행이다, 하는 순간 무명실 한 오라기라고나 할 소리가 살짝 지나간다. 다시 실 한 오라기 소리 한 번. 차바퀴 뒤쪽이다. 저도 살겠다고 그렇게 숨어서 가냘픈 신호를 두 번 보낸 것이다. 동물병원에서의 말이 생후 열흘 남짓한 아가란다. 탱탱한 배를 누르면 배꼽으로 고름이 찍 거리며 줄줄 나온다. 의사가 인정사정없이 뱃속고름을 빼고 항생제 처치를 하는 동안, 듬성한 털에 눈도 못 뜬 신생고양이는 두 손 두 발을 쫙 펴고 악을 써댔다. 지난해 4월 14일 밤에 생긴 일이다. 그 아가가 누나고양이 '니케'를 오늘도 따라다니는 건장한 응석받이 '나나'다.

긴박한 전화벨 소리. 서로 간에 존재만 아는 H시인이 그날 밤 갈 곳 없는 고양이를 맡아줄 수 있느냐 한다. 눈 내린 한겨울 바깥은 어둡고 스산하다. 일면식도 하지 않은 사이에 오죽 막막하면 그랬을까. 고양이에 관한 어떤 마음 준비도 못한 채로 기밀수행자처럼 노상에서 초면의 H와 접선한다. 얼마나 고심하였는지 그의 꼴이 말이 아니다. 그는 3~4개월 된 어린고양이라고 하였지만 의사는 7~8개월이란 진단이다. 한 데서 힘겹게 사느라 그만큼밖에 못 큰 우리고양이. 나나의 누나고양이인 '니케'의 이력이며 2012년 1월 31일 저녁에 생긴 일이다.

우리가 보살피지 않으면 살지 못할 여린 두 생명 덕분에 우리는 훨씬 행복해졌다. 두 고양이와 살지 않았다면 영영 몰랐을 기쁨과 즐거움이 집안에 가득하다. 그러니 나나의 첫돌 4월 14일을 맞이하여 우리 같은 기회를 그대 또한 갖기 바라는 기원을 할 수밖에.

어느 아름다운 분들이 자주 인용하는 시(詩)를 전부 소개하지는 못하지만 조금이라도 같이 느껴보자고 시 한 구절도 이렇듯 올려본다. "잔인하고 무정한 이 거리에서/ 구사일생으로 살아가는 고양이들. / 고양이들이 사라진 동네는/ 사람의 영혼이 텅 빈 동네입니다./ 이만저만 조용한 게 아니겠지요./ 그러면, 좋을까요?"(황인숙 시 '고양이를 부탁해'에서)

(2014. 4. 14)

두렵다

그해 5월. 팔당에서 친구와 뱃놀이 중이었다. 부드러운 바람과 흰 구름 드문드문한 하늘에 넘실대는 강물. 노를 젓고 있는데 저 위 45번 국도를 울리며 무장군인을 태운 군용트럭과 전차가 줄줄이 오래도록 지나갔다. 전쟁? 부랴부랴 서울로 돌아왔다. 완전무장한 군부대 행렬이 서울의 봄을 끝내는 서곡임을 그제야 알았다. 그 후 신부님이 보내준 광주민주화운동 비디오 3권을 심장 조이며 보던 날이 기억에서 흐려질 만큼 시간이 지났다. 34년. 기다면 긴 시간인데 당시 광주에서 실종된 가족이 돌아오지 못하고 있다는 아픈 기사를 읽는다. 그 아들과 딸, 혹은 젊은 아버지가 영영 돌아오지 못하리라는 사실을 우리는 안다.

세월호 참사 한 달이다. 결과는 인명구조 0명이다. 정부와 관계기관의 무능과 부실대응 속에서 단원고 교감선생님을 비롯해 비겁하게 행동한 교사는 단 한 분도 없었다는 증언이 잇따른다. "다들 괜찮니?" 선생님의 휴대전화 문자가 귓가까지 생생하며 따뜻하다. 안전한 데 있던 교사들도 오로지 학생을 지키기 위하여 아이들에게로 달려가 희생됐다. 기간제 교사와 '아이들 구하러 가야 돼'라던 양대홍 사무장, 선원 박지영 씨도 다르지 않았다. 정부는 진상 규명과 처벌은 물론 교사와 학생 그리고 일반인 희생자 전부를 최소한 의사자로 지정하여 예우해야만 한다. 온통 이해할 수 없는 처신으로 일관한 정부가 그나마 사죄로서 말이다.

실종자 숫자가 줄어들며 언론은 때마다 보도한다. '남은 실종자 수는 19명' 식으로. 받아쓰는 언론은 숫자를 책임질 수 있는지. 잠수사가 먹다 만 우유병을 봤다지 않은가. "어휴 아기 울어" 하는 학생들의 말소리가 동영상에 있으며 자기 아이에게 입히려고 구명조끼를 입지 않고 들고만 있던 젊은 엄마의 영상도 남아있다. 화물칸 차 안에도 몇 명이 있었는지 모른다고 한다. 승선인원을 파악하지 못하는데 실종자 수를 명확하게 대다니 어불성설이다. 이름도 모르는 채 진도 앞바다 속 펄에 묻히거나 조류에 쓸려 사라질 존재가 있다는 사실을 정부도 언론도 별로 언급하지 않는 지금이 두렵다. 어디쯤이 마지막 한 사람인지, 그중 누군가가 34년 후에도 돌아오지 못하고 그게 누구인지 모를 일이 두렵다. 실종자 숫자가 줄어들면서 이 참사를 세인이 슬슬 잊을까봐 두렵다. 정부가 약속하고 그 책임을 다할 때까지 두려울 것 같다. 실종자 가족의 마음이 그럴 것 같듯이. 그래서 아직 이런 글을 쓴다.

(2014. 5. 19)

6월의 말 한 마디

큰 병원은 무슨, 원인은 무슨. 평생 써먹은 몸이 멀쩡하다면 그게 이상하지. 늙으면 다 이렇게 아프다가 가는 게야. 나 다니는 병원도 잘 본다. 늙어서 그렇다고 하더라.

엄마는 하반신에 급습한 통증으로 여러 해 고통 받았다. 자다가도 벌떡 일어나게 하는, 차라리 세상을 떠나는 게 낫다고 할 극심한 통증. 실제로 그 끔찍한 고통에 세상을 버린 부부가 있어 잠시 떠들썩하기도 하였다. 정밀검사를 해보자는 자식들의 간청을 물리고 엄마는 노인들 간에 유명하다는 의원을 찾아다녔다. 새벽 일찍 떠나 주사 한 대 맞고 귀가하면 저녁인, 그런 먼 곳도 마다하지 않았다.

엄마의 처방은 임시방편밖에 안 된다. 검사하여 원인을 알면 속전속결일 텐데…. 예약을 해놔서 무조건 가지 않으면 안 된다는 꾀를 냈다. 순진한 엄마는 병원 예약이 집 계약 같은 건 줄 알고 위약금을 물게 될까봐 할 수 없이 상경하였다.

유인은 성공인데 병원의 복잡한 절차가 엄마를 힘들게 하고 화나게 할까봐 걱정이다. 하루에 끝나지도 않는다. 이리저리 많이 걷게 만들고도 이런저런 검사는 다음 언제 한다며 있는 대로 진을 빼는 게 종합병원이다. 에고, 보름 후에 또 오시게 생겼네. 오늘 다 끝날 줄 알았는데. 자식은 조마조마한 심정으로 엄마의 기분을 살핀다. 심신이 충분히 다 지친 엄마가 의외로 천국 같은 표정이다.

"얘, 어딜 가도 의사한테 여태 제대로 말해보질 못했거든. 여기가 어떻게 아프고, 요기는 어떻게 아프다는 얘기를 꼭 하고 싶은데 '할머니 몸이 낡을 대로 낡아서 그래요.' 그러곤 아예 입도 벙긋 못하게, 열이면 열 다 그러지 않겠니. 오늘 의사는 어디가 어떻게 아픈지 다 말해 보라고 하고, 많이 아프셨죠, 하면서 어쩜 그렇게 다정하게 다 만져봐 주고 그러니. 얘, 내가 아파도 안 아파."

아파도 안 아플 만큼 엄마는 만족했다. 병원을 전전하며 받은 서러움의 앙금, 그로 인한 분노와 상처가 한 의사의 언행으로 치유됐다. 의술은 인술이라더니 환자의 말을 들어주기만 했는데도 일단 마음이 위로받은 것이다.

억울함, 답답함, 분노. 4월의 상처가 계속되는 아직 아프고 슬픈 6월. 상대의 말을 경청하고 마음을 어루만질 진심이 특히 소중하며 필요한 때다. '얼마나 아프고 힘드세요. 아픔을 같이할게요, 잊지 않을게요.' 깊고 따뜻한 한 마디 한 마디 말이.

(2014. 6. 2)

진창길의 추억

요즘 식으로 말해 '백만 년' 만에 서울 인사동에 나갔다. 또 요즘 식으로 말하면 '절친' 화가의 개인전을 보고자해서다. 집을 나서는데 웬일인지 지난날의 인사동 길이 생각난다. 고서점 통문관과 그 위에 '검여'의 서숙이 있던. 몇십 년 전 인사동 정경인지 제법 헤아려봐야 한다. 그러한 장면 다음. 화가인 아버지는 인사동에서야 전주합죽선을 살 수 있다며 덕수궁 같은 데에 전시회 있는 날을 같이 잡아 서울나들이를 하였다. 인사동 길은 돌멩이가 불쑥불쑥 솟아 있는 흙길이다. 아버지와의 약속장소인 합죽선 가게까지 처덕거리는 진창길을 여러 번 걸었다. 약속날짜엔 매번 희한하게 비가 오거나 그치거나 하였다. 그랬던 날이 개화백년 흑백사진 속처럼 아득하다.

진부령 길도 생각난다. 어느 이가 손수 지었다는 그이네 산장만 두어 채던 시절. 친구 명애와 그곳으로 떠난 날도 빗속이었다. 길 내는 공사 도중의 언덕길은 진흙탕이 되어 무릎까지 빠졌다. 한 걸음 한 걸음이 무간지옥에 떨어진 듯 무겁고 무서웠다. 공포지대를 거쳐 산장에 당도하니 깊은 저녁이었다. 산장 안은 습습하고 추웠는데 진창길에 비하면 천국이 따로 없었다. 아무도 가지 않는 장마철 진부령엘 대체 왜 부득부득 갔는지 당시의 절실한 이유가 지금은 도무지 기억나지 않는다.

평생 몇 번인지 모를 진창을 겪었다. 진창인지 모르며 혹은 진창인 줄 알면서도 어쩌지 못하여. 알고 걷는 길과 모르고 걷는 길이 어떻게 다른지, 헤쳐 나와야 한다는 결론은 같았다. 우여곡절 끝에 디딘 마른 땅에서의 몰골은 한심하였다. 마음속 신발은 온통 덕지덕지 붙은 진흙덩이로 무겁고 흙탕물 튄 옷과 얼굴은 꼴이 아니었다. 하지만 그 진창을 헤쳐 나온 내가 있었다. 다른 이가 아닌 바로 내가.

자기만의 진창길 추억을 갖고 있는 이들이 있을 터이다. 좌절의 진창이든 방황과 분노의 진창이든 가난의 진창이든 진창길의 행로가 그를 전보다 요만큼이라도 깊고 넓고 나은 사람으로 성숙하게 했을 게다. 탄탄대로였다면 얻지 못했을, 요컨대 인생에서는 어떤 진창길도 버리지 못할 귀한 경험임을 아는 까닭이다. 눈물에서도 꽃이 핀다는데 진창에서 피지 않는 꽃이 어디 있으랴.

백만 년 만에 들른 인사동은 부유해 보이는 화강석 보도와 건물들, 마침 거리에 부려진 관광객과 햇살로 환하게 수런거렸다. 이제 막 밝음 속에 만개하는 커다란 연못 속 연꽃들처럼.

(2014. 6. 30)

가훈

아버지를 자주 생각한다. 살아계신다면 그저 생각했다는 한 가지만으로도 효녀 소리를 들었을 게다. 22일이 기일이라서 요즘은 아버지를 많이 떠올리다가 문득 '가훈'에 생각이 미쳤다. 아버지는 특별히 가훈을 세워주지는 않았지 않나. 그런데도 가훈 아래 성장했던 것 같은 착각은 어떤 연유인지. 아버지의 엄한 잔소리로 식구들 심신 편한 날이 없었기 때문이라는 결론이다.

아버지뿐인가. 어른끼리 약속이라도 했는지 아이들에 대한 잔소리는 한목소리였다. 죽으면 썩을 몸이다, 몸 아끼지 말고 부지런해라. 거짓말 하지 마라, 거짓말이 거짓말을 낳는다. 역지사지가 뭔지 아느냐. 남의 흉을 보지 마라. 침을 길바닥에 뱉거나 쓰레기를 슬쩍 버리거나 무단횡단 하지 마라…. 우리들은 절대 하지 않는데도 그럴까봐 항상 잔소리. 산길 길섶의 들꽃을 꺾거나 그런 행동을 할까 봐도, 나 하나쯤이야 하는 정신 상태가 나라를 망치게 한다는 거국적인 훈시까지 하곤 했다. 그러니 따로 간단히 가훈이 들어설 자리가 없었으리라.

큰애가 어릴 때다. 붓글씨로 가훈을 써서 내는 게 숙제라며, "우리 집은 가훈 없지?" 하고 묻는다. "없긴, 써 붙이지 않았을 뿐이지 엄마가 노상 말하는 '죽으면 썩을 몸'이 가훈인 거야." "그런 것도 가훈이 돼?" "그럼, 그런 게 진짜 가훈이야." "정말?" 아이는 되묻곤 손가락으로 글자 수를 센다. 에게, 그런데 글자가 너무 조금이다. 인생의 깊은 뜻과 제대로 된 삶의 방향이 그 여섯 자에 다 들어있으니 기가 막히게 훌륭한 말씀인 거란다. 그렇게 자란 덕분에 엄마가 요 정도라도 사람이 된 거라고. 아이가 여전히 글자 수를 아쉬워하기에 그 옆에 한 가지 곁들여줬다. '먹고 죽은 귀신은 화색도 좋다.' "어떤 음식이든 고맙고 맛있게 골고루 잘 먹어 건강하자는 뜻이야." 그 후 가훈 이야기가 나오면 큰애의 원망을 듣는다. "그거 냈다가 아이들이 얼마나 웃고 놀렸는지 알아요?" 엄마 때문에 얼마나 망신을 당했는지! 속뜻은 여전히 좋아 생의 방향타가 되지만 큰애를 곤경에 빠뜨렸다니 미안하다.

세월이 흘러 동료 선생과 대화에서 가훈 이야기가 나왔다. 나는 진작부터 아이들에게 간여 안했어요, 가훈을 딱 이렇게 정했거든. '알아서 해라.' 세상에, 과연! 무릎을 쳤다. 죽으면 썩을 몸보다 훨씬 함축적이고 자립적이지 않은가. 그날부로 당장 두 아이에게 가훈의 변경을 통보했다. 이제 바야흐로 아이들도 그 어미도 진정한 홀로서기를 덤으로 얻게 되리라 기대하면서.

(2014. 7. 21)

무궁화 심는 사람

한동안 걷기 모임에 열심히 나갔다. 그래봤자 한 달에 한 번이다. 동료 소설가와 소설을 사랑하는 아무나와 소설을 사랑하지 않아도 걷기를 좋아하면 회원 자격이 있다. 모임의 이유는, 세계여행과 전국일주는커녕 내가 사는 곳도 변변히 모르지 않는가. 저 사는 동네조차 골목 곳곳을 제대로 아는 이가 드물지 않은가 하는 데 의견이 모아져서였다.

자기 동네는 각자 걷고, 못 걸어본 고궁과 저기 눈앞에 있지만 실제로는 가본 적 없는 남산 산책로처럼 손발이 쉽게 닿는 데부터 시작하기로 했다. 아닌 게 아니라 남산이며 고궁 전부가 처음인 사람이 부지기수였다. 그곳의 나무숲이 얼마나 울울하며 공간과 건축물이 얼마큼 아름답고 훌륭한지, 복잡한 서울 안에 신선한 공기와 한가함과 여유가 그곳에는 하늘만큼 땅만큼 있다는 사실을 알게 된 일도 처음이다.

서울의 중심부에서 동서남북으로 목적지를 차차 늘렸다. 대부분 60, 70대에 평소 운동과는 담 쌓은 양반들이라서 북한산 둘레길 정도만 돼도 버겁다. 안내자 선도자를 뚜렷이 세우지 않아 끄떡하면 길을 잃는다. 그날도 그랬다. '이 길이 아닌게벼'를 재미있어 하였지만 수차례 하고 나니 기진맥진이다. 낮은 산도 길을 잃으면 문득 두려운 법. 그런 데서 사고가 비롯되지 않던가. 그러던 중 누구의 눈썰미가 무궁화나무를 발견하였다. 나무와 풀이 뒤엉켜 있는 야생숲길에 웬 무궁화? 무궁화라면 일부러 심지 않고야 거기 있을 리 없다. 게다가 푸슬푸슬한 흙덩이와 물 준 흔적으로 보아 불과 얼마 전의 상황이다. 무궁화는 10여m 간격으로 계속 심어져 있었다. 따라 걸으니 그게 길이었다. 거친 숲에 무궁화나무로 길을 내어 우리 걸음을 돕는 이는 누구인가.

저 앞에 드디어 허름한 운동복 차림으로 바삐 가는 그의 뒷모습이 보인다. 한 손에 무궁화 묘목 다발과 다른 손에 물병과 호미가 있으니 무궁화 심은 사람이 맞다. 그는 그날까지 자비로 무궁화 5000주 이상을 심었다고 대답했다. 카메라를 들이댄 탓에 우리를 산중 기자단이라고 생각했는지 이름은 한사코 안 밝힌다. 순하고 평범하게 생긴 중년사내를 다시 멀리 앞세운다.

왠지 좀 바보 같지만 남이 알건 모르건 정말 저런 일을 하는 사람이 있구나. 그런 사람과의 뜻밖의 마주침에 고개를 저으며 주고받는 일행의 눈빛이 뿌듯했다. 평소 흠모한 대스타를 갑자기 만난 기분? 저마다 미소로 벙싯거리는 얼굴들이 아무래도 그랬다.

(2014. 8. 11)

남몰래 흘리는 눈물

신선하며 왠지 설레게도 하는 말, 새벽. 그러나 도시의 새벽은 신선하지 않고 설렘도 없다. 하수도 악취가 자욱하고 길이 온통 쓰레기다. 지난밤 취객들이 보탠 토사물과 휴지 종이컵 빈 캔들 탓에 더하다. 환경미화원의 힘만으로 깨끗해질 길이 아니다. 쓰레기 만고강산이라고나 할까. 거리만 그러랴. 대화가 욕설인 젊은이는 어찌나 많은지. 이쪽으로 오실게요 식의 틀린 어법을 방송마저 당당히 쓰지 않나. 이 양산은 9만 원이세요, 물건에의 존칭이 여전히 득세하고, 유명연예인 중엔 오빠와 결혼하여 아이 낳고 부부로 사는 풍속도 생겼다. 제 남편을 오빠라고 부르니 사촌과도 결혼한다는 나라들이 와서 울고 갈 판이다. '됐거든. 아니거든.' 불쾌한 어투가 제법 오래 유행이기도 하다. 가히 언어의 쓰레기 강산이다. 실상이 이러하니 '왜 나는 조그마한 일에만 분개하는가.'라는 김수영 시인의 시구가 시인의 전용어만이 아니게 된다.

프란체스코 교황의 방한 일정이 월요일로 끝이다. 사랑과 연민 아닌 걸음이 없던 검소한 교황의 행보 전부 오로지 감동과 감명이던 4박5일이다. 예수의 행적 그대로인 교황의 사람에 대한 깊고 큰 포옹, 부드럽고 절절한 눈빛 앞에서 쓰레기 만고강산 어쩌고 하는 나의 분노가 얼마나 하찮고 쩨쩨한지 한없이 작고 초라하기만 하다.

종교를 떠나 교황의 길지 않은 4박5일 행적에 정말 따뜻했다는 고백이 넘친다. 무더위였건만 우리 내심은 그렇게 추웠던 게다. 더구나 힘없는 우리로서는 위로할 마땅한 방도가 없던 세월호 참사 희생자 가족들 앞에 교황은 몇 번이나 멈추었다. 우리나라 행정책임자도 아니건만 그분이 귀를 기울인 일만으로도 많은 이들은 그저 안심하였다. 세월호 특별법 제정을 위해 34일째 단식 중인 '김영오'씨의 한 손을 교황이 두 손으로 포개 잡은 시각. 교황이 잡은 손의 주인은 부당하게 고통 받는 이 땅의 아프고 슬픈 모든 이였으리라. 그들이 조금이라도 위무 받았으리라는 짐작에 서럽고 뜨거운 그네들 눈물이 전이돼 와 우리네도 마음과 눈물 둑이 무너지고 미어져 눈물이 번졌다.

사랑이란 진실한 마음과 그 마음을 알아주는 진정성임을, 소박하면 한 채로 주기만 하는 마음임을 새삼 깨달으며 4박5일은 치유 받는 기쁨으로 충만했다. 남몰래 흘리는 눈물인가. 도시의 더러움을 씻어내리는 듯, 고령의 아름다운 교황과 그분의 건강을 축원하는 듯 이 새벽에 단비가 촉촉이 내린다.

(2014. 8. 18)

미안하다, 미안하다

"이 시대에 침묵은 박쥐의 행위와 행색에 다름 아니다"라고 박쥐에 빗대 쓴 구절이 마음에 걸린다. 박쥐가 어쨌다고, 박쥐가 무슨 잘못을 했기에. 박쥐는 스스로 쥐라고 한 적 없고 새라고도 하지 않았다. 거꾸로 매달려 박쥐의 생을 묵묵히, 교미하고 위험천만하게 새끼 낳고 열악한 환경에서 지성으로 새끼 기르며 열심히 사는 갸륵한 온혈동물일 뿐이다. 그만 박쥐에게 망발하고 말았다, 박쥐에게 진정 미안하다.

누군가를 폄훼하는 댓글에서 흔히 "개 같은, 개보다 못한, 뱀처럼 사악한, 앙큼한 고양이 같은, 짐승보다 못한, 닭대가리" 등을 자주 접한다. 그나마 점잖은 편인 것만 옮겼는데, 저런 표현에 맞닥뜨릴 때마다 이 말이 나온다. 아니 개는 무슨 죄야? 앗, 뱀의 명예훼손! 고양이는 왜? 닭이 어쨌기에? 이렇게 저렇게 따져 봐도 당사자 동물에게는 그저 모욕이 될 비유이다.

주인을 구하고 자기는 지쳐서 그예 죽은 '오수의 개'가 천 년 전 미담만은 아니다. 수많은 '오수의 개'가 여태 있어 왔다는 사실을 우리는 안다. 형편없는 인간종자를 어찌 그토록 숭고한 개와 비교해 말하는 무례를 함부로 저지르는가. 개에게 미안하다.

식육의 제단에 소 돼지 제물들과 함께 바쳐진 거룩한 닭. 방목하는 닭이 높은 나뭇가지에 아슬아슬하게 올라가 둥지 틀고 알 품어 부화시키는 광경을 보았는지. 적과 위험에서 제 새끼를 지키겠노라고 암탉은 나무 위 둥지에서 한결같았다. 제 목숨을 초개로 여겼다. 가없는 새끼사랑이 보는 이의 심금을 적셨다. 사람아, 아름다운 닭을 어찌하여 욕보이느냐. 닭에게 미안하다.

　"뱀처럼 사악한" 이렇게 매도당하면 뱀도 뱃속을 뒤집어 보여주고 싶을 만큼 억울할 터이다. 뱀이 어떤 사악한 짓을 했느냐. 뱀은 유혹하지 않는다. 뱀은 거짓 없고 조용하다. 자기 생명이 위협받지 않는 한 뱀은 고요히 지난다. 검정단추 같은 뱀의 순한 눈을 보아라. 사람의 어느 두 눈이 뱀의 눈처럼 무심 무욕할 수 있을까. 뱀아, 진정 미안하다.

　몽골불교의 탱화 어느 부분이던가. 다른 생명에게 여러 형태로 고통 주며 괴롭힌 자가 죽으면 저승에서 자기 한 짓 그대로 똑같이 죄의 대가를 받는 참혹한 그림이 있다. 함무라비법전처럼 이에는 이, 눈에는 눈인 그림이다. 그럴 것이다. 사실일 것이다. 죄 없이 고통 받는 힘든 생명들이 번연히 있건만 힘이 되지 못하여 진실로 미안하다. 사람이 진 죄의 값을 신(神)은 기억하리.

　(2014. 8. 25)

3

한담

염치없음
집은 대단해
유년 몇 가지 기억
소설가의 힘
제정신이 아녀
양가감정
오늘은 저절로 무념무상

염치없음

딩동, 벨이 울려 문을 열면 전도사들이 서있다. 하나님께서 보낸 사랑의 메시지를 전달하겠다는 것이다. 메신저들이 내 집 문 앞에 온 것만으로도 충분히 그 뜻을 알 수 있으므로 그들을 돌려보낸다. 네 원수를 사랑하고, 네 이웃을 네 몸같이 사랑하고, 네 몸 사랑하기를 나 사랑하듯 하라고 2천 년이 다 되도록 같은 내용의 편지를 하나님은 우리에게 보내는 것이다.

딩동, 벨이 울리고 문을 열면 시주승이 서있고, 나는 쌀 한 홉 퍼서 시주승의 바랑에 넣는다. 시주승은 나무관세음보살 하며 나를 위해 염불을 왼다. 목탁소리가 사라진 후에도 나는 몹시 뿌듯해져 한참을 벙싯거린다. 무엇인가 부처님의 자비를 흠뻑 부어 받은 느낌 때문이다.

신 내린 무당이 있다고 해서 친구와 복채를 들고 찾아가 본다. 무당을 통해 신이 말씀하기를 액이 끼었으나 살풀이굿을 하면 평생대길과 무슨 동자의 도움으로 극락장생을 보증하겠다고 한다. 굿을 하려면 몇백만 원이 깨지기에 나처럼 하루하루의 연명에도 벅찬 가난한 사람은 동자가 사는 극락장생지에는 갈 엄두도 못낸 채 터덜터덜 돌아오고 만다.

청 맑은 토요일, 독실한 가톨릭 신자 후배에게서 전화가 온다. 내일이 일요일이니 놀러오라고 하자 후배는, 내일이 일요일이니 미사참례하고 주일학교 애들 가르치고 다음 주 회보 준비로 못 온다고 한다. 그러면 이때다, 하고 나는 부탁한다. 내일 미사에 나를 위해 기도해주렴. 후배는 아리따운 목소리로 흔쾌히 그러겠다고 대답한다.

 나는 안심하여 일요일을 편하게 보낸다. 나는 나의 선량한 후배에 의해 구원되리란 믿음을 가질 수 있기 때문이다. 또한 내가 알지 못하는, 그러나 이 세상의 죄인을 위해 올리는 많은 사람들의 기도에 의해 구원될 것이기 때문이다. 덕분에 오늘도 나는 영생을 꿈꾸며 기쁜 마음으로 죄를 짓는다.

 세상이 마감하는 날, 나는 필연코 많은 죄인들과 어깨에 어깨를 걸고 천국이나 극락에 당도할 것이다. 그것이 어리석은 인류에게 신이 마지막으로 베풀 위대한 사랑의 증거가 되리란 사실을 결코 의심한 적이 없다.

 (1981)

집은 대단해

언젠가는 손을 놓을 날이 있겠지, 결국은 시간이 해결해주겠지.

그러면서도 끝나지 않을 것 같은 이삿짐정리 중에 모녀는 이야기를 주고받는다.

"엄마, 집이 무너지지 않을까? 이렇게 짐이 많아서."

"지진이 난다면 몰라도 우리 짐으로는 무너지지 않아. 집은 정말 대단하지?"

이사 나오는 직전까지 문정동 먼저 집에서는 천장 여기저기서 물이 줄줄 샜다. 대야에 물이 차면 내다 쏟았다. 복도 계단 카펫도 어디가 터져 흐르는 물인지 이곳저곳이 흥건하게 젖었다. 보일러는 며칠 간격으로 서곤 하여 동네 설비 집 남자가 수시로 들락거려야 했다. 옷 방 쪽에, 마루 쪽에, 안방에, 난리도 아닌 생활이 몇 개월이었다.

"그리고 이 집은 문정동 그 집보다는 훨씬 튼튼하게 지어졌어. 최소한 십년은 괜찮을 거야. 아무튼 집이란 건 대단한 거야!"

"어떻게 그럴 수 있을까, 집은?"

이 엄마는 과일나무를 떠올린다. 가지가 휘도록 열매를 달고도 쓰러지지 않으며 버티고 있는 한 그루 나무를. 집이 나무만큼이나 굉장하게 다가온다.

"보면 엄마, 집은 별것도 아닌 걸로 지어진 거잖아. 연약해서 위험해, 겁나."

"그래서 건축공법이 있는 거잖아. 참 사람이란 대단하지? 공법을 생각해냈으니."

"공법이 중요한 거구나. 그런데 어떻게 그게 가능할까?"

"글쎄, 전공이 아니라서. 일종의 균형 같은 게 아닐까. 과일나무도 말이야. 아마 자기가 어떻게든 균형을 잡고 서있는 게 아닐까. 문득 그런 생각이 드네. 그건 사람도 그렇잖아."

"그런 걸까?"

"그런 걸 거야. 모르지만."

모녀는 서로 보며 그저 웃는다.

19일에 5톤 트럭 한 대 짐이 들어왔고, 20일에 5톤 트럭 2대와 용달트럭 2대. 합한다면 5톤 트럭 3대, 용달 두 대다. 그만한 킬로수를 안고지고 있는 집이니 여간 대단한 게 아니다. 아래에 세든 가구가 넷. 그들을 아직 대면도 못하였지만 그 가구들의 짐까지 합하면 어마어마한 무게를 집은 감당 중이다. 우리 딸이, 또 아들이 걱정하는 건 당연하다.

동네토박이가 많은 듯, 이곳은 대문 밖에 쓰레기를 버리러 잠시 나가도 누군가 말을 걸어온다. 이사 온 분이시우?

어디 어마어마한 저택에서 살다 이사 온 집인 줄 알았다는 말도 들었다. 엄청난 분량의 짐 때문이다. 이제 용달트럭으로 치면 몇 대 분량을 버렸을까. 계산이 어렵다. 집은 짐을 안고 있는 수고를 눈곱만큼 덜었고 우리는 밥솥을 찾아내 쌀은 안칠 수 있게 되었다. 아이들 부친과 합하느라 이삿짐센터가 두 군데 두 팀이었기에 더 뒤죽박죽 엉망진창이 돼버린 것이다.

뒤섞인 그릇에서 아무거나 잡히는 대로 쓰는 형편이라 반찬까지 해먹는다는 건 한참 더 있어야 하겠다. 냉장고에 있던 김치며 반찬 종류로 매식을 근근이 면하고 있을 뿐이다. 집 공사는 끝났지만 며칠 살면서 보수하고 마련할 게 새로이 생길 때마다 모든 걸 함께하려니, 이젠 밥이며 빨래까지도! 사실은 벅차다. 바쁜 막냇동생 우경원이 매번 달려와 도와주지 않으면 실제로는 엄두 못 낼 일이 한두 가지가 아니다.

세칭 드레스 룸에 일단 무조건 쌓아 놓은 옷 보따리도 건드리지 못하여 입을 겉옷에 전전긍긍이다.

"엄마, 사람은 참 대단한데, 이런 집은 못 지을까?"

"어떤 집?"

"청소도 스스로 하고, 쓸 데 없는 짐은 처리해주고, 물건들을 제자리에 놓아주기도 하는."

"도라에몽에서 가능한 집? 언젠가는 그럴 날이 올지도 모르지. 그렇지만 어떤 재미는 없어지는 거잖아. 지금만도 집은 대단하지."

"그렇긴 해. 집은 대단해."

지금의 난민 같은 생활도 어쨌든 지금이니 가능한 것이다. 말끔히 정리되면 하고 싶어도 못한다. 지금, 뭐 괜찮잖아. 물론 혼자만의 생각이다. 입 밖에 냈다가는 집과 식구들에게 치도곤을 당할 게 분명하다.

(2007. 1. 25)

유년 몇 가지 기억

반짝이는 새벽별을 바라보면서/슬기로운 혁명군 아저씨들이/정의의 총칼을 둘러메고서…

다음 구절은 생각나지 않는다. 저 노래에 맞춰 45회 전국체전 매스게임을 하였다. 국민학교 3학년이었던가, 4학년이었던가. 64년이었다. 혁명공약도 외웠다. 반공을 국시의 제 일의로 삼고… 뒤의 다른 조항은 잊었다.

전국체전 때문에 인천시에서 공설운동장을 만든 건지 아닌지는 잘 모르겠다. 그로부터 몇십 년 후 문학경기장이 생길 줄 몰랐을 것이다.

어린아이들이 한 학기 계속 매스게임 연습에 동원되었다. 북한 사람들처럼 살이 찐 애가 드물었다. 뼈가 앙상하게 드러난 아이들은 땡볕에서 매스게임 연습을 하느라 누구랄 것 없이 살갗이 까맣게 타서 반들거렸다. 해는 왜 그토록 뜨겁고 메말랐던지. 운동장 흙은 왜 그다지도 뽀얗게 피어오르기만 하던지. 가물었던가. 하늘을 보면 어지러웠다. 어이없는 시절이었다.

방과 후였다. 반 애들이 다 갔는데 왜 혼자 남아있었을까. 키가 큰 여자 담임 선생님, 장경남 선생님이 이리로 와봐라 하였다. 선생님은 오르간을 누르며 우아한 음성으로 노래를 불렀다. 따라 해보아라. 애절한 노래였다.

도라지꽃은 가신 언니 꽃 예쁜 보라색/언니를 찾아 뒷산에 가자 보라색 저고리/오늘도 언니 찾아 뒷동산에 올라서/언니가 좋아하던 꽃을 찾아 헤매인다/도라지꽃은 가신 언니 꽃 예쁜 보라색

국민학교. 6년 내내 어리둥절하였다. 다른 아이들보다 늘 늦되었다. 친구들은 대개 똘똘했고 세상 이치에 밝아보였다. 혼자만 앞이 노상 안개였다. 알 수 있는 세상사가 없었기에 걸핏하면 눈물이 나왔다. 아, 왜 나만 모르는 것일까.

친구가 아주 없는 건 아니지만 마음은 자주 다른 데에 가있었다. 좋아하던 오빠가 잘 부르는 노래를 혼자 많이 불렀다.

새싹 트는 봄이 오면 나는 돌아가리라/산과 들이 잠을 깨어 푸른 옷 갈아입고….

'로키 산의 봄' 노래 제목을 알아내는 데만도 시간이 걸렸다. 중학생이 되어서야 알았다.

우리 엄마가 좋아하며 잘 부른 노래를 나도 좋아한다. 엄마가 좋아해서인지, 나도 그 노래를 좋아해서인지 이제 와서는 구분이 안 된다. 엄마가 일을 하면서, 더러 우리 형제들을 재우면서 해준 자장가.

잘 자라 우리 아가 앞뜰과 뒷동산에 – 모차르트

자장 자장 우리 아기 자장 – 슈베르트

자거라 자거라 귀여운 아가야 꽃 속에 잠드는 벌 나비같이 – 이흥렬

잘 자라 내 아기 내 귀여운 아기 – 브람스

노래하며 지난 장면들을 떠올린다. 어제 그제는 블로그 안부 게시판에 올리온 옛 인천공설운동장 자리를 보면서 아득하게 잊었던 어느 여름

이 문득, 갑자기, 그러나 아련하게 떠올랐다.

아버지인지 엄마인지, 우여곡절 끝에 공사가 미처 끝나지 않은 공설운동장 바깥 가게 하나를 분양받았는지 빌렸는지는 모르겠다. 초라한 운동구점이 몇 개 들어섰을 뿐, 운동장을 빙 두른 그 아래 가게들은 대부분 문도 없이 울퉁불퉁한 흙바닥인 채로 비어있었다. 자본이 없어서 우리 것도 그랬다. 가끔 가보면, 다른 집 공간에는 똥오줌이 질펀하기도 했다. 여름이었다. 자주 끼니가 끊겨 할머니와 엄마는 옆집에서 양식을 꿔오고는 하였다.

한 푼이라도 보탤 수 없을까. 궁리하였을 것이다. 참 아득한 기억이다. 성당에서 배급받아온 밀가루를 볶아 밀가루 미숫가루를 만들었다. 수돗물에 미숫가루를 타고 당원을 쳐 간을 맞췄다. 얼음 한 덩어리를 사서 미숫가루 물에 띄우고 사과상자를 얻어 공설운동장 아래 그 빈터로 갔다. 우리 집에서 공설운동장까지는 먼 거리였다. 사오십 분 걸렸는지, 더 걸렸는지 잘 모른다. 작고 가냘픈 내가 그곳까지 들고 이고 참 힘들여 갔을 것이다. 덥기는 얼마나 더웠을까. 걸어가던 과정은 생각나지 않는다. 몇 어른인가가 기특하다며 한 대접씩 팔아줬다. 얼마를 받았는지도 기억나지 않는다.

사과상자와 큰 양푼을 들고 저녁 늦게 터덜터덜 집에 들어갔다. 할머니와 엄마가 뭐라고 하였는지? 야단을 맞았겠지. 이후로 밀가루 미숫가루 물장사를 그만둔 걸 보면 말이다. 밀가루 미숫가루를 만들어 팔러나간 일, 나가서 우두커니 앉아있던 일은 아무렇지 않았다. 사람들이 팔아주기만 바랐다. 우리 집에 작은 힘이라도 되기를 바랐다. 옆집에 양식을 꾸는 일이 더 슬프고 창피했기 때문이다.

인생은 잠깐인데, 유년은 어째서 아득히 저 먼 곳, 아주 깊은 우물을 들여다보듯 그런지 모르겠다. 꿈보다 더 불투명하게 아스라하다.

오늘은 남은 이불을 마저 빨 작정이다. 큰 빨래에 밀려 모인 잔 빨래도 해야 한다. 날은 화창하지 않다. 그렇더라도 욕조에 물 받아 가루세제 넣어 거품내고 이불을 넣을 것이다. 몸무게를 실어 두 발로 힘껏 밟으며 아버지가 좋아하여 즐겨 부른 노래도 하게 될 것이다.

잔잔한 바다 위로 저 배는 떠나가고 노래를 부르니 나폴리라네 - 먼 산타루치아
내 고향으로 날 보내주 오곡백화가 만발하게 피었고 - 포스터의 많은 노래들.

마지막에 두나를 부르리. 아버지가 먼 어디인가에 시선을 주며 불렀던.

오 내 나이 아직 어릴 때 내 입은 가볍고 바다 위에 떠돌기 나 참 원했네….

부르는 많은 노래에 유년시절과 정경이 있다. 이제는 꿈과 다름없이 된. 그래서인지 아닌지 몰라도 돌이키다 보면 어쩐지 마음에 눈물이 설핏 고인다.
적막하다, 유년. 푸른 이끼 낀 깊은 우물 속.
(2007. 6. 5 빨래가 삶아지기를 기다리는 동안 대략 쓰다)

소설가의 힘

15년쯤 전인가. 메세나라는 말이 아직 우리나라에서는 통용되지 않던 시절 이야기다.

이 멍청한 사람이 누군가의 지극한 권유로 소설가 무리를 따라 경주에 갔다.

정확한 명칭은 그때나 지금이나 잘 모르는데 아무튼 기업과의 대화, 그런 종류 세미나였다.

역시 이름은 기억나지 않는, 경주 가장 고급 호텔 회의장에서 여러 기업에서 나온 사람들과 소설가 무리의 회의가 시작되었다.

차례에 따라 국기배례, 애국가 봉창, 축사, 인사말, 등등 의례적인 모든 게 끝나고 본격 질의문답이랄까, 회의에 들어갔다.

소설가가 묻고 앞 단상에 주르륵 반원으로 앉은 기업 측 사람들이 답변을 하였다.

소설가 측 질문과 주장을 간단하게 정리하자면 이랬다.

'기업이 이윤의 일부를 소설가와 소설가의 작업환경 개선에 돌려주어 소설가로 하여금 좋은 작품이 나오게 하고 생활도 되게 전격적인 투자를 해야 한다, 한 나라의 흥망성쇠는 문화에 있다, 문화의 중심에 소설이 있다, 소설은 인간을 바꾸고 세계를 바꿀 수 있다.' 운운.

기업 측의 준비된 대답은 매번 이랬다. '문화가 앞으로는 국가경쟁력임을 알고 있다. 소설가들의 딱한 처지도 잘 알겠다. 앞으로 소설가들을 도울 방안을 생각해보겠다.'

듣고 있자니 소설가들 질문과 저쪽 답변이라는 게 몇 순배 돌아가도 한결같기만 할뿐 진척이 없었다. 이렇게 저렇게 해 달라. 잘 알았다. 앞으로 연구해보겠다.

앉아있는데 속에서 열불이 오르고 자존심이 상해 견딜 수 없었다. 소설가라는 이름으로 함께 앉아있다는 자체가 창피해 얼굴이 홧홧 달았다. 아니, 밸도 없느냐. 어쩌자고 이런 자리를 만들었단 말인가! 급히 메모지에 몇 가지 메모를 한 후 의사발언을 청했다. 그 자리에서는 그중 어리고 젊은 발언자에 속했으리라.

사회를 보는 기업 측 사회자가 열렬한 표정으로 손을 번쩍 치켜든 나를 반색하며 지목했다.

우리 소설가들도 새로운 흥미를 보이며 해님을 보듯 일제히 나를 올려다보았다.

저 여자가 무슨 말을 하려고 일어났나? 우리에게 아주 이로운 이야기를 해줘야 할 텐데. 그러려고 일어났겠지 뭐.

기대에 찬 눈빛을 가득 받으며 나는 말문을 열었다. 울화통으로 내 음성은 다소 높고 떨렸다.

"우리가 거지입니까?"

분명히 메모지에는 그다음, 그다음 그다음으로 너덧 개 번호까지 매겨 논리적으로 적혀있었다. 조금 큰 글씨로 중요 사안을 적어도 놓았다.

그런데 글씨가 안 보인다! 안 보일 뿐 아니라 해야 할 말도 생각나지 않는다.

무슨 말을 하려고 했지?

그저 비행기의 굉음 같은 게 귓속에 가득 들어차는 것이었다.

엄숙한 자리. 회장 안은 그대로 침묵의 도가니탕으로 굳었다.

우리가 거지냐는 폭탄 발언에 이어 수소폭탄 급 다음 말을 이쪽이나 저쪽이나 기다리고 있었다. 아 뭐지? 무슨 말을 하려고 했지? 와중에 그런 생각이 지나갔다.

왕년에 웅변대회에서 크고 작은 많은 상을 탔던 몸 아니냐. 사주풀이에는 임기응변에도 능하다고 나와 있다. 그러나 살아온 날을 보자면 임기응변에는 완전히 젬병인 나였다.

마무리를 해야 앉을 텐데 이토록 막막하니 어쩌랴.

그러자 저쪽 끝에서 손위 여자 선배 한 분이 손을 들며 천천히 일어났다.

송원희 선생님이었다. 아마도 내가 하고 싶었으리라고 짐작하는 말이었을 게다. 이러저러한 이야기 뒤에 또랑또랑, 또박또박한 음성과 발음으로 한참 선배인 송원희 선생은 말을 시작하고 맺었다.

"기업은 쓰러지면 다시 일어날 수 없지만 우리 소설가는 쓰러지면 언제나 일어날 수 있습니다. 열 번이고 백 번이고 일어날 수 있습니다. 기업은 쓰러지면 망합니다. 기업은 쓰러지면 끝입니다. 하지만 우리 소설가는 쓰러져도 결코 망하지 않습니다."

선배가 달리 선배가 아니었다. 글 밥, 문단 밥을 흥하기도 하고 폄훼하기도 하지만 글 밥, 문단 밥이 거저 있는 게 아니었다. 나는 선배에게 감동받았다.

휴식시간이 되자 다른 양반들이 내게로 와서 머리를 쥐어박았다.

"우리가 거지입니까? 이그 이 눈치 없는 사람아. 가만이나 있지 초는 왜 쳐, 초는!"
"손님으로 와서 그런 말을 하면 어떻게 하나? 주최자가 얼마나 민망해 했겠어?"
"그러게. 우리가 다 조마조마했다고."
"아냐. 잘했어. 잘 말했어요. 그렇지 않아도 나도 좀 너무 그렇더라고."
"그래그래, 잘 말했어."
두 가지였다. 당연히, 잘했다는 쪽과 잘못했다는 쪽.

그 후 세월이 지나서도 어느 분은 나를 보면 그날 일이 떠오르는지 대뜸, '우리가 거지입니까?' 하면서 피식피식 웃는다. 나도 웃는다.
어느 자리에서 경주 저 이야기가 나온 날이다.
이야기를 듣던 정동수 선생이 고개를 끄떡였다.

"내 이야기 하나 해줄게. 왜 나 사무국장 할 때 말이야. 그땐 한국소설이 계간이었잖아. 지원받는 데도 없고 그땐 정말 어려웠어요. 책에 광고 좀 따려고, 모 소주회사를 찾아갔지. 좀 도와주시오."

소설가들 사정은 잘 알겠는데 자기네는 계획에도 계산에도 없는 일이라며 정중하게 거절을 하더란다. 미안하다, 정말 미안하다. 소주회사 측은 수십 번 머리를 조아렸다.

정동수 선생은 점잖게, 정중하게 답해주었다.

"그쪽 사정을 충분히 알며, 이해합니다. 우리에게 미안해할 것 없어요. 우리는 괜찮습니다. 소주회사가 도와주지 않아도 우리는 어떻게 되지 않아요. 그러나 소주회사는 우리 소설가들이 도와주지 않으면 쓰러지지요."

모 소주회사에서는 얼른 광고물량을 보내왔다.

그렇다. 때로 만용을 부려보자면, 소설가는 앞으로도 괜찮을 것이다.
(2008. 9. 21)

제정신이 아녀

어제 저녁 5시 58분께.

초겨울저녁다운 조명. 하이얀 털모자 쓰고, 하이얀 잠바 입고 송파수필작가들 잔치에 놀러가는 길. 동동걸음으로 신천지하도 건너는데 뉘 부르는 소리 있어라.

"아가씨! 아가씨! 말씀 좀 물어요. 삼성동 가려면 이리로 가야 하나요? 저리로 가야 하나요?"

"예?"

뒷구정동인 신천역 지하도와 달리 적막하기 그지없는 신천지하도 안. 부르는 자와 돌아보는 자, 둘뿐.

보니, 블로그의 코랄 양 또래 아가씨다.

"아가씨 미안해요. 방향을 모르겠어서요. 알면 좀 가르쳐주세요."

뭐라? 음핫핫핫, 우핫핫하 좋아서 속으로 웃음.

"아가씨는 아니지만 가르쳐 드릴게요. 삼성역은 이쪽이에요."

친절하고 상냥하게 알려준 후 송파문화원이 있는 아파트단지로 들어선다.

플라타너스 낙엽이 가아득 가아득 쌓여있는 길. 낙엽무더기만 찾아 밟는다.

와삭, 와삭와삭 와사삭. 소리 좋고 향은 더 좋다. 마른나무 내음새.

오, 이 가벼운 발걸음.

다 좋은데, '아가씨' 소리에 당연히 대답하며 돌아보는 나, 제정신인가.

(2008. 11. 21)

양가감정

오늘이 12월 12일.
오, 과거 12·12사태가 벌어졌던 날이구나.
어쨌든 이렇듯 따뜻한 오늘까지의 12월은 여태 살면서 처음이다.
다행이며 안심이다. 한편 조마조마하고 아슬아슬한 불안이 이만큼이다.
길 아이들 생존을 보살피는 분들 마음이 대부분 비슷할 게다.
어느 날 갑자기 추워질까 싶어 불안하다. 겁난다. 무섭다.

지구온난화는 절대로 더 진척되지 않기를 빈다.
북극 남극은 전처럼 눈과 빙하로 덮여 흰곰 부류가 안심하게 되기를,
사람들의 노력과 자연의 용서로 지구가 회복되기를 빌고 빈다.
우리나라 겨울은 덜 춥기를 바란다.
그렇더라도 이듬해 농사는 풍작이기를 기원한다.
이런 말도 안 되는 양가감정이라니….
(2021. 12. 12)

오늘은 저절로 무념무상

걸어 다니면 평소 하지 않던 생각까지 무수히 연이어 뒤를 따라와 생각의 행진을 하게 십상이다. 그러면 안 된다. 주워들은 이야기로, 무념무상이어야 걷기가 수행이 된다고 하더라.

몇년 전 어느 집 아이를 봐주러 다녔다. 기록에 의하면 대략 2019년 7월쯤부터 21년 언제까지로 2년 8개월에서 10개월은 되는 것 같다. 누구보다 인천 엄마가 화를 내며 속상해하였다.

대학원 나와 석사인 아이가, 명색이 소설가라는 아이가! 게다가 어느 대학에 조교수 임용도 되었다. 그 임용장을 입 닦은 휴지처럼 던져버린 큰딸의 행태를 엄마는 지금도 분해하신다.

그 모두 지난 이야기. 엄마는 당장의 현실을 모른다. 그리 잘나게 쓰는 글 외에 할 줄 아는 게 없는데 몇푼이 아쉬우니 어쩌랴. 이력에 주부 11단이며 아이 보기도 베테랑이고 음식도 잘한다고 썼는데 개코도 먹히지 않았다. 그야 내 아이라면 몰라도 남의 아이 봐주기가 베테랑이라고 쓴 건 거짓이다. 평생 내 아이 외에 봐준 아이가 없다. 하지만 진심을 갖고 지성으로 하면 될 것 같았다.

무엇보다 많은 집에서 원하는, 음식은 잘하는 편 아닌가. 그런데도 주인집이 될 이들은 귀신처럼 잘 알아서 도무지 나를 낙점하지 않았다.

아이 보기조차 수십 집에서 이미 이력에서 떨어진 현실을 알면 인천의 우리 엄마는 더 기막혀하였을 게다. 절친한 쏘피 언니가 파출부 사무실 운영자인 덕분에 이러저러 전략을 짜주어 그나마 근근이 인연이 되는 집을 만났다.

만만치 않은 우리 집 일에, 다니는 집 일까지 참으로 바쁘고 고단하였다. 그런데도 도통 살이 빠지지 않는다. 자나 깨나 제 언니의 찐 살을 걱정하는 여동생이 반짝 명령을 냈다.
– 그 고생을 하는데 왜 살이 안 빠지냐고! 집에 갈 때는 걸어서 가라.
걸어 보니 잠실역에서 우리 집까지 6천보가 간신히 넘는다. 시간도 30여 분밖에 걸리지 않는다. 열심히 한참 걸은 것 같은데 그렇다. 귀에 이는 겨울을 합하여 6개월은 걸었음직하다.
그러다가 걷기를 집어치웠다. 그중 한 가지는 꼼짝하지 않는 몸무게 탓도 있지만, 걷는 동안 집요하게 달라붙는 생각들 때문이다.
생각하기 싫고 싫은데 끔찍할 정도로 생각이 태어나고 따라붙고 불어나며 마음과 뇌를 고통스럽게 하였다. 무념무상! 외치며 생각을 몰아내려고 해봤자 워낙 수양이 안 된 사람이라 불가능하였다.

2024년을 살 빼는 해로 잡고, 그중 가장 쉬운 걷기를 다시 시작하였다.
종일 눈 오고, 뒤에는 비가 온 데다 다음날 우리 딸네 갈 요량으로 음식 준비하느라 걷지 못한 수요일 1월 17일 빼고 오늘까지는 작심 22일이다.
만 보 이상을 만들어내는 게 여간 시간이 걸리지 않는다.

오늘은 진짜 살벌하게 바람 불고 추웠다. 그동안 자주 생각이 수마처럼 따라붙어 성가셨는데 저절로 무념무상, 수양이 되었다. 맹추위와 바람을 맞받으며 뚫고 나가다 보니, 두꺼운 모자 안의 머리통이 지끈거리며 시리고 아플 지경이다.

결과는! 모처럼 13,000보가 넘는다. 무념무상의 승리다.

그렇다고 내내 이런 추운 날을 기다리는 건 결코, 절대로 아니다.

기필코 수련 수양으로 평소에도 쓸모없는 생각의 고리를 끊어내리.

(2024. 1. 23)

4

바보 같은 나의 육아

즐거운 게임
안 돼도 좋다
남자 보는 눈이…
엄마가 잘못했지

즐거운 게임

큰애는 이번 생일로 열 살이 되었다. 다른 애들보다는 조금 어린 4학년이다. 어리석고 유치한 이 엄마가 '우리 아들은 천재'라고 믿고 일곱 살이 미처 안 되었는데 학교에 보낸 덕분이다. 작은 애는 여섯 살이다.

큰애가 두어 살 되었을 때부터 큰 단위로 들여 놓은 책이 꽤 여러 질이다. 우리 애에게 보탬이 되어서가 아니라 안면 있는 이들이 외판원이어서였다. 그렇게 해서 아이의 책장을 메워주는 책이 수백 권이 넘는다. 문제는 아이나 어미인 내가 그 책을 들여다보는 일이 거의 없다는데 있다. 그 책들은 사실은 우리가 그다지 원하던 책이 아니었기 때문이다.

많은 책을 사장시키다시피 한 채 우리는 자주 책방나들이를 한다. 보고 싶은 책이 있을 때 한 권씩 사서 읽어치우는 게 두 아이와 내 취향이다.

두 애가 다 책을 좋아해서 일주일에 두세 번은 책방에 가야만 한다. 교보니 종로니 하는 큰 서점에는 가본 적이 없다. 어린이용 도서를 낱권으로 사는 데는 동네 단골서점만으로도 충분해서다. 우리 아이들이 유일하게 알고 있는 책가게인 셈이다.

보고 싶던 책을 사거나, 예정에 없었더라도 읽고 싶은 책이 없는가를 살피는 일은 은근한 즐거움이다. 큰애가 학교에 다녀 어린이신문을 구독하면서부터 아이는 어린이신문 광고란에 난 책을 종종 찾는다. 재미있을 깃 같다며 며칠씩 졸라대기 마련이다.

글쎄? 과연 괜찮은 책일까?

"일단 나가서 보고."

두 아이는 승리의 깃발을 올리고 행진하는 소대장처럼 앞장서서 경중경중 상가로 향한다.

"엄마는? 신문에 난 거니까 틀림없이 재미있고 좋은 책이란 말예요. 이천오백 원. 알았지?"

바로 광고의 힘이다. 그런 때는 신문광고의 막중한 책임에 대해 잠깐 생각해보게도 된다.

책방에 도착하고 큰애는 대뜸 광고에 난 책이름을 댄다. 광고된 책은 대부분 불행하게도 동네책방에까지 와있지 않은 경우가 더 많다.

누우면 코앞인 책가게인데도 아이들로서는 이왕 나왔으니 무슨 책이든 한 권씩은 들고 가야 직성이 풀린다는 표정들이다.

나는 슬그머니 긴장한다. 자, 이제부터 우리의 신경전이 시작되는구나.

아직 한글을 터득하지 못한 딸애는 일단 예쁜 그림이 표지로 되어있는 책이면 무조건 붙잡고 놓지 않는다.

"안 돼. 이건 글자가 너무 많아."

글자가 많으면 내 목청이 미리 깔깔하게 아파진다.

"안 읽어달라고 할게."

"아냐. 이렇게 글자가 많으면 엄마 기절해. 너무 힘들어."

책을 사온 후 읽어주지 않을 도리는 결국 없다. 글씨 크고 글자가 적게 들어있으며 되풀이 읽어주었을 때 우연하게라도 딸애가 글자를 알 수 있을 쉬운 책을 집어준다.

눈물이 흔한 딸애는 그새 손등으로 눈가를 문지르며 우는 소리를 낸다.

"난 공주님이 좋단 말이야. 나는 공주님 이야기가 좋단 말이야!"

"이거 그림만 공주님이지 이 안에 공주님 이야기는 한 개밖에 들어있지 않대도? 정말이야. 엄마는 거짓말 안하잖아."

"아니야. 전부 공주님 이야기야!"

"그것 봐. 읽지를 못하니까 이렇게 억지를 쓰지."

"아니야! 전부 공주님 이야기야! 나는 그림 보면 다 읽을 수 있어. 엄마는 그것도 몰라?"

아이고, 골치야!

왕고집인 딸애는 글자는 몰라도 괜찮다며 배울 생각조차 하지 않는다. 그저 그림 보면서 자기 상상대로 이야기를 만들어 읽어버리는 것이다.

탄식이 끝나기도 전에 큰애가 눈치를 잔뜩 보며 책 몇 권을 안고 판매대로 나타난다.

"아니, 넌 왜 이렇게 많아? 한 권이야, 한 권!"

"응, 한 권은 이거고."

그 한 권의 표지를 본다. 제목부터가 괜찮다. 혼자… 아암 어린이에게도 철학적으로 사고하는 습관이 필요하지. 잘 골랐다. 나도 같이 읽으면 좋겠다.

"통과. 그런데 그 밑에 있는 것들은 뭐니?"

아이는 얼른 다른 책들을 품에 안아 감춰버린다. 서너 권은 좋이 된다. 큰애는 이제부터 엄마가 알아들을 수 있게 설득하겠다는 자세다. 그렇다면 틀림없이 엄마가 좋아하지 않을 책이다.

"있잖아요, 엄마. 우리 반에 이 책 안 읽은 애는 나밖에 없거든? 그러니까 나만 애들하고 대화가 안 통한단 말이야. 딱 한 번만 이것들도 사주라, 응? 예? 응?"

아이는 잘 안다. 엄마가 돈을 내고 사줄 책이 아니라는 사실을.

"봐봐. 봐야 알지. 아이고, 얘! 너는 양심도 없다. 이게 책인 줄 아니?"

아이가 숨겼던 책을 나는 거침없이 마구 성토하고 비방한다. 아이는 그럴 줄 알았다는 듯이, 그러나 그중에서 단 한 권만이라도 건져지기를 희망하면서 반짝이는 예쁜 두 눈으로 엄마를 계속 설득시키느라 애쓴다.

"이런 책은 아이들도 필요 없지만 어른들도 마찬가지다. 일고의 가치가 없다. 옛날이라면 휴지로나 쓰지. 이런 책은 왜 만드나 몰라? 엄마는 못 사줘. 보고 싶으면 친구들한테 빌려 봐."

"우리 반 애들은 시리즈로 다 외우는데…."

"그래서? 학교에서 훈장 주니? 최불암 아저씨가 상 준다든? 안 돼! 최불암 아저씨 본인도 싫어할 책이야."

눈물 흔한 큰애 역시 커다란 두 눈에 눈물이 그렁그렁하게 들어찬다. 책가게 여주인은 엄마에게 합세하여 차라리 잠시 빌려줄 테니 다른 책을 사라고 한다.

집으로 오는 길.

"엄마가 너만 했을 때는 책이 귀해서, 아니 아예 없었어. 교과서도 책이라고, 읽을 거라고는 교과서뿐이라서, 엄마는 우리오빠 교과서까지 읽고, 읽고 또 읽었어. 그래도 늘 재미있는 거야. 덕분에 학년 올라가면 죄다 미리 공부한 셈이 되어 공부 잘한다는 소리는 들었지. 세상에, 너는 너무 행복하다. 세상에 책도 많고, 너는 읽고 싶은 좋은 책 얼마든지 볼 수 있고. 그게 모자라 책 같지 않은 것까지 기어이 사들고 와. 좋은 세상에 부모 잘 만나 진짜 호강한다!"

무슨 따분한 옛날이야기람? 들리지도 않아요. 엄마 혼자 실컷 그러세요.

승리자인 두 아이는 걸으면서 자기들 책 들쳐보기에 여념이 없다. 절대패자인 이 엄마가 한숨 쉬며 뭐라 뭐라 한탄하고 부러워하는지는 알 바 없는 것이다.

(1992. 5)

안 돼도 좋다

3년 전이다. 학교에서 돌아온 딸이 어렵게 말문을 열었다. 학급문집에 엄마의 무슨 교훈적인 글 좀 실을 수 있을까?

우리 딸 학급문집인데 잠깐 주저한 이유는 어린 많은 딸들에게 무슨 말씀을 해주나 때문이었다. 연둣빛 떡잎에 불과한 이 싹들이 알아들을만한 인생의 이야기가 무엇이 있겠나. 인생이란 본인당사자가 살아내기 전에는 그 진면목을 알 수 없다. 또한 교훈이 될 만한 말이라면, 좋은 말씀은 훌륭한 분들이 옛날에 다 말해버렸으니 내가 할 말이 남아있지 않을 뿐더러 체질에도 맞지 않는다. 우아하게 좋은 말씀을 하고 있는 내 모습은 상상만으로도 등줄기가 싸해진다.

대단히 경건한 말씀 말고, 무슨 이야기가 있을꼬? 궁리하고 있자니 뇌세포의 낚싯대가 자연히 추억우물로 들어가 우물을 마구 휘저어 놓는 것이었다. 그리하여 운전을 배우러 다니던 나날이 바늘에 걸려 올라왔다.

88년 봄이어서 우리 딸이 첫돌이 되기 직전이었다.

운전석 옆자리에 앉아있는 기분과 보이는 경치는 얼마든지 쓸 수 있다. 운전을 할 줄 모르니 운전석에 앉아 차를 몰고 가는 사람의 시야나 기분은 알 수 없다. 그 궁금증이 운전학원에 등록을 하게 만들었다.

첫날 오후 아기를 옆구리에 끼고 씩씩하게 학원에 가서 교습관이 타라는 노란색 차에 올랐다. 우리 딸은 갓 낳았던 날부터 워낙 의젓한데다가 독립심이 강한 아기여서 걱정할 게 없었다. 교습을 받는 동안 뒷자리에 앉혀 놓으면 되리라 믿었다. 몇 달 전에 있던 한 가지 사건이 내게 믿음을 주었다. 지금 떠올려도 등골과 간담이 다시 써늘해지지만 엄마에게 믿음을 주기엔 충분하고도 남을 일이 있었던 것이다.

그건 소설 쓰는데 정신이 팔려 내가 아기엄마라는 사실, 태어난 지 몇 달 안 된 아기가 있다는 사실을 까맣게 잊고 만 일이었다. 저녁식사를 준비하려고 책상에서 일어났을 때야 이상한 기분이 들었다.

내가 복잡한 사정이 있는 사람 같은데? 1.아, 그렇지! (난 애를 낳았다) 2.응? (그런데? 어떻게 됐지?) 3. 아아아악! (악! 말도 안 돼! 방에 놓고 하루 종일 잊어버렸어!)

3단계로 놀라며 방으로 달려 들어갔다. 엄마들은 알리라. 그렇게 되었을 때의 어미 기분을. 내 머리와 두 손을 짓찧고 싶었다. 이런 몹쓸 엄마가 세상천지 어디에 있을까! 죽는 날까지 그 미안함에 내가 나를 용서치 못할 것이었다.

아기는 내가 알지 못할 무슨 깊은 생각에 잠겨 있다가 엄마를 반기며 은은하게 웃었다. 속 깊은 아기였다. 우리 딸은 특별하구나! 다른 아기들과는 아주 다르구나!

과연 달랐다. 아기는 혼자 시간보내기를 즐겼다. 누가 자기 시간을 방해하면 싫어하였다. 돌이 지나면서는 한글도 모르는 주제에 온갖 책을 잔뜩 쌓아놓고 보았다. 우리 집에서 가장 큰 재단용

가위로 종이도 오리기 시작했다. 어린이용 안전가위는 몹시 자존심 상해하며 저만큼 밀쳐놓았다. 방문을 열어보면 갖가지 형태로 잘라진 색종이, 원고지, 신문지, 공책, 도화지로 방안가득 종이천국이었다. 햄스터 집을 떠올리면 된다. 이러면 우리 딸만 자랑하는 게 되니까, 그날 이야기로 빨리 돌아가겠다.

그토록 신통한 아기인데 뒷좌석에 앉히자마자 있는 힘을 다해 울어댔다. 엄마 무릎에 앉아 같이 핸들을 잡겠다며 떼를 썼다. 아무리 달래도 안 되었다. 페달 한 번 눌러보지 못하고 교습학원을 나와야 했다. 다음 날부터는 아기가 자고 있는 새벽 첫 교습시간으로 시간표를 바꾸었다. 열심을 부리며 빠짐없이 나갔지만 교습관이 맡은 교습자 중에선 내가 가장 못하는 모양이었다. 나는 자주 야단을 맞았다.

"아주머니, 이래갖고 어떻게 합격하겠어요? 남들 시험 봐서 합격하고 면허증 따는 것 보면 속상할걸요?"

"속상하긴요? 언제고 나도 될 날이 있겠죠 뭐."

"이렇게 세 번 시동을 꺼뜨리면 땡! 하는 거예요. 긴장하지 마세요. 긴장할 게 없어요, 조금도 걱정 말고, 자아 발을 살살 떼시고…."

나는 웃었다. 도대체 왜 긴장하고 걱정하겠는가. 면허증에 내 인생이 걸려있는 것도 아닌데 긴장하고 걱정할 까닭이 없다. 오히려 너무 긴장하지 않아 덜컥덜컥 조심성 없이 페달을 밟아서 문제였다.

"아이구, 이러다간 면허 못 따시겠네."

"아이구 따지 말죠 뭐."

"예? 그럼 뭐 하러 꼭두새벽에 잠도 못 자고 나와 이 고생을 해요?"

"그냥 배우려고요."

"그냥 뭐 하러 배워요? 목적 없이 그냥 배운다는 건 말도 안 돼요."

"배우는 게 목적이죠."

"그런 목적이 어디 있어요? 그런 게 어떻게 목적에 들어갑니까?"

배우는 게 왜 목적이 안 된단 말인가. 차를 전혀 모르던 처지에 비하면 엄청나게 많은 여러 가지를 알게 되었는데. 그 상태로도 나는 만족하고 있었다. 내일은 내일의 상태에, 모레는 모레의 상태에 만족할 게 틀림없었다. 핸들을 어떻게 잡는지조차 모르던 때를 생각하면 그랬다.

뚜렷한 목적과 목표를 갖고 사는 게 바람직한 자세임을 알고는 있다. 목적과 목표 없이 그저 앞으로 나아가기만 한다면 얼마나 불투명하며 어리석은 인생이 될 터인가. 선명하지 못한 목표는 절박한 인생살이에서 자칫 낙오자를 만들 수도 있다.

하지만 흔히 결과보다 과정이 중요하다고 누누이 들어오지 않았나. 내가 좋아 선택한 길을 다만 열심히 성실하게 가는 것만을 신(神)은 우리 몫으로 주었을지 모른다. 완성은 신(神)의 영역이다. 완성을 이루고 가는 사람은 없다. 우리는 모두 무엇인가를 하다가 갈 뿐이다. 그러니 과정을 목적 자체로 한다면 살아가는 일은 한결 여유롭고 평온하리라. 즐거움도 있으리라. 가다 보면 완성은 아닐지라도 덤으로 윤곽이 보이기도 한다.

딸은 만화가가 되겠다고 한다. 자주 대여점에 들러 어깨가 빠질 만큼 만화책을 빌려온다. 용돈을 모아 만화책을 시리즈로 구입하기도 한다. 책장이 만화책으로 가득하고, 엄마가 읽어야 할 만화책을 선정하여 강제로 안겨준 후 다 봤는가를 검사한다. 나는 어린 날에도 안 봤던 만화책을 억지로 학습해야 하고, 덕분에 조금 알게도 되었다.

우리나라의 많은 엄마들처럼, 아이고 저렇게 노상 만화보고 만화영화 보고 그림이나 그리고 있으면 학교공부는 어찌할 건가, 그 걱정이 없는 건 아니다. 특별한 딸을 보통 엄마가 기르려니 속마음을 참아내기가 상당히 고달프다.

어쩌겠나. 결과보다 과정이 중요하다는 말을 해댄 엄마인데 언행일치를 위해서라도 참아낼 수밖에 없다. 딸이 어렵고 힘든 만화가가 되어도 좋고, 안 돼도 좋다고 생각한다. 그동안 열심히 그렸거나 읽은 바탕이 어디로 가겠는가. 우리 효녀에게 남아 인생의 거름이 되겠지. 거름이 안 된들 어떠리. 지금 좋다면 충분하다.

지금 당장을 좋게 살아내기만도, 인생은 쉽지 않은 것이다.

(2005. 3. 31)

남자 보는 눈이…

비교적 깊은 밤이다. 큰애가 나무계단을 타타탕 울리며 급히 내려와 제 엄마 방문 앞에 턱 선다. 웬일로 들어오지 않고 엄마를 부른다.

"엄마!"

엄마의 방문은 항상 열려있다. 컴퓨터에서 시선을 뗀 엄마는 방문 쪽으로 고개를 돌린다. 다른 날과는 확실히 다른 어조의 엄마! 이다. 그렇다 분노와 힐난과 놀람의 카오스이다.

"응? 왜?"

아들은 다짜고짜 그 다음을 말했다. 아니, 물었다.

"엄마! 엄마 결혼 두 번 했어?"

"응? 응. 나 두 번 했지."

그 통탄하게 놀라운 사실을 거리낌 없이 금세 수긍하자, 아들은 온몸의 실이 순식간에 다 끊어진 듯 잠깐 망연자실한 것 같다. 뭐라고? 저 엄마, 아니 이 엄마 완전 뻔뻔한 거 아니야? 응, 이라고? 잔뜩 어깨 힘을 주고 두 눈에도 힘을 주고 위층에서 뛰어내려온 아들은 아, 기가 막혀하는 표정이다. 얼굴 색깔이 핏기가 내려가 허옇다. 엄마는 놀라지 않으며 아무렇지 않게 웃음기마저 비치며 되레 묻는다.

"응. 그런데 어떻게 알았어?"

이 엄마의 속엣말은 조금 더 있었다.

'니네 아버지와 혼인신고를 두 번 했으니 결혼이라면 도합 세 번이지.'

아들은 혼이 조금은 나간 얼굴이다. 없는 하늘을 보고 없는 허공을 보더니, 그래도 그 눈빛에 화살을 놓아 내리꽂듯 제 엄마를 본다. 힐난 분노의 눈빛이 외친다.

어떻게 그렇게? 어떻게 그렇게!

우리를 감쪽같이 속여 왔지? 그 말이 아들 안에 차고 넘친다. 한 가지 말이 더 있다. 어떻게 아빠를 속여 왔지? 세상에 이런 일이! 아빠가 이 사실을 알게 된다면? 그때는 어떻게 수습해야 하지? 아들의 복잡한 심기가 얼굴에 그대로다. 이제 엄마는 어떤 변명도 못해! 엄마는 빼박이야 하려는 듯 다음을 말한다.

"엄마 블로그 이웃에 윤 뭐라는 시인 있어? 엄마 알아? 엄마 이웃 맞아?"

알지 못하고 만난 적도 없지만 윤 뭐 시인은 블로그 상에서 어쨌든 이웃이다.

"응, 그런 사람 있지. 알지는 못하지만 이웃이야. 그런데 그 사람이 그래?"

"그 사람 블로그 들어가 봐. 나도 그 사람 이웃이야. 거기에."

"거기에 그런 게 있어?"

"들어가 보라고!"

시비조다. 잔소리 말고 들어가 보라고.

윤 뭐 시인은 서로이웃만 맺는, 우리 여느 평범한 블로그와는 다르게 운영하는 블로거이다. 서로이웃 맺은 이웃만 그 블로그의 글을 볼 수 있는 시스템이 서로이웃이다. 마침 인터넷을 열어둔 터라 마우스를 굴려 윤 뮈의 블로그를 가본다. 포스팅 제목이 〈우선덕 선생님만 보세요.〉이다.

우선덕 선생님만 보라고 하니 우선덕 선생이 아닌 그의 다른 이웃과 우리 아들은 얼마나 더 궁금하며 보고 싶었을까. 주인공은 언제나 이렇게 맨 마지막에 보게 되거나 알게 되는 법이다. 매사 조심하는 블로거답게 출처인 신문기사 주소가 링크되어 있다.

https://www.joongang.co.kr/article/5390197.

그가 복사해 붙이기한 신문기사가 모니터 화면을 채운다. 기사 제목이 있으므로 읽지 않아도 대충 알겠는 내용이다. 작은 거인이라 일컫던 평론가 조연현 선생을, 한때 내가 아버지라고까지 부른 정규웅 선생이 '정규웅의 문단 뒤안길'이라는 큰 표제 아래에서 말하고 있다. 조연현 선생 편이니 선덕이 이야기가 조금이라도 들어가지 않을 수 있겠나.

아니 그래도 그렇지 지금 와서 만방에 알리면 좀 주책 아니냐. 나도 두 아이가 있고 상대는 오랜 병환 중이며 진실로 아름다운 그의 아내가 정성과 사랑으로 병구완을 여태도 해오고 있다는 칭송을 전해 듣던 참이다. 여전히 내가 그의 철없는 아내였다면 어림 반 푼도 없었을 일을 그의 아내는 전설처럼 신화처럼 해내고 있었다. 본 적이 없지만 오래전부터 나는 그의 아내를 존경하며 그의 쾌유를 기원해왔다. 아, 정말 정 선생님, 옛날 우리 아버지, 주책이다!

이 엄마가 윤 뮈의 블로그 글을 일별만 하자 아들은 어서 읽어보라고 눈짓한다. 그러나 아들의 오해를 풀어주는 1탄이 우선이겠다 싶다. 이제 이 껀(件)은 내가 먼저 말하지 않았으므로 나는 잘못이 없다. 아들 덕분에 아니 정 선생과 윤 뭐 시인 덕분에 드디어! 자연스레 함구령이 풀렸다.

"얘, 이건 너와 도경이 빼고는 다 아는 사실이야."

이게 무슨 소리야? 어떻게 그렇게! 그런 일이 있을 수가 있나!

"니네 아버지가 결혼 전에 단단히 약속을 받아두더라고. 알다시피 나는 숨기지 않고 다 말하는 사람 아니냐. 입단속을 단단하게 시키더라. 자기네 식구에게도, 나중에 아기를 낳아도 애들에게 절대로 말하지 말라고. 자기네 식구가, 어떻게 해서 여태 결혼을 안 했느냐고 물으면, 사실은…, 그렇게 자기에게 바로 얘기했던 것처럼 절대로 하지 말라고 해서 억지로 못하고 있었지. 내가 숨기고 싶었을 사람으로 보이니?"

이 잠시 잠깐에 일어난 사태랄까 사건이 제대로 정리되고 이해되지는 않지만, 참아야 할 소리마저 잘 참지 않는 엄마의 요상 경박한 성품을 웬만큼은 아는 아들이다.

그리하여 사건을 이해한 나름으로는, 자기가 받은 타격을 동생이 조금이라도 덜 받게 할양인지, 엄마 옆방의 동생을 불러냈다. 할 일을 하다가 방해받은 입장의 딸은, 왜, 뭔데 하는 얼굴로 나와서 제 오빠를 보았다. 아들은 동생이 충격을 덜 받게 하고 이 사태를 무사히 넘기려는 의도로 다소 호들갑스럽게 말한다.

"야, 엄마가 결혼 두 번 했단다?"

자기는 엄마의 두 번 결혼을 다 이해하며 동생의 감정을 다독일 준비가 돼 있다는 자세이다. 그런 오빠가 무색하게 동생은 픽, 쿡, 웃으며 대

꾸한다.

"그랬어?"

그래서 뭐 어쩌라고? 하는 식이다. 착한 엄마는 아들이 무겁게 느끼는 짐을 그래도 조금은 거들어줘야 할 것 같은 책임감이 생긴다.

"응. 너희 둘만 모르던 건데, 누가 신문기사로 쓴 걸 황도연이 보게 됐어. 내가 그런 걸 숨길 이유가 하나도 없다. 첫 결혼도 그때 다 신문에 났고, 니네 아버지와 결혼도 다 신문에 났었다. 나는 숨길 생각도 없는 사람이고, 너희 부친이 함구령을 내렸기에 말을 안했을 뿐이야."

과연 옛날이야기이다. 요즘 웬만한 연예인들 결혼이 연예가 기사로 나듯 그때에는 '가십' 혹은 '동정' 등의 작은 난이 있어 기사화되었던 것이다. 그 덕분에 두 번째 결혼식장 LCI에서 신부대기실에 인사하러온, 후배이며 작사가인 임선경이 '언니 저번에 결혼 했었잖아요'하는 말도 하였다. 신부를 둘러싸고 있던 친구들이 기절초풍 직전에 이르렀다. 수십 년 후 선경과 재회하였을 때, 선경은 자기는 그렇게 말한 게 아니고 이렇게 말했다며 극구 부인하였는데, 그래봤자 토씨 차이이고 그랬어도 저랬어도 그때나 지금이나 아무 상관없이 재미있는 삽화로 아는 우 씨 아닌가.

아들의 동생은 대범하다. 그러나 아들은 이대로 끝낼 수 없다는 듯 엄마 신문에 들어간다.

"한 가지만 묻자." 그러고는 한 가지가 아닌 여러 가지를 묻는다.

"그 사람은 어떤 사람이었고 얼마나 살았고 왜 헤어졌어? 아빠와는 왜 결혼했어?"

한 가지만이라고 하였으니 간단한 소명을 원하는 거겠지. 소위 쿨한 아들이고자 하는 것이다.

"시인인데 이 시대의 마지막 순수라고 사람들이 말하는, 참 아름다운 사람이었어. 그리고 명쾌했지. 그 사람이 쓴 시도 그렇고. 그런데 아기를 낳지 못하는 사람이야. 3년 살았고. 나를 보니 아기 낳고 기르고 다해봐야 더 좋고 깊은 글을 쓸 거라며. 마침 어떤 계기가 생겨 헤어졌지."

고개를 끄덕이던 딸은, 그런 사람과 헤어지더니 왜 자기 아빠 같은 사람과 결혼했는지 의아해했다.

"아빠랑은 어째서 결혼했어?"

"아무튼 이혼했으니 나도 먹고 살아야 해서 MBC 아르바이트를 하게 됐지. 그때 방송 3국인지 4국인지를 통틀어, 니네 아버지가 최고령 노총각이었데. 옛날이니까 그 나이가 최고령 노총각인 거고. 니네 아버지 장가보내기 후원회가 만들어져서, 그들이 의도적으로 나를 니네 아버지 프로에 작가로 넣었나 봐. 내가 미스인 줄 알고. 어느 날 결혼하자고 하더라. 내가 대뜸, 어머 나는 이혼한 지 얼마 안 된 사람인데요, 그랬더니 니네 아버지 엄청 충격 받은 거야. 아무 말 없이 다방을 나가서 한참 있다가 들어오더라. 미혼인 줄 알았는데 이혼이었냐고. 그러면서 이혼도 3년 상 치르듯 기다려야 하는 거면 3년을 기다리겠다고 그러더라."

아들은 그런 제 아버지가 멋있게 여겨져 '우리아빠가?' 감탄하였지만 많은 부분 엄마를 닮은 딸은 크크, 아하하 깔깔 웃어댔다.

"깔깔깔, 그래서 결혼한 거야?"

"그건 아니고, 결혼 후 글 쓸 일 있으면 어디 가서 몇 달이라도 쓸 수 있게 언제나 배려하겠다고 하기도 하고. 나는 다른 데 가서 쓰는 스타일이 아닌데."

와우, 아빠가? 아들은 제 부친의 그런 말도 멋있게 여겼다. 또 깔깔깔 웃던 딸은 칼로 베듯 냉정하게 판정을 내렸다.

"흠, 한마디로 엄만 남자 보는 눈이 없었구먼."

딸이 자기 방으로 들어가 버리자 아들도 더 할 말은 없게 된 모양이었다.

"거기 그거나 읽어봐. 그런 거 뭐 하러 올려놓느냐고, 윤 그 사람에게 뭐라고 좀 해."

쓴 사람도 있고 한 사람도 있는데 올려놓은 사람이 무슨 잘못이랴.

두 아이가 기분나빠할까 봐 자제한 대목이 있다.

3년을 기다리겠다는 말이 멋있어서가 아니고, 글 쓸 때 어디든 얼마든지 보내주겠다는 데에 혹해서도 아니었다. 젊은 이혼녀라고 젊은 유부남 녀석들이 어찌나 줄서며 달라붙는지 어서 결혼해야겠다고 생각한 참에 최인호 씨가 중매쟁이를 자처하며 또 어찌나 적극 등을 떠다미는지. 우리 인천 집에서도 하필 크게 반대하지 않는 바람에 어영부영 그렇게 되었노라. 그러나 역시 그런 덕분에 서로 여러 가지가 맞지 않아 17년 이상, 거의 21년을 이혼하여 살지 않았니. 이제 간신히 어느 부분 즉, 죄 없는 너희 둘을 부모 잘못 만나 집 없이 길거리에 나앉게 할 수는 없다는 데에 의견이 조율되어 각자 집을 빼어 합친 게 아니겠니.

그 말은 할 수 없었다.

(2011. 4)

엄마가 잘못했지

　내 방이 지금보다는 약간 덜 복잡할 때, 우리 딸 도경이 내버린 일기장을 즐겨 자주 들여다봤다. 일필휘지로 쓴 매일 매일의 어느 일기 하나도 주옥이 아니랄 수 없는 때문이다.
　도경은 자기 물품을 신경도 안 쓰고 다 잊고 있는데, 그건 내가 그랬던 일과 흡사하다. 신춘문예 당선 전보용지도 다 버린 딸인데 아버지는 소중하게 주워 다 간직해두지 않았던가. 자식에 대한 부모의 사랑은 짝사랑으로 저 오랜 옛날부터 그렇게 내려오는 건가 보다.

　유치원에서 글자 없이 그림일기를 쓸 때부터 초등학교 6학년 졸업까지 도경은 성실하게 기록하였다. 그러고 나면 그뿐인 딸을 대신하여 엄마는 열심히 모아놓아 일기장만도 한 상자가 넘는다. 나만 그러지는 않을 테다. 그러는 다른 집 엄마도 있으리라.
　우리 아버지 장례 때는 삼우까지의 밀린 일기를 집에 돌아와서 한꺼번에 다 쓰기도 하였다. 나는 도경의, 여전히 일필휘지이긴 하지만 관찰력 있는 중요대목 표현을 토대로 우리아버지 임종 직후부터 장례미사, 삼우제를 사진처럼 생생히 들여다 볼 수 있었다.
　딸의 일기는 교사들에게도 유명하였다. 담임교사 전언에 의하면, 반 어린이들 일기장 걷어 검사 도장을 찍는 날이면 각반 선생님이 맛있는 먹을거리를 갖고 방과 후 도경네 반으로 모였다. 얼마나 일기가 재미있는지, 어찌나 글을 잘 쓰는지, 그 일기를 읽기 위해 일주일을 진짜 기다렸단다. 아니 아무리 아이들 것이지만 일기장을? 분개할 사람도 있겠으나, 아무튼 일종의 열혈독자라고 보면 되겠다.

그런 점은 이 엄마도 똑같아서 도경의 일기를 읽는 즐거움과 재미와 기쁨은 상당하다.

어느 일기든 엄마의 입가와 눈가에 미소가 지워지는 날이 없다. 어느 일기는 글 자체가 훌륭하고 완벽해서, 어느 일기는 유머가 가득해서, 어느 일기는 그저도 웃겨서.

사실 전에 나는 엄마 욕심으로서가 아니라 어른+어린이의 글짓기 교재로 도경의 일기를 그대로 펴내고 싶기도 하였다. 딸이 들으면 뒤로 넘어갈 소리겠다.

연필로 쓴 일기여서 흐려지고 있어 안타깝다. 책으로 펴내지 못하고 말았지만 사진으로라도 찍어 남겨야겠다는 마음이다. 특히 이 엄마를 등장 시킨 날들은 나에게도 얼마나 기념인가. 맞춤법 틀린 건 틀린 대로, 점 하나, 쉼표 하나 다 그대로 올려보는데, 틀리는 맞춤법도 거의 없다. 시작을 하면 끝까지 한 번에 써 내리는 도경의 글이며 일기이다. 가령 이런 것이다.

1998년 8월 27일 목요일 비옴

비

한참 그쳤던 비가 다시 내렸
다. 그것도 우산을 안 갖고
간 학원에서.

우르릉! 쾅! 쾅! 콰르르르룽…
변깃물 내려가는 소리가 요란
히도 났다.
"도경아, 넌 어떡할 거니?"
선생님께서 물으셨다.
"뛰어가죠, 뭐."
그러자 선생님이 닫혀있던
창문을 여셨다. 예상보다 더
많은 양의 비가 내리고 있었다.
"뛰어 갈래?"
"… 걸어갈까요?"
할 수 없이 피아노 레슨이
끝나면 집에 전화하려고 했는데-.
엄마가 먼저 전화를 거셨다.
텔레파시가 통한 건가?
분홍색 우비를 입은 엄마는 10살
짜리 꼬마처럼 젊어보였다.

짧은 지문과 짧은 대사, 행간과 행간에 모든 상황이 구질구질한 설명 없이 꽉 차게 들어있다. 글을 제대로 볼 줄 아는 사람만이 저 일기 글이 얼마나 잘, 훌륭하게 씌었는지를 알게다. 그러니 당시의 담임 선생님들도 제대로의 안목을 갖고 계셨던 게다.

이러한 도경의 일기를 빠짐없이 다 수료했다고 생각하는데 어느 날 보면 처음 보는 것같이 새로운 일기도 상당수이다. 어, 이런 일기도 있었네. 그중 하나가 이 엄마를 반성하게 하는 일기이다. 딸이 이런 생각을 하는지도 몰랐다. 전부는 너무 길어, 발췌가 아니고 그저 미처 딸의 마음을 몰랐던 부분만 베껴보면 이렇다.

1월 11일 화요일 맑음
「내가 그리고 싶은」
(상단생략)

작년에 책을 썼었지만 그것은 내 머리 속에서 만화를 그려가며 그 이야기를 글로 쓴 것이다.

진상이 그건데 사람들이 나에게 '소설가'라는 지금의 나에게 어줍잖은 명칭을 붙일 땐 솔직히 기분이 나빴다. 매~우!

난 만화가가 되고 싶다!

이유는 현재 만화가들의 그림을 그리는 이유와 같은 '만화가 좋아서'이다.

만화는 모든 종합예술이다. 그림실력, 스토리구상력이 필요하며, 톤을 붙이거나 먹칠할 때에는 세심함이 필요하고, 많은 지식이 있어야 하는 것은 물론이다.

이런 직업을 동경하는 것은 당연지사!

요시히로 님의 그림을 보면 감동받아서 울고 싶어진다.

(하단생략)

도경이 더 이상 엄마에게 어느 것도 안 보여주게 된 건, 책이 나온 이후 무식한 몇몇 어른이 인터뷰나 그런 때에 이런 무지한 질문을 한 데에도 있다고 본다.

엄마가 써주지 않았느냐. 엄마가 도와주지 않았느냐. 엄마가 손봐주지 않았느냐. 엄마가 봐주지 않았느냐. 엄마가, 엄마가….

 도경의 글은 그게 어느 것이든 머릿속에 이미 완성된 글이 들어있는 것처럼 일사천리로, 붓글씨의 일필휘지처럼 시작하면 쭉 써서 그대로 마무리를 짓는다. 팔불출 엄마가 볼 때 토씨 하나조차 더하고 뺄 게 이미 없다.
 도경이의 일기를 낱낱이 읽고 박수쳤던 모든 선생님. 친구들이 재미있다고 다음 편을 매일 기대하며 기다리는 데에 그저 신나고 즐거워서 쓰다 보니 책이 돼 버린 〈요란한 손님들〉과 〈버섯나라 버섯옥이〉.
 과정을 아는 친구들이 축하하며 박수를 쳐주었어도, 다른 어른들의 의혹어린 질문과 시선은 딸의 마음의 문을 잠가버리게 하는 데 일조하였다.
 궁극적으로는 세상에 대고 딸의 재능을 자랑한 엄마의 잘못이 가장 크겠다.
 출판사에 딸 자랑을 하지 않았던들, 도경 몰래 도경의 소설 디스켓을 보내지 않았던들, 그걸 책으로까지 내지 않았던들. 그러나 어차피 지나간 일, 지나간 시간. 돌이킬 수가 없다.
 부모란 자식을, 그게 자식의 무엇이든 참으며 기다려주는 존재라니까 지금부터라도 그렇게 할 수밖에.
 (2015. 7. 11)

5

부모 그리고 고향

아버지의 감나무

웃던 엄마

엄마의 편지

엄마의 나이

유일한 나의 돈줄

정신기 안나 소전

개펄은 살아있다

고향을 생각한다, 생일에

아버지의 감나무

그림을 그리는 우리 아버지는 오 년 전인가 육 년 전인가 시골로 내려 가셨다. 시골이라고 해봤자 서울에서 멀지 않은 강화다. 그때만 해도 강화까지는 차로 한 시간 반 남짓 걸렸다. 불과 오륙 년 사이에 차가 늘어나고 여기저기 공사로 막혀 강화를 가는데 보통 세 시간씩 걸리게 되었다.

전원에서 마음에 드는 말년의 작품을 만들겠다고 벼르다가 드디어 하게 된 시골행이었다. 그러나 집 옆의 땅이 농지이고 보니 내버려 둘 수가 없었다. 아버지는 씨를 뿌리고 과수도 수십 그루 심었다. 그게 아버지의 본의인지 아닌지는 알 길이 없다. 어쨌든 아버지는 다 늙어 농사꾼이 되고 말았다.

자식이란 어릴 때도 부모의 상전이지만 나이가 들면 더 큰 상전이 되는 법. 우리 자식들은 틈만 나면 아버지를 나무랐다. 그럴 수밖에 없는 것이, 시간만 나면 아버지는 밭에 나가서 풀을 뽑고 흙을 일구기 때문이었다.

"그 왜 밭에는 자꾸 나가세요? 그냥 내버려 두세요."

"아니다. 그게 아니고, 꼭 그래서라기보다 농지에는 법적으로 농사를 짓게 되어 있거든. 안 심을 수도 없고, 심어 놓으면 또…."

야단치는 자식들이 어려워서 아버지는 절절매며 변명하였다.

법이 어떤가는 우리도 들어 알고 있다. 그러니 검정콩이나 뿌려두면 될 일 아닌가. 여든을 바라보는 노쇠한 분이 그림만 그려도 큰일을 하시는 것이다. 거기에 땅 파고 배추 심고 풀 뽑는 모습이 우리로서는 영 마땅치 않았다.

지난 초겨울 아버지에게서 전화가 왔다.
"바빠도 언제 아이들 데리고 좀 와볼 테냐?"
뵌 지가 몇 달이나 되어 더 이상 바쁜 생활을 핑계 댈 수 없었다.
하필이면 바람이 씽씽 불어 스산하기 짝이 없는 날이었다.
강화 쪽은 바다를 끼고 있어서인지 서울보다 체감온도가 더욱 낮았다. 손가락도 꺼내기 싫은 추위였다. 시골사람이 다 되어 너덜너덜한 스웨터를 층층으로 껴입은 아버지는 콧물까지 흘렸다. 그러면서도 아버지는 소대장처럼 씩씩하게 말씀하셨다.
"얘들아, 나가자!"
나는 깜짝 놀라며 여쭸다.
"어디를요?"
"감이, 감이 말이다. 아주 달아. 이제 연시가 되어서 조심조심 따야 돼. 떨어지면 그냥 뭉그러지고 말아."
"아이고 아버지, 이렇게 추운데요?"
아버지는 들은 척도 않고 당신 하실 말씀만 하셨다.
"아래가지는 벌써 전에 다 땄지. 애들이 감도 따보고 해봐야지. 그래저 위엣 것들이라도 남겨놓으려고, 내가 남들이 못 따가게 좀 지켰었다.

자, 가자!"

바람이 불고 마침 진눈깨비가 휘날리기 시작하였다. 삽시간에 땅바닥이 미끈거리며 질척였다. 그런데도 아이들이란 정말 이상해서 외할아버지를 쫓아나갔다.

"아이고, 그만두세요. 길이 위험한데 미끄러지면 어쩌려고 그러세요!"

"아니다. 나는 괜찮아. 익숙해서 여기서는 괜찮다."

언제 또 아이들을 데리고 내려올지 모르니까 아버지는 마음이 다급해진 게 틀림없었다. 아주 기다란 잠자리채 모양의 장대를 아이들에게 들려 아버지는 잔소리꾼 딸 앞을 얼른 벗어났다.

안에 있어도 추운데….

바깥이 어둑어둑했다.

자식이란 길러봤자 부모에게는 어떤 이득도 없는 것. 시간이 꽤 지났는데도 사람들이 돌아오지 않자 아버지는 둘째고 아이들이 걱정되어 조바심이 쳐졌다. 털모자를 뒤집어쓰고 감나무를 찾아 나섰다.

감이야 사서 먹으면 되지. 몇 푼이나 한다고. 이런 날씨에….

진눈깨비로 지척을 분간하기 어려웠다.

아이들의 드높은 말소리가 노래처럼 들려왔다.

"할아버지! 또 하나 땄어요! 쉰 두 개예요!"

"그래그래. 우리 도연이가 아주 잘 따는구나. 그렇지! 그렇게, 거기서 살짝 잘 돌려야 해. 팔 안 아프냐?"

"팔이 아프긴 한데요, 괜찮아요."

"보자. 그만 가도 되겠다. 네 옷이 다 젖어 안 되겠다."

"꼭 한 개만 더요, 한 개만 더하고요!"

가까이 다가가서야 사람들 얼굴이 보였다. 그 속에서 어떻게 꼭대기에 있는 감을 분별해 따고 있는지 놀라웠다. 어둠 속에서도 얼어서 빨긋빨긋한 아이의 두 뺨이 보였다.

고이고이 땄건만 서울로 오는 도중에 아버지 염려대로 감은 다 뭉그러지고 말았다. 연시를 입에 대지 않는 아이는 자기가 수확한 거라며 죽이 된 연시를 몇 개나 먹었다. 두고두고 감 따던 이야기를 했다.

올겨울 들어서면서 아버지는 동생을 시켜 전하셨다.

"애들 데리고 감 따러 오래요. 아버지가."

밝은 햇살 아래 주홍색 감을 매달고 있는 감나무는 고즈넉하면서도 꽃보다 곱고 아름다웠다. 손자에게 따게 하려고 감을 지켰을 아버지의 마음이 아름답고 고즈넉하게 다가왔다. 아버지가 그린 동양화 한 폭처럼.

(1991. 11. 13)

웃던 엄마

내 나이 열다섯인가 그때쯤 엄마는 마흔 살이 채 안되었다. 나에게는 세 살 위인 오빠도 있으니 이른 나이에 결혼을 한 것이다.

덕분에, 당시, 중·고등학교 학생을 자식으로 둔 엄마를 누구도 서른 살 후반으로 보지는 않았다. 나이보다 언제나 젊어 보이고 예뻤던 모양이다. 지금은 칠십 중반이지만 칠십 되기 전까지만 해도 오십대 정도의 연하 남자들이 엄마를 좋다며 따라다니고는 하였다. 외모를 말하자면 그렇다는 얘기다.

그러나 엄마는 젊어 참 많은 고생을 하였다. 이십 년 전, 삼십 년, 사십 년 전 우리나라 사람 대부분의 생활은 남루하고 힘들었다. 그중에서도 엄마의 고생은 유난했다. 왜냐하면 그 남편은, 곧 말해 우리아버지는 화가였는데 아버지는 집안에 일 원 한 푼 들여온 적이 없기 때문이다. 참다못한 엄마는 맨손으로 세상에 나가 2남 2녀 우리 4남매를 먹여 살리고 공부도 시켜야했다.

엄마는 정말 진짜 맨손이었다. 자본이 전혀 없었다. 사회에 학연이니 하는 기반이 있는 것도 아니었다. 상당히 낭만적이며 다정한 마음씨를 갖고 있는 엄마는 우리 4남매를 굶기지 않겠다는 마음 하나로 무작정 사회에 발을 내디뎠다. 믿는 거라고는 당신의 재능뿐이었다. 사실 재능 따위가 무슨 믿음이 되었으랴. 그저 막막함과 두려움뿐이었을 것이다.

무일푼인 내가 과연 해낼 수 있을까. 빈손이 통할까. 내 새끼들을 굶기지 않을 수 있을까. 그 모두 두려움의 의문부호뿐이었으리라.

엄마는 수예품으로 사회에 첫발을 내디뎠다. 직접 도안해 수를 놓은 헝겊 한 장 들고 이 여학교 저 여학교를 찾아다녔다. 다행히 엄마의 작품인 수예품은 인정을 받았다. 엄마는 머리도 좋았지만 재주가 남과 달랐다. 그런 만큼 창의력이 백분 발휘된 수예품이었다. 노상 서울도매상에서 서로들 똑같은 견본품을 사들고 오는 기존의 수예점들과 같을 수가 없었다. 엄마 작품은 경쟁수예점을 제치고 가정시간 수예품교재로 계속 채택되었다.

얼마 지나지 않아 엄마는 가게를 열었다. 그 안에 앉아 있는 엄마가 진열품 자체로 보일 만큼 아주 조그만 가게였다. 몇년이 지나 꽤 큰 규모의 수예점을 운영하게 되었다. 무에서 유였다. 엄마의 승리였다.

그때부터 진짜 고된 일이 바야흐로 시작되었다.

수예점은 여자가 경영하기에 딱 어울리는 일로 보일지 모르지만 내용은 달랐다. 도와주는 사람 없이 혼자 일을 하다 보니 부딪히는 족족 온통 중노동이었다.

인천에서 서울 동대문시장에 천을 끊으러 가는 일부터가 중노동의 첫걸음이었다. 몇백 명, 때로는 몇천 명의 수예품 재료는 그 양과 무게가 엄청났다. 옷감, 실, 바늘, 사용되는 부속품들….

돌아오면 밤을 새워 천을 재단하고 등사지에 철필로 도안을 그렸다. 등사판을 밀어 프린트를 뽑아내 다른 재료와 함께 봉투에 넣어 하나의 상품을 만들어내야 했다. 각 반마다 앞에 놓고 볼 견본을 만들기 위해 같은 수를 여러 장 놓아야 하는 일도 보통 작업이 아니었다. 수예시간이 시작되기 전에 재료를 학교까지 나르기도 큰일이었다. 머리에 이거나, 지게나 리어카를 빌려서 지고 가고 밀고 가기도 했다. 모든 과정을 혼자 감당하며 엄마는 억척을 부렸다. 그런데도 다정다감한 성품은 바뀌지 않아 여전히 꿈꾸는 알프스 소녀 같았으니 고마운 노릇이었다.

때로 나는 엄마를 따라 서울행 버스를 탔다. 동대문시장은 볼거리도 많았지만, 그보다는 무거운 수예품재료를 들어드린다는 게 명분이었다.

어느 날인가. 엄마는 어느 상인과 시비가 붙었다. 어린 내 판단에도 저쪽의 잘못이었다. 싸움과 상관없는 상인들이 하나하나 구경꾼으로 모여들더니 간이극장 하나 차릴 만큼 인원이 불어났다. 동대문시장 상인들의 결속은 대단한 것이었다. 구경꾼이던 그들은 어느 사이엔가 엄마에게 삿대질을 하고 악머구리 끓듯 악을 쓰며 무조건적인 욕설을 퍼부어 대고 있었다.

그 광경은 가히 공포였다. 살려 보내지 않을 것같이 살기등등한 기세로 그들은 거리를 좁혀 왔다. 내가 밤마다 자주 겪던 가위눌림과 흡사했다. 여차하면 엄마를 도와 박격포탄처럼 달려들리라! 나는 불끈 주먹을 쥐었다. 그런데 내가 돕고 말고도 없었다.

누가 봐도 여릿한 자태에 한 번쯤 뒤돌아 볼 아름다운 엄마는 그들 모두와 맞서 육탄전과 욕설로 자리를 지켰다. 우리가 어떻게 잘했고 정당하더라도 나는 엄마가 동대문시장 저 사람들과 조금도 다름없이 악을 써 대며 욕도 할 줄 아는 사람이라는 사실이 창피스럽기만 했다. 부르쥐었던 내 주먹은 저절로 풀리고 말았다.

그러는 중에 기어이 수십 명이 엄마에게 달라붙었다. 머리끄덩이를 잡고 옷을 잡아당기고 뜯고 쓰러뜨리고 때리고 꼬집고 할퀴었다. 엄마는 악머구리 떼에 묻혀 보이지조차 않았다. 시장경비원 여러 명이 호각을 불며 달려와 싸움을 뜯어말렸다. 실상은 경비원들도 동대문시장상인들과 한통속이었다.

엄마는 경비원과 상인들의 합동작전에 밀리고 몰려 추방당했다. 우리는 시장 밖 큰길로 쫓겨났다. 정말 죽음마저 불사하며 끌고 나온 보따리는 포장이 헐어 너덜너덜한 넝마가 되어 있었다. 잡아 묶은 끈도 헐렁하기 이를 데 없었다. 길가에 서서 엄마는 물건 수부터 먼저 확인하였다.

"숫자가 다 맞는다, 얘. 그 난리를 쳤는데도, 다행이네!"

그런 후 옷매무새를 가다듬었다. 가다듬었다고 낫게 보이지는 않았다. 단추가 떨어져 나간 옷이며 헝클어져 산발을 친 머리가 미친 여자나 다름없었다. 머리카락을 추스른 엄마 손안에 한줌을 넘고도 남을 머리카락이 잡혀져 나왔다. 머리에서 이마로 피가 흐르지 않으니 망정이었다. 손의 머리카락 한 움큼을 허공에 가볍게 던져버리며 엄마는 나를 보고 웃었다. 그리고 허공에 머리카락을 가볍게 던져버렸듯, 그렇게 가볍게 말했다.

"세상에 이거 꼴이 엉망이구나. 그래도 얘, 속이 시원하다. 악을, 아주 악을 쓰며 싸웠더니."

나는 엄마를 따라 웃어야 하는지 어째야 하는지 감을 잡을 수 없었다. 엄마처럼 웃을 일과 기분이 아니었다. 그저 수치스럽기만 한데다가, 시장 것들에게는 분해서 내 머리가 터지고 돌아버릴 지경이기만 하였다.

엄마는 그때 통곡하고 싶었을 것이다. 그 마음을 나는 오랜 시간이 지난 후 내 아이들을 키우며 알았다. 엄마는 눈물을 보이고 싶지 않았던 것이다.

(1995)

엄마의 편지

토방으로 된 부엌 뒷문이 열렸다. 도화동 집 부엌이 토방에 뒷마당 담도 없을 때니 참으로 오래된 일이다. 내가 중학생 때였을 게다.

"아무도 안 계시니? 너 혼자 있니?"

우리 형제들이 삼촌이라고 부르는 신부님이었다. 저녁 어스름이 기어든 부엌은 부엌문이 열린 사실과 관계없이 어두컴컴했다. 백열전구를 켰던가?

늠름한 체구에 미켈란젤로의 조각상을 연상시키는 희고 아름다운 얼굴이 드러났다. 어쩌면 사람이 저토록 잘 생길 수가 있나. 속으로 그 생각을 했을 것이다. 당황도 하였다.

웬일로 집에는 아무도 없었다. 이모네 형제를 합해 여섯이나 되는 아이들은 다 어디 가고 어째서 나 혼자인지, 우리를 키워주는 외할머니가 시장이라도 가셨는지 그 또한 생각나지는 않는다. 손님을 접대하는 일은 할머니였는데 할머니가 계시지 않아 나는 허둥거렸다.

무엇이든 대접해야 한다는 일념에 신부님을 마루에 오르시게 하고 얼른 부엌을 뒤져 상을 차렸다. 찬밥을 끓이고, 할머니가 하시던 걸 기억해내 짠지를 채 썰어 물을 부었다. 그렇게 달랑, 그릇 두 개에 수저 얹은 소반을 조심조심 신부님께 올렸다.

오랜 세월이 지나 외할머니 장례 때 신부님이 그날 일을 꺼내셨다. 우리 형제들이 커서 어른이 되면서 신부님은 더욱 격의 없이 우리에게 "얘, 쟤" 하셨다. 친구나 친조카에게 하듯 똑같았다.

"야, 야, 너, 그 생각나니?"

사실은 나도 성장기 내내 신부님을 뵐 때마다 그 밥상이 떠올랐다. 너무 가난한 상차림이어서 부끄러웠고 슬펐다. 그런 일이 없었던 듯 모르는 척했다. 신부님이 그 일 따위는 잊어주기 바랐고, 그런 줄 알았는데 아니었다.

"난 야, 너를 보면 꼭 그게 생각나. 죽는 날까지 네가 차려준 밥상을 잊지 못한다. 야, 야, 내가 그 밥을 눈물을 흘리면서 먹었어. 알아? 내가 세상에서 먹은 가장 귀하고 맛있는 밥이었어. 알아?"

신부님이 진작 그 말씀을 해줬다면 오랜 세월 나는 덜 부끄러워했을 텐데. 고마우면서도 야속했다.

지난주 일요일 아침, 전화벨이 울렸다. 엄마다. 다른 많은 집 엄마들과 마찬가지로 전화는 대체적으로 길다.

"이십오일이 은퇴 미사인 거 알지?"

물론 11월 25일에 인천 답동성당에서 몬시뇰이 된 신부님 은퇴 미사가 있다는 걸, 내가 알고 있다는 걸, 엄마도 안다. 내가 가려고 해도, 그 시각이 너무 일러 못 간다는 사정도 알고 계신다. 그러면서도 그런 전화를 하는 것이다.

전화를 한 엄마는 운다. 마음이 너무너무 아파서 이렇게 자꾸 눈물이 나온다며 울음을 섞어 한 이야기를 하고 또 한다. 당신들의 늙음이 마음 아픈 게다. 꼭 신부님만을 지칭하는 건 아니리라고 나는 짐작한다.

"신부님이 벌써 은퇴라니, 얘, 나는 너무 슬프고 눈물이 나서…. 너도 알잖니. 신부님과 우리가 어떤 사이인지…. 너희들이 삼촌이라고 부르고. 우리에게 세상에 그렇게 잘해주신 분이 어디 있니. 세상에 인연이…. 영국이 어머니 아버지도 너무 고맙고 그립고, 그분들 생각을 하니 또 눈물이 나고, 우리 어머니 생각이 또 나고 보고 싶고…."

엄마는 울고 또 우신다. 그저 참고 들어드리는 게 내가 할 수 있는 효도여서 나는 그저 가끔 추임새를 넣으며 듣기만 한다.

"영국이 어머니 아버지가 살아계셨으면 살아있는 성인이셨을 거야. 그때도 성인 성녀셨지. 신부님이 영국이 아버지 막냇동생이잖니. 어릴 때는 몸이 그렇게 약해서, 우리 신부님이 얼마나 힘들게 사제가 되셨니. 얘, 그게 육십구 년도더라."

살아오며 백 번은 들었을 이야기를 엄마는 지치지 않고 반추한다.

청상과부인 우리 외할머니가 안면도에서 서산으로 서산에서 인천으로 가진 것 없이 어린 두 딸과 도착한 것. 송림동 산꼭대기 집에 세를 든 일. 세 든 집 기한이 다 되어 방을 구해야 하는 어려운 처지에 있자 저기 윗집 부부가 방 하나를 그냥 기꺼이 내준 일.

그분 가족들의 심성이 성인성녀와 다름없어서 삼모녀의 온갖 어려운 사정을 함께 울고 웃으며 같이 살아낸 일. 우리 엄마가 웅변대회에서 최고상을 타자 사비를 털어 온 동네잔치까지 벌이며 당신네 딸 일만큼 좋아하셨다는 집주인. 짧은 피란도 같이 다녀왔다.

그러고는 그 고마운 집주인 내외는 앞다투듯 세상을 떠나고 어린 아들 하나를 남겼다. 돌아가신 집주인의 막냇동생 신학생은 아이 후견인이 되었다. 그 아이가 자라고 우리 형제들도 세상에 나오고 우리는 그 아이를 오빠라고 불렀다. 오빠가 삼촌이라고 부르는 분에게는 삼촌이라고 불렀다. 오빠는 우리 할머니를 할머니라고 불렀으며 신부님은 우리 할머니를 아주머니라고 부르다가 세월이 지나서는 우리들처럼 할머니라고 불렀다. 또 우리 엄마 자매에게 신부님은 누님이라고 불렀다.

그 세월이 육십 년, 칠십 년 가까이 된다. 영국 오빠는 장가를 가서 환갑을 넘겼다.

우리 할머니가 돌아가시자 신부님은 당신 손으로 장례미사를 집전해야 한다며 달려오셨다. 평신도인 외할머니의 장례미사는 본 적도 들은 적도 없을 만큼 성대하고 훌륭하였다. 신부님의 다정하고 따뜻한 배려와 의리였다. 외할머니의 고단한 평생이 신부님 뇌리를 스치기도 했을 터였다.

"얘, 엄마는 신부님 은혜를 갚을 길이 없구나. 어디 물질로도 무엇으로도 갚을 길이 없고, 이렇게 자꾸 눈물만 나고."

"뭐, 은퇴한다고 해도 아주 아무 일도 안 하고 그러는 거 아니래요. 그렇게 들었는데."

"그러니? 그래도 눈물이 난다. 이렇게 슬플 수가 없고, 그렇게 가여울 수가 없고. 얘, 뭘 드릴 건 없고, 드려봤자 신부님들에게는 필요하지도 않고. 그래서 엄마가 신부님한테 편지를 하나 썼어. 들어볼래? 이 편지를 봉투에 넣어서 드리려고 해."

"응, 그것도 좋죠."

"들어봐."

우리엄마는 낭독을 잘한다. 청년시절에 웅변 최고상도 받은 사람이니 어련하겠는가.

「김병상 몬시뇰님.

존경하고 사랑하는 몬시뇰님 참말로 큰일 해내셨습니다.

어려서 무척이나 약했던 신부님. 그럼에도 불구하고 성신중학교를 거쳐 신학대학으로 진학하신 신부님. 결국 약한 몸은 결핵이란 병마와 싸우셔야 했습니다.

다른 신부님들보다 늦게야 서품을 받으신 신부님.

늦게 나는 뿔이 우뚝 솟는다 했던가. 우리 신부님께서는 다방면으로 눈부신 활동을 하시는 뛰어난 사제이셨습니다. 민주화 운동의 선봉에서 정의구현사제단을 이끄셨으며 그 모진 옥고도 치르셨습니다. 신부님께서는 유난히 부드러운 말씨와 다정하신 모습으로 많은 신자들의 마음을 황홀하게 만드셨지요.

신부님을 생각하면 으레 떠오르는 네 분의 영상이 있습니다. 신부님의 부모님, 또 큰형님 내외분. 이 세상에 아직 계시다면 아마도 살아계신 성인성녀였을 것입니다. 큰형님 내외분은 하느님께서 하늘에 천사님들이 부족하여 젊은 분들을 데려가셨는가 봅니다. 신부님의 어린 조카는 졸지에 고아가 되었지만 사제이신 작은아버지께서 얼마나 잘 아끼고 보살펴주셨는지요. 그는 잘 성장하여 훌륭한 성가정의 가장으로 잘 살고 있습니다.

여러 가지로 신부님은 너무나 큰일들을 하셨습니다.

진심으로 장하신 우리 몬시뇰님, 정말 수고 많이 하셨습니다.

신부님과 저희는 큰형님과의 인연으로 친형제가 되었습니다. 정말 남이라고 생각해본 일이 없으며 그 댁 행사 때면 빠짐없이 참석했고 아이들 또한 저희들 친삼촌으로 알고 지내왔습니다. 신부님께서 사제 서품 받으신 후에도 습관이 되어 삼촌으로 오래도록 불렀던 기억이 납니다.

끼니가 간데없던 보릿고개 시절 신부님께서는 저희 집에 자주 오셨으며 끼니때면 비록 멀건 강냉이 죽이지만 함께 드셨던 소탈하고 인정 많은 그 멋진 젊은 신부님. 형형색색의 신부님의 모습들이 떠오릅니다. 그 모든 것이 너무 그립습니다.

형님 내외분께 진 신세를 동생인 신부님께 갚으려 했지만 생활은 마음대로가 아니어서 오히려 형님에게 지은 신세보다 몇 배의 신세를 신부님께 지고 있습니다. 신부님, 어찌 그 고마움을 돈이나 물질로 갚을 수가 있겠습니까. 60여 년을 이어온 끈끈한 정, 신부님이 사제의 길을 걸으면서도 한 번도 저희들을 소홀히 한 적이 없는 그 보살핌 너무 고맙습니다. 비록 자주 찾아뵙지는 못하지만 언제나 저희들의 힘이고 지주이시며 든든한 백이랍니다.

더욱이 저희 어머님께 베푸신 은혜를 잊지 못합니다. 친어머니와 같이 아끼고 소중히 여기시던 신부님, 지금 그 신부님이 은퇴라는 이름으로 이 자리에 계십니다. 37년이란 긴 세월 동안 많은 빛나는 업적을 세우시고 신부님 말씀대로 민주화의 기념탑을 답동성당 마당에 세워지는 영광을 신부님은 만드셨습니다. 그러나 저는 왠지 자꾸만 눈물이 납니다. 벅차오르는 슬픔 누를 길이 없습니다. 눈물을 거두고 이 한 장의 글을 써서 신부님께 올리기로 했습니다. 신부님, 몬시뇰님, 천 번, 만 번 건강하시고 제가 이 세상에 있을 때까지 제 주변에 계셨으면 좋겠습니다.」

"얘, 괜찮니?"
"그럼, 그럼요. 명문이야. 우리 엄마인데 당연히 명문이지! 희승(내 조카)이한테 컴퓨터로 해서 메일로 좀 보내라고 해요. 내 블로그에 올려놓게."
"이게 엄마가 손으로 써서 희승이가 컴퓨터로 빼준 거야. 그런데 괜찮니? 괜찮겠지? 드려도."
"그럼, 괜찮죠. 요새 블로그에 뭘 하나하나 올려놓다 보니 우연히 인연이라는 큰제목에 숫자를 매기게 됐거든요. 그런데 생각해보니 산다는 게, 인생이란 게 온통 인연인 거구나. 그 생각을 하게 되더라고요. 인연이 인생이고 인생이 인연이고. 인연에 의해 인생이 이어지고 이뤄지는 거 같고."
"그래 맞아. 그렇지."

어제그제 엄마는 다시 전화를 하셔서 뭐라 그러신다. 신부님과 우리의 인연을 생각하면 어찌 네가 길이 멀고 시간이 이르다는 핑계로 우리 신부님 은퇴 미사에 안 올 수가 있느냐. 결국 아침 일찍 집 안을 치우고 길을 서둘렀다. 살아가는 매순간이 일회성이긴 하다만, 은퇴미사도 신부님 생전에 두 번은 없을 일이다. 부지런히 갔는데도 성당 안은 만원이라

성당 밖까지 신자들이 두 손을 모으고 길게 늘어서 있었다. 은퇴 미사가 끝나고 신부님과는 십 년 터울인 동창 신부님들의 축복의 한 말씀 한 말씀이 이어지며 신자들을 아하하 웃겼다.

그중에는, 이 아름다운 은퇴미사보다 이분의 장례미사가 더 아름답고 성대하기를 바란다는 이야기도 있었다. 그동안 또 잊고 지낸, 끓인 찬밥과 무짠지 반찬 밥상이 문득 떠올랐다.

"야, 야, 내가 그 밥을 눈물을 흘리면서 먹었어. 알아? 내가 세상에서 먹은 가장 귀하고 맛있는 밥이었어. 알아?"

신부님이 그 밥상의 기억을 잊지 않는 한, 언제일지 모를 신부님의 장례미사 또한 성대하고 아름다우리라.

(2006. 11. 25)

엄마의 나이

어제 일요일, 엄마 최분순 여사와 경인일보 인터뷰가 있다고 하여 인천에 다녀왔다. 여동생이 언니가 같이 있으면 좋겠다고 부탁해서이다.

하루걸러 인천행이다. 우리 집에서 멀어서 그렇지 고맙고 좋은 일이다.

인터뷰는 엄마가 청년시절 몇 년을 보낸 족청(조선민족청년단)에 관해서이다.

블로그에 자주 올리는 덕분에 우리 엄마는 정월 생이어서 열흘쯤 후인 내년에는 만 나이 93세가 된다는 사실을 아는 분은 안다. 엄마는 총명 무쌍하며 의지 강한 대한민국 할머니이다.

안타까운 노릇은 몇 년에 한 번씩 의례 치르듯 사고를 당해 중부상자가 되고는 한다는 점이다. 신체가 쉽게 원상 복귀하기 어려운 팔구십 연세여서 자손은 속으로는 매번 불안하였다.

대신 아파드릴 수 없고 대신 나아드릴 수도 없어서 더 그랬다.

그러한 여러 가지 어려움을 극복하고 참으며 엄마는 오늘에 이르렀다.

기자는, 92세인 우리 엄마가 과연 질문에 답은 할 수 있는 인지 능력인지, 족청 단가를 지금도 부를 수 있는지, 인터뷰가 가능한 분인지 등을 염려하며 물었단다.

기자의 질문을 받았던 여동생 전언에 우리 자매는 전화로 깔깔 하하 웃음을 주고받았다.

엄마의 엄마인 외할머니는 96세 눈 감으시기 직전까지 얼마나 명료한 정신이셨던가.

아버지도 가시기 직전까지 말씀은 못하셨어도 또렷또렷한 정신력을 그대로 보여주셨다.

그래서 여동생과 이런 말을 종종 주고받는다.

－사람들 참 이상해. 왜 댓글 같은 걸 보면 말이야. 너무 화날 때가 많아. '저는 60대 늙은이외다. 70대 노인인 나도 어쩌고.' 아니 60대가 왜 늙은이냐고. 70대가 무슨 노인이냐고. 내 나이가 몇 살이라는 건 알지. 그건 몇 살이라는 것일 뿐이지. 그래서 내가 늙은이고 내가 노인이고 내가 할머니여야 해? 육십 대에 그렇게 늙은이가 되고 싶은가? 이해가 안 돼, 이해가.

취재팀이 오고 인터뷰가 시작되었다. 어리다시피 한 젊은 기자에게는 얼른 와 닿지 않을 우리 역사일 텐데 민족청년단과 그 시기 정세에 관하여 대체적인 숙지는 하고 온 것 같았다. 따라서 우리 엄마의 어두에 은근히 불안해했다. 아, 오늘 아무것도 못 건지면 어떻게 하지?

"나는 할 말이 하나도 없어요. 뭐 내가 생각나는 게 있어야지요. 또 뭐 이런 게 무슨 얘깃거리나 되겠어요. 정말 아무것도 아닌 이야기들뿐인데."

기자의 낭패해 하는 표정이 찰나 스쳐지나가기도 하였다. 우리 엄마가 가끔 큰딸과의 대화에서도 나는 할 말이 하나도 없다면서 한 시간 가까이 할 말씀하는 분인 걸 기자는 모른다.

엄마가 과거 이야기를 18세 소녀랄까 청년이랄까 그 총기 그대로, 그

열정 그대로 하시자 기자는 안심을 지나 경외하는 표정이 되었다. 기자가 예상하지 못한 보물보따리가 풀리고 있었다. 최분순 여사는 살아있는 생생한 역사였다.

당시 인천에서는 족청 간부 지망생들에게 시험을 치게 하였다. 4살 위로 전화국 다니던 언니 최예근이 소식을 알고 분순에게 간부 시험을 알려주었다. 젊은 날의 언니 최예근은 뛰어난 데가 많았다.

간부시험에 많은 이들이 지망하였지만, 최종으로 최분순과 이창순 2명이 시험에 붙어 수원 훈련소에 가서 한 달간 기숙하며 간부훈련을 받았다. 엄마의 지난날을 대충은 알고 사진도 있어 증명도 되고 이야깃거리를 만들어주지만 그동안 두 딸이 귓등으로 넘긴 이야기도 많았다.

"인천에서는 1기 간부후보 훈련생으로 이창순과 내가 수원 중앙훈련소에 들어갔어요. 그곳엔 전국에서 뽑힌 간부 훈련생들이 다 와 있었고, 중국에서 뽑혀온 교포도 있었어요."

기자가 일일이 물을 필요도 없었다. 1947, 48, 49년 사이의 일이다.

"이범석 장군이 전체를 총괄하였고, 안춘생 선생님이 훈련을 총괄하였어요. 참으로 잘나고 훌륭한 애국자들이셨는데, 아, 나는 저번 홍범도 장군 모셔올 때야 알았는데 이범석 장군이 홍범도 장군을 그랬다고 해서 얼마나 속상하던지!"

근간에 들은 일까지 엄마는 건들고 이야기를 계속하였다.

족청의 해체에 이어 다시 발탁되어 경교장으로 가서 김구 선생을 모시게 된 이야기, 김구 선생 피습과 장례와 열 몇 명이 입는 상복을 받아

입고 장례에 참례한 이야기.

이 글을 적는 이 큰딸은 그새 다 잊어, 열 몇 명, 강화 주변 섬으로 기록하지만 엄마는 사실 그렇게 말하지 않았다.

"강화도는 교동도 등 13개 섬이 주변에 있어요."

나는 지금 교동도밖에 기억 못 하는데 엄마는 13개 섬 이름을 다 댔다. 김구 선생 장례에 상복을 측근 9명인지, 열 몇 명인지 입었다는데, 나는 정확한 그 숫자를 그새 잊었다.

"섬마다 강연하러 다녔어요. 애국심을 호소하는. 집을 떠나면 며칠씩 못 돌아왔어요."

기자는 여사님의 젊은 시절 어떤 사람이 꿈이었으며 왜 그런 운동에 뛰어들었느냐고도 물었다. 엄마는 망설임 없이 즉각 대답하였다.

"나는 잔 다르크 같은 혁명가가 되고 싶었어요."

그다음도 말했다.

"아, 모두 애국심이 말도 못했지요!"

족청 단가를 기억하여 부를 수 있느냐고 기자가 조심스레 여쭸는데 단가는 4절까지 있다며 엄마는 벌써 노래를 시작하였다.

평소 물 마시는 걸 너무 싫어해서 두 딸에게 혼나는 엄마이다. 그날도 기자가 오기 전에 제발 물 좀 마셔두라는 두 딸의 청을 완강히 거절하였다. 그 대가는 매끄럽지 않게 격격대는 목청이다. 메마른 목청과 음성으로 엄마는 거침없이 용맹스럽게 패기에 차서 단가를 불렀다.

조선민족청년단 단가

우리는 한 줄기 단군의 피다/죽어도 또 죽어도 겨레요 나라

내뻗치는 정성 앞에 거칠 것 없다/내뻗치는 정성 앞에 거칠 것 없다

내친김에 엄마는 이어 훈련소가도 불렀다. 기자가 청하고 말고 할 필요가 없었다.

조선민족청년단 훈련소가

수원성 옛 터전에 새 구령 소리/아는 듯이 산도 낮아 앞길을 트인다

늦을라 어서 바삐 깃발을 따라/늦을라 어서 바삐 깃발을 따라

기자들과 두 딸이 감동의 박수를 치며 자리에서 일어나는데 엄마는 투지 가득한 어조로 마무리하였다.

"우리는 우익도 좌익도 아니고 오로지 민족 지상! 국가 지상! 그거였어요!"

나는 깜짝 놀랐다. 기자도 한 번 더 도수 높은 전구가 얼굴에 빤짝 환하게 들어온 표정이었다. 〈민족 지상, 국가 지상〉이 바로 나도 인천 내려가기 전 인터넷 검색에서 찾아본 족청의 사상이기 때문이었다.

저녁 즈음에 이런 문자가 왔다고 여동생이 그대로 복사하여 카톡으로 전해준다.

〈내일 신문에 최분순 여사 기사를 보도할 예정입니다. 어머님이 하신 말씀 축약하고 의미를 부여했습니다. 신문도 여러 부 챙겨서 보내드릴게

요. 인터넷으로도 올라옵니다. 경인일보 홈피나 네이버에서 보실 수 있어요.〉

상당히 크게 여러 면에 걸쳐 다룬 최분순 여사의 기사, 특히나 인터넷 판에서는 거칠고 메마른 음성으로 주저 없이 패기만만하게 부르는 족청 단가가 동영상으로 함께 실렸다. 18세 청년을 품고 93세로 넘어가는 엄마의 모습이 거기에 있었다.

안춘생 선생도 가시고 모두 가셔서 단가를 부를 수 있는 누가 남아 있을런가.

(2021. 12. 20)

유일한 나의 돈줄

우리나라 나이로 94세 엄마에게서 용돈을 받았다고 하면 사람들은 흔히 상상한다.

안 고쟁이에서 부스럭거리며 꺼낸 소중한 1~2만 원. 많으면 3~5만 원.

아, 눈물겨운 돈과 마음.

아마 티브이에서 많이 본 장면의 영향이겠다.

우리 엄마는 몇십 년 경제 전선에서 가녀린 몸으로 억척스럽게 몸소 세상과 부딪친 분이다.

명예만 있지 경제 능력은 없는 아버지들을 대신하여 맨손, 빈손으로 돈벌이에 뛰어들었다.

오로지 주어진 재능과 성실함과 노력으로 우리 7남매(어느 기간까지는 이모네 형제를 합한 숫자)를 먹이고 입히고 배우게 하였다. 물론 결혼도 다 시켰다.

갑부나 재벌만큼 번 건 아니지만 나름 큰돈을 만지던 분이다.

그런 엄마 당신 자신은 무섭게 근검절약한다.

한 번 쓴 휴지 열 번도 더 쓰고, 무채 한 올 버리지 못하고 버리지 않는 식이다.

엄마가 스스로를 위해 베푸는 데에는 고린 자비가 대성통곡하고 갔다는 전설이 있다.

- 최 여사! 내가 졌소!

 옛날 분들은 근검절약에 관하여는 많이 그러하다.
 그렇게 아낀 돈을 경제력 없게 된 딸은 염치 내던지고 덥석 받아와 참으로 요긴하게 생활에 보탠다. 그러니 엄마가 돌아가시면, 이제 나에게 용돈 줄 사람이 없어 어쩌나 싶다.
 엄마는 은행 창구에서 이왕이면 새 돈으로 달라고 직원을 조른다.
 우리에게 용돈을 줄 마음일 때는 새 돈을 만들려고 일부러 기계를 이용하지 않는다.
 신권이 아무 때나 있는 것도 아닌데, 매사 정성 가득이다.
 빳빳한 신권이 안 되면 최소한 새것으로 보이는 깨끗한 지폐를, 숫자 쪽이든 그림 쪽이든 반드시 같은 방향으로 포갠 후 봉투에 두툼하게 넣어주신다.
 그런 분이 나의 엄마 최분순 여사이다.
 한 달만 지나면 우리 나이로 95세가 되는.
 (2023. 11. 30)

※간신히 더 쓰는 걸 멈춤!(힘드네)

정신기 안나 소전(小傳)

「옛날- 아 실로 먼 옛날
나이 어린 어머님이 나를 배듯」
- 박성룡 詩(花甁情景)에서 -

잠깐 시를 보는데 저 구절에 이르자 마음 한복판이 울컥한다.
나이 어린 어머님이 나를 배듯….

우리 나이로 95세인 우리 엄마 최분순 여사와 이 큰딸은 24년 차이가 난다.
가냘프고 약했던 엄마는 단 한순간도 어머니의 힘든 자리를 포기한 적이 없다.
엄마의 남편인 우리 아버지가 돈을 거의 전혀 벌지 못하여 2남 2녀 입에 거미줄을 치게 할까 봐, 그러기 전에 맨손 맨몸으로 세상에 뛰어들었다.
나에게 3살 위인 오빠가 있으니, 24살짜리 엄마도 어리고 어린데, 21살짜리 엄마는 얼마나 더 어렸을까.
엄마만 겪은 전쟁이 아니지만 하필 6.25 전쟁 중에 엄마는 신혼생활을 시작했다. 21살 어린 엄마가 우리를 길러낸 시간과 역사를 떠올리면 견딜 수 없을 만큼 아픔이 가득 차온다.
하지만 엄마의 고된 인생사도, 엄마의 엄마, 96세에 우리와 작별한 나의 외할머니 정신기 안나에 비하면 새 발의 피일 테다.

우리 엄마의 언니인 故 최예근 여사는 엄마보다 4살 위. 1926년생이다.

할머니는 1909년생.

17세에 할머니는 엄마가 되었다. 상상만 해도 억장이 미어진다. 소녀 티도 벗지 못한 어린 소녀엄마는 인근에서 천하장사라 칭하던 남편, 나의 최백용 외할아버지가 사고로 숨을 놓는 바람에 너무 일찍 흔히 말하는 청상이 되고 말았다. 23세였다.

두 딸이 배운 사람이 되기를 바라 안면도 섬을 탈출하였는데, 삼모녀의 사정을 헤아린 섬 동네 몇몇 분이 삼모녀의 새벽 탈출을 도왔다.

서산으로 나와 단신으로 자매를 키우다가 삯바느질 단골집 중 인천에 사는 집이 있어 인천으로 거주를 옮겼다. 그때 그날들의 이야기도 얼마나 슬프고 시리고 아픈지 모른다.

작고 어린 엄마, 나의 정신기 할머니 역시 당신 생애에 만난 두 딸의 엄마 자리와 나중에 외손자 7명의 할머니 자리를 단 한순간도 벗어나본 적 없이 충실하고 성실하게 온통 사랑으로 채워 완성을 보았다.

예전 도화동 235번지에 살 때는 뒷집 재현, 옆집 대연의 출생을 도와 산파역을 하였다.

손수레청소부, 생선장수들, 행상들에게 가난한 밥상이지만 소반에 차려 대접하던 할머니였다.

할미니 돌아가시기 얼마 전쯤 나는 작정하고 내려가 녹음기를 열었다. 지금은 테이프를 넣고 들어볼 장비가 제대로 없어 안타깝다.

할머니는 젖먹이 시절에 엄마를 여의었다.

그래서 내 엄마의 엄마인 정신기 할머니는 당신 엄마의 얼굴을 몰라 기억 자체가 없다.

4살까지는 친할머니가 길렀으나 살날이 얼마 남지 않은 걸 안 친할머니가 4살 아가를 업고 숲길을 헤쳐 최 씨 집안에 맡겼다.

4살 아가 뇌리에 남아 있는 기억은, 할머니 등에 업혀 풀숲 길을 가는데, 쉬익-. 바람 소리가 나더니 꽃뱀 한 떼가 바로 앞에서 거의 발등을 스치듯 지나가더라는 것이다.

꽃뱀이 다 지나갈 때까지 할머니의 할머니는 숨을 멈춘 채 꼼짝하지 않았다. 4살 아가도 무서워서 할머니 등에 뺨을 붙인 채 저고리 등판을 꽉 잡고 있었다.

-아가, 후제라도 뱀을 만나면 가만히 있으면 산다.

그러고 나서 길을 이어 걸으며 할머니는 4살 아가에게 이것저것 세상 사는 법 몇 가지를 일러주었다.

-아침에는 꼭 할미가 준 빗으로 머리를 단정하게 빗어 묶어라.

4살 아가에게 말이다.

엄마도 형제도, 이제는 길러준 할머니마저 없는 4살 아가는 최 씨 집안 밥으로 자라 16세에 아기를 갖고 17세에 엄마가 된 것이다.

정신기 할머니의 인생을 더듬노라면 심장이 터질 것처럼 아프다. 내 두 눈에서 눈물이 걷잡을 수 없이 흘러내린다. 매번, 언제나 그렇다.

내 외할머니, 내 할머니, 너무 가여워서, 너무 가여워서. 그리고 워낙 훌륭해서.

당연히 무학이던 내 할머니.

그러나 두 딸이 소학교 다닐 때 천자문을 떼고, 손자 7명이 국민학교 중학교 다니는 동안 손자들 몰래 그 책으로 혼자 한글은 물론, 많은 과목 공부를 깨우쳤다.

연세가 들어서는 성경 필사를 3번이나 한 나의 할머니.

96세 돌아가시기 전까지, 우리 선덕이가 쓴 소설은 다 읽은 내 할머니.

"우리 선덕이는 너무 어렵고 힘든 일을 하네요. 우리 선덕이 글은 참으로 깊네요."

그런 평으로 치하해준 내 할머니.

선덕이가 어렵고 힘들게 소설을 썼다 한들, 그 글이 어떻게 깊은들 어찌 내 할머니의 생만큼 힘들고 깊고 어려울 수 있으랴.

남과 다른 평생을 살아내면서 웅숭깊어진 내 할머니의 철학을 어찌 흉내조차 낼 수 있으랴.

나의 엄마, 엄마의 엄마….

옛날 여인이여, 눈물겹다. 그립고 그립다.

(2024. 1.17)

개펄은 살아있다

'개펄은 살아있다'는 다큐멘터리를 방영한다기에 꼭 보겠다며 뇌리에 박아 놓았지만 시간을 놓쳐버렸다. 재방영한다는 기사에 녹화준비까지 해놓고 기다렸다. 먼저의 실수를 하지 않기 위해 미리 텔레비전을 틀어 놓고 일을 했다. 다른 일을 하다 보니 텔레비전의 존재 자체를 까맣게 잊고 말았다. 가슴을 쳤다. 결국 영상사업단에 대금을 송금하여 비디오테이프를 구입했다. '개펄은 살아있다'를 향한 나의 집착은 매사에 별로 집착하지 않는 나답지 않게 굉장한 것이었다. 그쯤 되니 우리 두 아이가 물었다.

"도대체 그게 그렇게 잘 됐어? 재밌어? 그게 뭔데?"

그게 뭐냐고? 그냥 개펄이다.

개펄. 그러나 내 속에 개펄은 언제나 살아있고 그곳에 나의 유년 또한 살아있었다.

네모난 염전과 하얗게 말라가는 바닷물, 소금, 작은 수차, 소금창고, 소금기차가 다니던 좁은 기차레일, 염전 저수지, 방파제 둑 너머로 물길 굼실대던 서해, 뜨거운 태양. 길마다 푸르고 붉게 자라던 나문재의 행렬.

"절대로 너희들끼리 염전에 가면 안 된다!"

어른들은 자주 아이들에게 당부했다. 염전방파제 저쪽의 서해는 넓고 파도가 있는데다가 썰물에는 개펄이 되었다. 그래서 염전저수지에서 낚시를 하고 헤엄을 쳤다. 낚시는 주로 대나무 한 칸에 나일론 줄을 매단 아주 간단한 망둥이낚시였다. 저수지 안의 망둥이 크기는 큰놈이 손바닥 길이였다.

저수지에서는 심심찮게 시체가 나온다고 했다. 익사사고였을 것이다. 조금만 들어가도 수영을 아름답게 잘하는 우리아버지 머리를 금세 꼴깍 넘었다. 그러니 중심의 수심 깊이는 누구도 몰랐고 어른들은 아이들끼리 주안염전에 가는 일을 허락하지 않았다.

그래도 여름이면 우리는 어른들 없이 그곳에 있기 일쑤였다. 구멍 숭숭 뚫은 깡통을 들고 대소쿠리도 들고 무엇인가 먹을 것을 담아오겠다고 패를 지어 그곳으로 떠났다.

동네에서 한 시간 이상 걷는 따갑고 뜨거운 길이었다. 언덕을 넘고 논을 지나 다시 자그마한 산을 오르고 내린 다음 또 한참 그늘 없는 길을 걸어야 했던 것이다. 언덕에서 잠깐 땀을 식히며 내려다보면 주안역에서 오는 경인철도의 장난감처럼 보이는 기차가 연기를 올리며 제물포역을 향해 달리고 있기도 했다. 그늘 없는 길부터는 누가, 아니면 먼 오랜 옛날부터 있었는지 모를 조개껍질이 하얗게 부서져가고 있었다.

신발이 없는 아이들은 맨발로 걸었다. 신발을 신었대도 깨진 조개껍질이 고무신의 얇은 밑창을 뚫고 발바닥을 찌르는 길이었다. 그렇게 해서 우리는 그곳에 당도했다. 어른들이 걱정하는 저수지로 가는 아이는 거의 없었다.

우리에게는 개펄이 있었다. 질퍽하면서 황량해서 아무것도 살 수 없고, 살아 있는 것이 없을 것처럼 보이는, 끝 간 데 없이 펼쳐져있는 잿빛 광야.

하지만 여리고 작은 손가락으로 한 뼘만 들쳐도 그 안에는 가슴 떨리게 하는 많은 생명이 화들짝 놀라며 숨을 쉬고 있었다. 작은 게, 갯지렁이, 고동, 그 위를 기는 민챙이, 또 그 위를 팔딱 뛰는 작은 망둥이, 짱뚱어, 온통 잿빛이어도 살아있음에 분명한 생명들. 집에 돌아가면 귀 아프게 야단을 맞고 더러는 빗자루나 부지깽이에 쫓겨 동네 길로 도망쳐 나올 아이들이었지만 그곳에서 우리는 행복하고 즐거웠다.

"야아, 이리 와봐! 맛살이다!"

"이리 와봐! 여기 수렁이다. 넓적다리까지 빠진다!"

"이번엔 네가 끌 차례야!"

가위 바위 보로 두 손을 잡아끌고 이긴 아이는 엉덩이를 개흙에 깐 채 미끄럼을 탔다. 굴·조개껍데기에 손을 베이고 발바닥이 나가도 상관하지 않았다. 먹을 것을 구한다는 엄숙한 우리끼리의 사명은 저녁노을에 사라져가는 햇살만큼 멀어져있고 놀이에 열중하던 깔깔거리는 높은 목청이 불현듯 어둠에 주눅 드는 시간. 저녁이었다.

고동 몇 개, 작은 게 몇 마리, 민챙이 몇 마리를 깡통에 담아 터덜터덜 걸어 되돌아오는 길. 악마처럼 시장기가 엄습해 오고 누구네 밭인지 모를 수수밭, 혹은 조밭에서 여물지 않은 이삭을 비벼 입에 넣었다. 저수지 물에 대충 몸을 흔들어 닦았어도 남아 있는 짙은 잿빛 개흙이 따뜻한 우리 몸에서 밝은 회색으로 말라가고 있었다.

그 친구들 다 어디로 갔나, 그 친구들 누구누구였나. 단 한 명의 얼굴도 뚜렷하게 떠오르지 않는다, 이름조차도.

그러나 생각한다. 그 아이들 얼굴 이름이 사라졌어도, 인천의 개펄이 없어진 지 이십 년이 지났어도 개펄만은 내 속에 살아있다고.

가만히 들추면 은밀한 작은 생명들이 보석으로 빛나던 진회색 늪 밭. 세상도 그런 게 아니겠나. 저렇게 황량하고 스산해 보이지만 가만히 들추면 어딘가 따뜻한 입김 온정이 숨어 있을 테다. 그리하여 세상을 세상으로 남아있게 해준다고. 나의 소설 작업 또한 그런 것이 되어야 한다는 생뚱맞은 생각까지. 어딘가 숨어있을 사람 냄새, 생명의 들숨날숨을 찾아내는 일.

그때 많은 이가 가난해서 배고팠던 60년대 초반, 생명의 개펄, 아른거리며 오늘도 그립게 살아 있는, 오 추억의 힘이여, 아름답다.

(1997.5)

고향을 생각한다, 생일에

타향살이 몇 해던가. 손꼽아 세어지지 않아 종이에 셈한다. 고향 떠나 산 햇수가 37년째다. 오, 세월아 세월아 소리가 절로 난다. 하필 생일이라 인천의 엄마와 아침에 주고받은 이야기도 세월이 화제다. 내 자식 늙는 게 가장 속상하고 마음 아프구나. 네 생일에 밥 한 번 같이 먹어본 적이 없구나. 열아홉 번은 생일상을 마주했는데 엄마에게는 과거가 없는지 저러신다. 곁에서 살지 않는 큰딸이 불만이시다.

대학졸업하면 당연히 돌아가 살 인천일줄 알았다. 어영부영하다 보니 이곳생활을 벗어날 길 없게 되고 말았다. 서울사람이랄 수 없고 인천사람이라기에는 인천을 너무 모르는 어중 뜨기 신세가 돼버렸다. 그 세월 흐름이 꿈같이 잠깐이다. 지난날 정경이 안개 속인 양 아스라하다.

뇌리에 몇 장의 누렇게 바랜 장면, 장면. 대부분 거기엔 아버지모습이 함께한다. 아버지는 어린 딸을 자주 시내로 불러냈다.

공보관전시실이다. 날씨는 을씨년스럽고 홀엔 접이식의자가 반원 형태로 놓였다. 성 씨만 기억나는 소프라노아주머니가 단이 없는 맨바닥에서 가곡을 부른다. 청중이 몇십 명도 못 되어 조촐한, 무대랄 수도 없는 무대다. 허름하다 못해 추레하기까지 한 연주용 흰색 드레스를 입고 배를 떨며 열창하던 초라한 연주회. 두고두고 콧등이 시큰하다. 그분은 누구였을까. 이후 시절이 조금은 좋아졌을 때 따뜻하고 넓은 연주회장에서 공연을 더하긴 하였을까. 하지만 그런 연주회일망정 당시로선 획기적이며 힘들게 연 행사였을 것이다.

아버지들이 애용하던 다방에서의 전시회풍경도 생각난다. 다방 안 벽면에 닥지닥지 걸려있던 서예작품, 동양화, 유화들. 그럴듯한 전시회장이라고 해봤자 공보관전시실 정도였을 게다. 열정과 순정이 전 재산이었을 눈물겨운 분들. 전후여서 더욱 그랬겠지만 모든 사정과 환경은 열악하고 척박하기만 하였다. 아버지 하는 일만 봐도 노상 메마른 고목에 꽃피우기로 보였다. 가난한 사람들의 배고픈 낭만의 계절이었다. 인천을 생각하노라면 이렇듯 육칠십 년도로 기억이 먼저 달려간다.

격세지감이라더니, 상전벽해라더니 과연 그렇다. 내가 아는 인천은 오래된 흑백사진 속의 인천이다. 이젠 인천에 관하여 문외한이다. 경인운하를 반대하는 시민에게 텔레비전화면을 통해서만 동조한다. 월드컵축구 때의 인천문학경기장도 화면으로 경험한다. 유독 근대유산이 많은 인천이라서 근대유산탐방 등의 문화행사가 빈번하고 음식문화제, 전통문화제가 열린다는 소식을 인터넷으로 접한다. 깨진 붉은 벽돌, 어린 날의 청관은 고적한 동네였건만 중국인의 거리로 새 단장되어 외지 손님이 북적인다. 공보관, 시민관 등도 인천시사에서나 찾을 수 있을 것이다. 인천문화예술회관에선 연중 다양하고 다채로운 문화행사를 한다. 아버지가 보수공사에 애쓴 자유공원 아래 시립박물관은 장소를 이 전해 현대식으로 바뀌었다. 인천문화발전이 참으로 눈부시다. 수시로 연극이 공연되며 음악회팸플릿 속의 사진은 조명과 무대, 인원수부터 부유하며 화려하다. 저 무대에 서는 연주자들은 알려나 싶다. 인천의 아버지 세대 분, 그 아래 세대 분들이 굶주리고 찌그러지며 반석이 돼주었다는 사실을. 허나 모르면 어떠랴. 가신 분들은 알아주기를 원하여 그리 산 것은 아닐 터이다.

　인천은 2014년 아시아경기대회를 유치했다. 올해는 세계도시축전도 인천에서 열린단다. 굵직한 행사들이다. 그만큼 인천은 확장되고 성장했다. 몇 시간씩 버스에 흔들리며 수학여행 가던 강화며 바다 저쪽 섬들이 지금은 인천이다. 국제공항도 인천에 위치하지 않았느냐. 따라서 인천은 지리적으로 전보다 훨씬 가까워졌다. 옆으로 누우면 어깨가 닿을 인천인데 일 년에 몇 번 가는 게 고작이다. 어머니와 형제가 있고 내 뼈를 굵게 해줬고 내 조상이 묻힌 인천인데 특별한 일이나 있어야 겨우 간다. 고향이 이역만리라도 되는 양 꿈에 본다. 선뜻 발길을 하지 않는 이유는 게을러서기도 하지만 너무 많이 변한 풍경이 낯설어서다.
　낙후한 옛날로 가자는 게 아니다. 지켜질 것은 지켜지고 보존, 보전될 것은 그래지기를 바란다. 화려해진 외양만큼 내실도 있기를 기원하며 언제 어느 때 돌아가도 이곳이 바로 내 고향이라는 안도를 주는 곳이면 좋겠다. 많은 이들이 알다시피 개발과 발전만이 능사가 아니기에.

　생일저녁엔 추기경의 선종소식을 들었다. 새들도 세상을 뜨지만 추기경도 세상을 뜬다. 우주의 모든 것은 생명이고, 기억도 생명이라 종내는 소멸한다는 사실을 안다. 뇌리에 있는 슬픈 사진도 생명을 다할 것이다. 이 작은 머리에 인천의 화려한 무대, 세계를 향한 거리의 모습이 새로이 새겨지게 될 테며 그마저 어느 날 낡고 삭아 소멸할 것이다.

(2009.2.16.)

6

생활 속에서

내가 좋아하는 생활
평범함에 관한 소소한 술회
주머니
설거지를 하며
가장 소중한 것
놀라운 능력
모년 모월 모일
생각의 무서움
모두 한 시절
아프니까 횡설수설

내가 좋아하는 생활

나는 내 지갑에 돈이 가득 있는 걸 좋아한다.

지갑에는 돈이, 쌀통에는 쌀이, 물통에는 물이, 양념 통에는 양념이, 찬 통에는 반찬이 종류대로 소복소복 가득가득 있는 걸 좋아한다. 다락에는 비누와 설탕과 휴지가 가득하고 내 작은 방에는 친구들의 웃음소리가 가득한 걸 좋아한다. 나는 개미와 꿀벌처럼 부지런히 모으기를 좋아하고 적당히 아껴 쓰기를 좋아한다.

나는 만원버스를 타기보다 영업용 택시타기를 좋아하고 영업용 택시보다는 자가용승용차를 더 좋아한다. 설렁탕을 좋아하지만 불갈비를 더 좋아한다. 물냉면도 좋지만 오십 원 비싼 비빔냉면을 더 좋아하고 가난하면서 착한 사람과 부유하면서 착한 사람을 똑같이 좋아한다. 일하고 받은 대가를 소중히 여기며 선량한 선물과 일하지 않고 받은 공것도 소중히 여긴다.

아아 그리고 일억 원짜리 샹들리에를 달 수 있는 저택에서 사는 것을 좋아한다. 저녁이면 친구들을 만찬에 초대하여 나는 우아하고 아름다운 의상에 몸을 파묻고 고귀한 미소를 지어보일 것이다. 친구들의 웃음은 높거나 낮지 않으며 적당히 품위가 있어 그들이 들고 있는 포도주 잔에 담긴 불빛처럼 은은하게 빛날 것이다.

나는 나의 일억 원짜리 샹들리에와 포도주 잔마다 찰랑이고 반짝이는 불빛으로 별보다 예쁘게 세계의 밤을 지키고 밝힐 수 있는 풍요함을 좋아한다. 향기로운 술과 격조 높은 음악과 부드럽고 시원한 바람이 함께 소용돌이치는 낭만을 좋아한다. 밤이 깊어지면 하녀가 다가와, '아씨, 목욕물이 준비되었사옵니다.' 공손히 말하고 나는 약간 거만하게 젖과 꿀로 목욕을 한 후 새털이불에 휘감겨 달콤한 숙면에 빠지는 것이다.

그러나 잠이 깨면 미명의 새벽. 서울 변두리에 있는 초라하고 가난한 동네. 오늘도 한 뼘이 안 되는 접시에 담을 반찬을 걱정한다. 비빔냉면 대신 비빔라면을 비비고, 남의 자가용승용차를 한 번 바라본 후 영업용 택시를 백번 망설여서 백 대를 보내고 만원버스를 탄다. 스팀이 팡팡 나오는 보일러 대신 여덟 장의 연탄을 갈고 여덟 장의 연탄재를 버리며 아프고 시린 팔다리를 두들긴다. 휘황한 샹들리에와 술잔마다 담길 불빛 대신 간신히 깜박이는 형광등을 조바심으로 밝힌다. 이 방을 나갈 때는 이 방 불을, 저 방을 나올 때는 저 방 불을 끄느라고 바쁘다. 질기고 값싼 옷을 찾아 도매시장을 헤매고 기온변화에 따라 냉장고 강약을 조절하느라 아까운 신경을 쓴다.

젖과 꿀이라뇨? 일주일에 한 번 가는 공중목욕탕에서의 목욕에도 나는 감지덕지로 산뜻해하며 한숨을 내쉰다. 그리고 비로소 상상 속 새털이불에 들어 찰 솜보다 더욱 차진 나의 피곤에 대해 생각해 보는 것이다.

내가 좋아하는 것은 꿈. 꿈보다 좋아하는 것은 현실. 내 몸을 문대어 살아내는 이 생활과 고단함. 이보다 더 좋은 것은 묵직한 고단함에서 오는 약간의 몸살기.

내가 좋아하는 것은 싸구려들. 비싸지 않게 터트리는 친구들의 폭소와, 지긋지긋하고 질깃한 삼류드라마적인 사랑과 싸고 튼튼한 옷과 싸고 멋있는 술.

그렇다. 솔직히 말하노니 나는 정말은 주변에 가득한 싸구려를 좋아한다. 더더욱 솔직히 말하자면 삶의 부단한 부대낌에서 가루로 떨어져 자칫 찌꺼기처럼 보일 그 보람을 좋아한다. 거기에 동반해 오는, 수십 수백 번 삶고 빨아 밝은 햇살 아래 깨끗이 말라가는, 낡은 옥양목 같은 평온을 좋아한다. 소박해서 희미하기까지 한, 그저 그렇게 평화로운 나날을 나는 무엇보다 좋아한다.

(1979. 4)

평범함에 관한 소소한 술회

"아무튼. 엄마는 그런 게 탈이야. 과유불급. 나는 남들처럼 해달라고. 평범하게."

큰애는 국민학교 고학년 되어 배우기 시작한 문자를 써가며 엄마가 평범해줄 것을 자주 요구한다. 이 엄마는 평범한 사람인데 도대체 왜, 뭐가 과유불급이라는 거니!

평범하게.

무엇이 평범하게인가. 이 나이가 되어도 '평범함' 대목에 이르면 가끔 혼란스럽다. 시류를 따르는 것. 남과 비슷하게 생각하며 행동하고 사는 것. 말하자면 유행 따라 사는 것.

아이엠에프 전까지만 해도 애들 아버지가 다니던 직장에서는 일 년에 한 번 부부동반 파티가 있었다. 회장이 간부급을 초대하는 호화롭고 거창한 파티였다. 이혼한 우리 경우, 애들 아버지는 혼자 가게 되는 걸 걱정했다. 모두 쌍쌍으로 부부동반인 파티에 홀아비로 가면 튀어 보이는데다가 문제가 있는 사람으로 낙인찍힌다는 변이었다. 회장이 일일이 악수를 청하며 근황을 묻는 까닭에 호방한 성품이 아닌 그로서는 자못 부담스러운 자리일 수밖에 없다.

애들 아버지이고, 그가 걱정하듯 별것도 아닌 일로 행여 불이익을 당해서는 안 될 노릇이다. 애들 엄마인 내가 못 가주고 안 가줄 이유가 없다. 파티에 나오는 최고급호텔의 최고급코스요리는 황홀하다. 나는 기다리던 사람처럼 쉽게 대답해주고는 했다. 알았어요, 시간 비워둘게요.

그날부터 그는 파티 날 낮까지 노심초사하는 전화를 여러 번 해온다. 해마다 같은 소리, 같은 부탁을 나 역시 여러 번 듣게 된다.

"늦지 않게 오라고."

언제 내가 늦은 적이 있는 것처럼 그는 말한다. 그도 알 듯 나는 시간 약속을 잘 지키는 사람이니, 다음 말을 하려고 그저 전초전으로 하는 소리다.

"거, 그리고, 좀 평범하게 입고 오라고."

내 옷가지는 십년, 이십 년 이상 된 옷이거나, 너나 입으라며 누가 주었거나, 놀랍게 고급이거나 놀랍게 싸구려거나, 있던 옷을 대충대충 뜯어 내 마음에 맞게 고쳤거나 등이 주조를 이룬다. 당시나 지금이나 유행되는 옷은 아예 갖고 있지 않다. 그런 만큼 애들 아버지 관점에서는 평범할 수가 없다. 하지만 말 한 마디에 천 냥 빚도 갚는다는데 말이야 못하리.

"예에, 알았어요."

"색깔도 그, 좀 점잖은 색깔 없나?"

"있죠, 있죠. 시간 맞춰 갈게요."

"하여튼 좀 평범하게 하고 오라고."

결국 언제나 그의 관점에는 평범치 못하게 갈 수밖에 없었는데, 어느 해인가 파티에서는 이런 적이 있었다. 사회를 보는 개그맨이 상품을 걸고 퀴즈를 냈다. 몇몇 사람이 손을 들었지만 맞추지 못하였다. 상품이 탐

나서가 아니라 내가 아는 답이어서 나도 저요, 저요, 하였다. 깊은 밤, 상품과 나를 내려주면서 그는 결국 참았던 말을 토해냈다.

"다음에는 알아도 손들고 그러지 말라고. 남들은 정답을 몰라서 가만 있었겠어?"

나는 남들이 정말 몰라서 틀리고, 정말 몰라서 잠자코 있는 줄 알았다. 그는 기어이 한 마디 더 중얼중얼하였다.

"좀 평범해 보라고."

말했듯 나는 평범한 사람이다. 창의력은 다소 있는 것 같아 약간 독창적일 뿐이다. 내 수입이 한창 좋아 물 쓰듯 돈을 쓰며 다닐 때도 빈 상자며 헌옷 따위 폐품을 버리지 못하였다.

아, 이걸로!

재료 안에 들어있는 다른 모양이 보이고, 그 모양을 만들어봐야 직성이 풀렸다. 어느 조각가인가가 돌이나 나무속에 이미 들어있는 그 상像을 자기는 드러내주는 것뿐이라고 했다더니 내가 그 식이었다. 무엇을 보면 그 안에 본래 있었을 모양이 느껴졌다. 그래서인지 국민학교 저학년 시절부터 나는 못 망치 나무토막 도끼 톱 등 연장함에 들어 있는 연장을 갖고 혼자 놀기 좋아했다. 그때 잘렸다가 우리 엄마의 눈물로 붙인 손가락이 두 개다. 워낙 다급하여 엄마가 급히 맞춰 붙이는 바람에 조금씩 살이 어긋나 있다. 나는 밝지만 요란하지는 않은 성격이라서 조용히 그 짓을 하면서 놀았다. 그랬어도 유난하다거나 평범하지 못하다는 소리를 들어보지 않았다. 우리 집 어른들도 나와 비슷하였다. 외할머니도 엄마도 아버지도 노상 종일 무엇인가를 갖고 무엇인가를 하였고 우리 식구에게는 그게 평범함이었다. 오히려 밖에 나가 뛰어놀고 그게 아니면 빈둥거리기도 하는 내 다른 형제들을 나무라는 편이었다.

"죽으면 썩을 몸이에요. 동네사람 다 나와 도랑 치는데, 나가 도랑도 치고 좀 그래줘야지요."

외할머니는 그렇게 사시면서도 근검절약하셨으니 슬프다. 죽으면 저 물자들은 다 놓고 가는데 물자도 아끼지 말아야 했던 것 아닌가. 우리를 위해 당신 혼자 아끼셨다.

조금 나중에야 알았다. 결혼은 역시 집안과 집안이 하는 거라는 세간의 말도 틀리지 않다는 사실을. 결혼은 저 집 문화와 이 집 문화의 동거이기도 하였다. 오리엔트문명이 있고, 적당한 비유일지는 몰라도 고려풍이 있으며 몽고양도 지나간 역사에는 있다. 애들 아버지와는 양쪽 집안의 문화적 거리가 쉽게 좁혀지지 않았다. 그다지 존중되지도 못하였다. 그 가운데서 과유불급과 중용을 스스로 읊으며 자라는 우리 아이에게 나는 희망과 기대를 걸고 있다. 이쪽 평범함과 저 쪽 평범함을 두루 학습한 후 버리고 취하고 자기들만의 것도 들어있을 제3의 평범한 모습에 관하여.

(2005. 9. 9)

주머니

주머니가 큼직하게 여러 개 있는 옷을 좋아한다.

대학 다니던 동안 내 옷을 만들어 대준 양장점 친구는 주머니를 허락하지 않았다. 주머니를 해주면 주머니마다 가득가득 뭘 넣고 다닐 게 뻔하다. 주머니가 처지고 옷도 늘어지며 심혈을 다한 자기의 작품 선이 망가진다. 동화 속 공주 하나를 만들고 싶던 게 친구가 주머니를 과감하게 생략하는 이유였다. 그렇건만 친구가 생각한 옷을 쓱쓱 그려 설명해줄 때마다 나는 단념하지 못하고 매번 물었다. 주머니는?

친구도 매번 차분하게 조곤조곤한 어조로 나를 설득하느라 시간을 아끼지 않았다. 우정이 고마워서 더는 고집부리지 못하면서도 그다음 의상 디자인이 나오면 또 같은 걸 묻는 나였다.

"주머니는?"

두 여자애는 주머니 공방전으로 깔깔 웃으며 재미있어 했지만 그렇다고 친구가 주머니를 만들어주는 것은 아니었다.

주머니가 크고 많은 옷을 나는 지금도 여전히 좋아한다. 우리 두 아이에게 옷을 권하게 되는 때가 있는데 그때마다 내 입에서 나오는 말은 이렇다.

"좋잖아? 주머니도 크고 많고."

누가 입은 옷이 마음에 들어 칭찬할 때도 주로 주머니 예찬이다.

"좋네! 주머니도 있고!"

동네에서의 간단하고 조촐한 만남에는 웬만한 물건은 죄다 주머니에 쑤셔 넣고 달려 나간다. 돈, 휴지, 손거울, 립스틱 종류, 휴대전화기, 필기구 등속이다. 부득이 주머니가 없는 옷을 입어야 하고 가방도 성가시면 아무 주머니, 가령 안경 주머니나 두 아이가 어릴 때 쓴 잡화 주머니 같은 데에 필요한 도구를 쓸어 넣어 달랑달랑 들고 나가기도 한다.

그 외에 값이 헐한 매우 가벼운 헝겊 가방을 메는데 주머니가 많이 달려있는 건 기본이다.

만나는 상대가 갖고 있는 물건 때문에 절절매면 내 옷 주머니나 갖고 나간 주머니, 주머니 많은 가방에 잠시 넣었다가 되돌려 주는 일도 많다.

주머니가 많은 가방일 경우, 한턱내야지 마음먹고 나갔다가 지갑을 빨리 찾지 못해 난처한 장면을 겪긴 해도 어쨌든 나는 주머니를 좋아한다.

적당한 곳에 원하는 만큼 붙어있는 주머니의 용도는 얼마나 다양한가. 필요한 물건을 넣고 다니는 데에 그중 제 노릇을 하지만, 두 손을 보온해주고, 두 손의 어색한 처리를 해주기도 하며 엉덩이나 가슴 쪽에 대놓으면 체형을 보완해주기도 하는 게 주머니다.

뿐인가. 이십여 년 전 영화판 경험자에게서 자기들 옷에 달린 주머니의 용도에 관해 듣고서는 단편소설 한 편을 쓰기도 하였다.

예컨대, 자기들 옷에 주렁주렁 달린 주머니에는 피와 고름과 눈물 등등이 들어있다. 배우에게 눈물이 필요하면 눈물을 꺼내 달려가고, 피가 필요하면 피를, 고름이 필요하면 고름을. 그들은 주머니에 자기들 일에 필요한 많은 소품을 넣어두고 필요할 때 꺼내 썼다. 말하자면 그들 생존에 필요한 물품이 들어있는 것이고, 또한 그 소품이 대부분 인생살이에 나오는 거라서 무릎을 쳤다. 아하, 인생이 들어있는 거로구나! 그렇게 말이다.

집안을 둘러볼 때마다 저놈의 물건들을 다 어찌해야 하는지 가슴을 치고는 한다. 일 년에 한두 번이라도 소용되는 물건이기는 하다. 놔두기에는 자리를 차지하고, 없애면 또 필요해지는 물건이 의외로 많다.

마음도 집도 비워야 한다, 무소유의 덕을 찬양하면서도 마음보다 비우기 힘든 게 집안에 가득한 물건이다. 현실적인 물건에 비하면 마음 안의 미움이며 사랑은 치우고 지우고 버리기가 얼마나 더 쉬운가.

이사가 거론될 때마다 나오기 마련인 게 '비움'에 관한 이야기이며, 나도 '비움'에 관한 이야기를 많이도 우려먹었다. 아버지 유품까지 동생들이 져다 놓아 우리는 물류창고가 돼버렸다. 아버지 물품은 인천문화계가 더러 필요로 하는 게 있을까 봐 벌써는 버리지도 못한다. 내가 나의 일을 용기 있게 접지 않는 한 내 물건도 그렇다. 꼭 그렇지 않더라도 일 년에 한두 번은 소용되는 물건이 정말 많다.

내년에야 이사를 하게 될 테지만 지난주에 우리 식구는 집을 보러 다녔다. 아들이 나서서 그 일을 시작하게 되었고, 집을 구했다. 저마다 각자 다른 이유로, 이 집이다! 하는 집이었다. 내년 이사할 때까지 겪어야 할 어려운 과정이 산 넘어 산이며 물 건너 물로 남아있다. 어떻게든 해일 같은 난관을 이겨내고 그 집을 우리 터전이 되게 할 각오로 두 아이의 눈빛이 더욱 초롱초롱하며 생생하다. 무능한 이 엄마가 낳은 애들이 맞는지!

아들은 원하는 작업실을 갖게 될 수 있고, 시간이 더 지나면 집 없고 방 없는 지인들에게 집과 방을 베풀 수 있을 거라며 좋아한다. 딸은 원하는 작업실과 새들을 불러 모을 수 있는 공간, 풀 한 포기라도 심을 수 있어 좋다고 한다. 두 아이가 저리도 좋아하니 그게 나는 가장 좋다. 그다음 그 집에는 주머니가 많아서 좋다.

비우고 버리는 일도 중요하지만 요즘은 옛 어른들의 다른 말씀을 뇌게 되었다.

- 버리는 것만이 능사는 아니다.

그 집의 곳곳에 만들어져 있는 주머니에 버리고자 했던 많은 것을 잘 넣어둘 작정이다. 인생에서 나올 수 있는 많은 것들을. 어쩌면 때로는 남의 눈물과 고름도 맡아둘 수 있을 것이다. 내 주머니에 다른 이의 물건을 잠시 넣었다 돌려주었듯.

(2006. 10. 21)

설거지를 하며

설거지를 좋아하며 즐긴다. 옛날처럼 설거지가 어려운 일거리가 아니라서 의외는 아니리라. 이왕 할 설거지라면 싱크대 가득이라고 해도 마다하지 않는다. 숙달된 설거지 꾼 아닌가.

어린 날, 우리 집이 수도를 놓기 전에는 우물에서 물지게로 져와 항아리에 부어 놓은 물을 아껴가며 썼다. 비가 오면 홈통 물을 받아놓는 일은 당연지사였다. 물이 귀했던 당시의 설거지는 즐겁고 좋은 일이랄 수 없었다. 동네 한두 집이 수도를 놓자 각 집이 긴 호스를 연결해 물을 나눠갔다. 우리가 수도를 놓은 후에는 그때까지 수도를 놓지 못한 집에 물을 대주었다. 수도가 생겨 물이 흔해졌어도 어떤 물이든 헤프게 쓰면 잔소리를 들었다. 죽으면 함부로 버린 물을 염라대왕이 우리에게 도로 마시게 한다는 협박을 어른들은 서슴지 않았다. 지금은 아파트가 아니라도 대부분 보일러가 있어 뜨거운 물까지 쉽게 만질 수 있다.

설거지야 뜨거운 물까지는 안 써도 되겠다. 겨울엔 면장갑에 고무장갑 끼면 완전 무장이라 그 손으로 무엇을 만지든 겁나지 않는다. 텔레비전에서 티베트 어느 고장에 사는 여인들이 빨갛게 곱은 맨손에 돌멩이로 호수의 얼음을 깨고 양털 빠는 광경을 보았다. 그래야 털이 좋아지기 때문이란다. 털이 얼마큼 좋아지는지는 모르겠으나, 인생아 인생아, 소리가 절로 나왔다. 그네들 고단한 삶에의 연민과 함께 고무장갑과 면장갑을 보내주고 싶은 마음이 불끈거렸다. 자연히 우리를 키워주신 외할머니의 노상 터있던 험한 손이 떠오르며 발바닥부터 눈물이 올라오는 듯 온몸이 아렸다.

할머니, 왜 제가 조금이라도 도와드리지 못하였을까요.

때늦은 후회다. 외할머니가 세상을 떠나신 지 세 해나 지났다.

혼자 먹더라도 귀족처럼 차려 먹으라고 두 아이를 가르쳤더니, 아이 혼자 먹는 상에 설거지거리가 제법 나온다. 온 식구가 먹고 나면 제사나 명절 상차림인양 짧은 명상 정도 할 만큼 설거지거리가 쌓인다.

웬만한 더러움은 다 지워주는 물비누와 수세미, 샤워 형 수도꼭지에서 쏟아지는 물줄기. 설거지를 피할 이유가 없다. 자, 설거지에 들어가는 것이다.

지금보다 젊었던 날에도 설거지를 싫어하지 않았다. 써 보내야 할 장편소설 원고가 항상 있어 설거지 중에는 머릿속에 글을 썼다. 설거지를 끝내기 무섭게 원고지로 달려가 설거지하면서 생각한 이야기를 이어 적었다. 어렸던 두 아이가 옆에서 이것저것 물으면 무엇이라 대답은 해주었던가. 아무리 성심성의를 가장해도 아이는 제 엄마가 건성인지 아닌지 느낌으로 곧 아는 모양이었다. 아이가 책상 위에 올라 아예 원고지를 깔아뭉개고 앉아 묻던 기억이 난다. 원고지를 대하고 있는 한 제 엄마의 답변에 영혼이 나가있다는 걸 아이는 알고 있었다. 특히 둘째인 딸아이에게 미안한 세월이었다.

이제는 그토록 많은 양의 소설을 쓸 이유가 없고 쓰고 싶지도 않다. 써달라는 데도 없지만 전에는 써달라는 데가 있든 없든 쓰지 않으면 안 되는 줄 알며 무조건 써대었다.

덕분에 요즘 하는 설거지는 한가하고 여유롭다. 글 따위는 생각지 않아도 되며 쓸 글이 있어도 설거지하면서까지 글을 생각하지는 않는다. 수많은 생각과 지나간 일이 순서 없이 뇌리를 스쳐 지나간다. 설거지거리가 많다고 해도 몇십 분 안에 그 많은 기억을 하고 추억에 잠기며 한 두 구절씩 십 수 곡 노래를 하니 사람의 뇌란 정말 신비하고 신기하다.

설거지를 시작하면 묘하게 은발이란 노래가 제일 먼저 떠오른다. 의식처럼 은발로 설거지의 문을 연다. 지나간 옛사람, 떠나간 분이 뒤이어 주르르 생각나며 그립다. 본 적 없는 원시시대 저 먼 옛날 사람들마저 몹시 마음을 아프게 한다. 물을 쓰는 일뿐 아니라 선조들의 고달프고 처연했던 삶에 마음이 저리다. 인생이 쓰리고 사람이 슬프다. 살아있는 모든 생명이 안쓰럽다. 저절로 음성에 애상이 실리며 이 노래 저 노래 두서없이 흥얼거린다.

혼자 하는 노래는 마음에 든다. 편한 키에 음정을 맞추고 떠오르는 대로 부른다. 노래는 상념으로 이동한다. 그중에는 이런 것도 있다.

또래 사람 중에는 부모님 안 계신 이가 많던데, 그들에 비하면 엄마가 생존해계신 나는 복 받은 사람이다. 외할머니는 당신 자식에게 70년 80년을 엄마로 계시다 가셨다. 우리 엄마도 50여 년 이상 우리 엄마로 계셔주어 아직도 그 기둥에 기대는 우리다. 나는 우리 자식에게 언제까지 엄마로 남아줄 수 있으려나. 아, 우리 두 애에게 오래 오래 엄마로 있어

주고 싶다.

또는 아픈 친구, 아픈 지인, 옆집 멍멍이, 우리 참새 뽀뽀, 죽고 없는 우리 오리 또또, 강아지 또또, 기니피그 또또, 아버지, 엄마, 돌아가신 이모부, 우리 형제간의 일 등도 막연히 떠올랐다 사라진다. 세상을 떠난 우리 애들 할머니며, 두 아이 앞날 같은 것. 그러다가 생각은 여러 가지 노래로 자리를 바꾼다. 밀양아리랑 진도아리랑 사랑이란 제목의 많은 유행가, 보리수와 실비아에게와 그리움을 부르고 푸른 산과 잔디에 누워도 부른다. 국민학교, 중학교 고등학교 시절, 살면서 알게 된 잊고 있던 이들이 문득 반짝 떠오른다. 오, 그런 애가 있었지, 오 그런 사람도 있었지.

평소라면 하지 않을 쓸모없는 데에 골몰해보는 것이니 설거지를 즐기는지 사념을 즐기는지 마구잡이 노래를 즐기는지 모호하다. 설거지란 손빨래만큼 힘든 게 아니어서 이러저러 잡다한 생각이 가능하지 않은가 한다. 그러면서도 힘껏 빨아 햇빛에 빠닥빠닥 말라가는 흰 빨래처럼, 물기가 걷혀가는 윤나는 그릇에서 그만한 깨끗함과 수고한 보람을 느낄 수 있으니 일석 몇 조인가. 가히 설거지 만세라고나 해야겠다.

설거지는 끝에 이른다. 숱하게 지나간 상념으로 어언 마음은 적막하며 쓸쓸하다. 거기쯤 가면 나지막하고 담백하게 바위 고개를 부른다.
'바위 고개 언덕을 혼자 넘자니 옛 님이 그리워 눈물 납니다
고개 위에 숨어서 기다리던 님 그리워 그리워 눈물 납니다'
눈물이 설핏 눈동자를 따뜻하게 감싼다. 내 안에 내 님이 있다. 그 님

은 죽는 날까지 안에 있을 뿐인 사실은 모르는 그저 님이다. 눈을 감았다 떠 눈물을 비켜내고 다음 노래로 넘어간다.

이다음, 내 인생의 설거지를 하게 될 훗날 흥얼거릴 노래 목록도 크게 다르지 않아 바위 고개 다음에는 또다시 마무리로 은발을 부를 것이다.

'젊은 날의 추억들 한갓 헛된 꿈이라 윤기 흐르던 머리 이제 자취 없어라

오, 내 사랑하는 님, 내 님, 그대 사랑 변찮아 지난날을 더듬어 은발 내게 남으리.'

지금처럼 마음이 가만히 적막해지며 두 눈에 물기가 어리겠지.

(2006. 12. 17.)

가장 소중한 것

어제 저녁은 집 앞, 대략 39초 거리에 있는 단골음식점에서 생일 밥을 먹었다.

그렇다. 이사 후 보름여 만에 단골음식점이 생겼고 여러 면에서 흡족하다. 온 식구 배 터지기 직전까지 먹어도 몇만 원이 안 되고 내 생일이란 소릴 듣고는 9천 원이나 빼주는 집이다. 당연히 맛도 좋다. 인심 좋고 친절하다 해도 음식점이란 첫째 맛이며, 맛이 좋다 하여도 진심에서 우러나는 친절이 없으면 그 또한 꽝이다.

음식점 이름이 '삼국지'다. 처음에는 만화대여점인 줄 알고 딸이 좋아했고, 그다음에는 중국음식점인 줄 알고 아들이 좋아하였지만 집 공사를 한 동생이 그냥 음식점이라고 하여 그제야 제대로 보니 가정식 음식점이었다. 제대로 끼니를 차리기 어려운 요즘은 내가 좋아한다.

이 동네에서 맞이한 첫 번째 생일. 늦은 밤에 빨래를 잔뜩 널고 집안을 둘러보니 그럭저럭 사람살만 한 집은 되겠다. 집이 무너지지 않을까, 가득한 짐으로 막막하기만 하던 날이 그새 조금은 거짓 같다. 정리는 덜 되었지만 100프로 모든 짐 상자, 모든 물건이 손을 거쳤다. 무엇이 있고 무엇이 없는지 정확해졌다. 아버지 도자기작품 두 점 빼고는 다 있다. 이럴 때 나오는 소리가 있다. '하필이면!'

어쩌면 마지막이 될, 어쩌면 언젠가는 인천시에서 마지막으로 해줄 전시획에 전시할 목록이었던 것이다 이삿짐센터와의 계약은 이사 당일에 점검, 파악하여 그 앞에서 증거를 보이지 않으면 어떤 손해배상도 받을 수 없게 되어있는 불공정계약이다. 유난히 짐이 많은 우리 집이 아니라도 과연 이사 당일에 그럴 수 있는 집이 몇이나 될 텐가. 게다가 작품 종류는 무엇으로 배상받을 수 있는 품목이 아니다. 이삿날 아침 들이닥친 그들에게 부디 조심하라고 당부하였건만 아무래도 깨먹지 않았나 싶다. 작은 물건이라면 가방에 챙겨 넣어두었을 텐데. 미리 날라둘걸. 죄다 소용없는 후회다.

각자 자기 소중한 물건들 다 챙겨온 거지? 다 있는 거지?
그게 무엇이며 안부가 어떠한지 서로 묻던 저녁이 있다. 아들은 악기 악보 음악 자료들. 딸은 화구와 만화책과 자료들. 아이들 부친은 각종 서류와 순금으로 된 기념메달 등.
이삿짐센터 사람들이 닥쳐서야 허둥거리면서 무엇인가 소중한 걸 챙겨 넣어야 한다고 생각했고 서둘러 급히 손가방에 넣은 게 엄마도 있기는 하다만은.
엄마는? 엄마 건 다 있어?
누구도 엄마에게는 따로 묻지 않아 주니 다행이다. 그때까지 책상 위에 있던 손톱깎이 한 개와 시집 두 권과 전용머그컵을 깜짝 놀라며 가방에 특별히 넣었던 것이다. 그러곤 큰일이나 해낸 듯 뿌듯해하며 안도하던 순간을 식구 누구에게도 말할 수는 없으리라. 절대로, 앞으로도.
그러나 덕분에 짐으로 싸인 아수라장에서 손톱깎이 고 작은 물건을 누군가 필요로 하며 찾자마자 의기양양 으스대며, 제격, 척 꺼내줄 수 있지 않았던가.

(2007. 2. 17)

놀라운 능력

어제 종일 서서 일했더니 물속에서 한참 있었던 것처럼 다리와 발이 퉁퉁했다. 발 다리가 아프기도 해서 잠시 길게 앉아 쉰다고 한 게 잠이 오래 들었다. 저녁식사 마무리를 했으니 일단 마음이 편해서겠지만 무엇보다 꽤 고단하였다.

돌아가신 외할머니를 평소 많이 생각하고, 살아계신 우리 엄마도 많이 생각한다. 명절 즈음에는 존경하고 사모하며 그리워하는 정이 더하다.

할머니는 그 많은 일을 어떻게 그렇게 혼자 다하셨을까. 할머니 살아계셨을 때 왜 나는 그토록 철이 없어 도와드리지 못하였을까. 할머니는 우리가 한창 자랄 때는 3시간 이상 주무시질 못하며 우리형제들을 키우셨다. 잘 수 없을 만큼 일거리도 워낙 많았지만 남자 가장이 집에 없어 우리와 집을 함께 지키시느라 더욱 못 주무신 건 아닐까? 근래 든 생각이다.

일이라면, 우리엄마도 내 나이 때 어떻게 그렇게 그 많은 일을 다 하였는지! 엄마는 환갑 넘어서도 경제활동을 하였다. 굉장한 정신력이다. 두 분 다 체력 자체가 강하지는 않기 때문이다.

가신 분을 떠올리노라면 미안함이 많아 마음이 몹시 아프다. 또, 가만히 누워 할머니 혹은 아버지를 생각하면 돌아가신 두 분이 돌아가신 것 같지 않다. 모습만 없어져 안 보일 뿐 혹시 가까이 계시는 게 아닌가 싶다. 와 닿는 숨결을 느낀다. 내 어깨에 손을 얹으시는 것도 같고, 조만큼 거리에 계시는 듯도 하다. 죽는 건 어떤 것일까. 죽음은 진짜로는 무엇일까. 해답도 정답도 없는 미궁을 막연히 헤매다 스르르 잠이 든다.

지금보다 젊었던 날에는 문에 작은 틈이 있어도 신경 쓰여 잠들지 못했다. 닫혀 있어야 안심이 됐다. 이 몇 년은 방문이 꼭 닫혀 있으면 오히려 안심이 안 되며 답답하다. 견디지 못해 결국 문을 활짝 열어놓아야 편하다. 나머지 식구는 방문을 다 닫고 잔다.

방문을 닫는 행위는 자기만의 세계와 공간이 중요하며 소중하여 지키고 싶어서이리라. 그렇다면 나는 나만의 세계랄까, 나만의 것이 필요 없거나 상관없어졌나 보다.

여성학자나 인권주의자, 꿈을 말하는 이들은 여전히 '엄마도 자기세계와 자기 일이 필요하다, 있어야만 한다, 자기 공간을 가져라, 자신을 사랑하라' 여러 주문을 하며 자기계발을 역설한다.

젊은 날에는 동조하였는데 지금은 생각이 다르다. 내 경우만 말하자면, 나만의 일, 나만의 세계, 나만의 공간, 등은 별게 아니게 되었다. 나만의 공간에서 과연 보잘것없는 내 능력으로 생산해낼 수 있는 무엇이 있을런가. 아등바등하여 세상에 무슨 큰 족적을 남기겠는가. 남겨선 뭐하나. 그게 우리 아이들보다 소중하고 귀중한가. 그런 건 정말 아무것도 아니다. 내 세계는 무슨. 내가 낳은 두 아이에게 미안하여 내가 살아있는 날까지는 조그만 힘이라도 되어 주겠다는 일념이 세고 크다. 그조차 제대로 못하여 우왕좌왕 아닌가.

이사 온 후 집안 어디선가 불어드는 바람으로 방문이 닫힐까봐 문을 받쳐 닫히지 않게 해두었다. 불을 끄고 누우면 잠들기 전까지 집안이나 마당 그런 데서 생길 상황에 귀를 세운다. 이사 온 후에야 먼저 집주인에게 들었다. 지난해 이 집에 도둑이 들었단다. 지지난달에는 옆집에 도둑이 들었다며 세콤인가 하는 데를 불러 안전장치를 한다고 우리 마당까지 들어와 소란을 떨었다. 그러니 나는 안전장치 없는 이 집에 도둑이 드나 안 드나 지켜야 한다. 도둑이 들면 제꺽 어떤 사단이든 내려야할 책임과 의무가 있다. 엄마이며 이 집의 집사가 아니냐.

도둑뿐이랴. 집과 식구에게 크든 작든 불상사가 생긴다면 즉각 일어나 달려갈 용감한 태세로 나는 눕는다. 전에는 딸과 나란히 잤고 아들도 가까운 방에 있었지만 환경이 바뀌었다. 딸이 제 방 문을 꼭 닫고 자니 아이가 잠꼬대를 하는지, 자다가 어디가 아픈지 알 수 없다. 아들은 위층에 있다. 아들이 옆 방 제 아버지를 신경 쓰긴 할 것이다. 그렇더라도 집사인 내 귀는 제 아버지를 지키는 아들을 통틀어 집과 집의 인구를 향해 열려있다. 귀를 눈으로 표현한다면 내 귀는 줄곧 부릅뜬 채다.

두 아이는 열렬한 마음과 자세를 지닌 이 엄마에게 자주 놀라며 감탄한다.

엄만 어떻게 그렇게 몇 초 만에 잠들 수 있어? 그게 어떻게 가능해? 엄만 잠들면 어떻게 그렇게 아무것도 몰라? 엄마는 세상이 난리가 나도, 집이 떠나가도 모르겠더라. 어떻게 그럴 수 있지? 놀라운 능력이야!

사실이다. 두 아이가 수십 번 들락날락하거나 텔레비전을 크게 틀거나 아들이 큰 소리로 노래를 해도 알지 못한다. 마구 흔들어대면 모를까 그 정도 출입이나 소리는 내 잠의 방해꾼이 못 된다. 그래도 두 아이에게 이 엄마가 하는 말은 매번 정당하다.

'너희도 엄마만큼 고단해본 다음 말을 해봐라.'

(2007. 9. 21)

모년 모월 모일

이사 오니 우편함이 한 개만 있어 여러 세대 우편물이 섞여 차고 넘쳤다. 우리는 우편물이 많은 집이어서 우리 몫으로 우편함을 하나 달았다. 다른 집도 개별적으로 달아 주렸더니 자리가 안 된다. 고육지책으로 쓰레기통에 비닐을 씌워 바닥에 놓고 날짜 지난 우편물은 그곳으로 이동시켰다. 왜 자기네 우편물을 빨리 꺼내가지 않는지 모르겠다. 보조우편통마저 자주 넘친다.

며칠 전, 대문 앞 분리수거폐품과 쓰레기를 정리하고자 일회용 비닐장갑을 끼고 내려가던 길이다. 내려가다 말고 1층 층계참에서 읍, 낮게 소리 내며 주춤 섰다.

남자가 우리 집의 보조우편통을 용수처럼 머리에 쓰고 그 바닥에 쫙 뻗어있다. 뇌리에 글자가 지나갔다. 죽었다, 시체다. 중얼중얼 푸념도 지나갔다.

'뭐야, 뭐야, 왜 우리 집에 와서 죽은 거야? 누구야? 우리 집 사람도 아니잖아.'

그 다음 기특하게 침착한 생각은 이랬다. 경찰이 오기까지는 절대로 내 지문을 남겨선 안 돼!

생각은 개진됐다.

'아니 시체가 아니고 재활용 줍는 이가 위급한 병이 있어 대문 안쪽으로 쓰러지게 된 건지도. 그렇대도 섣불리 내가 움직여 놓으면 안 돼. 죽은 게 아니라면 상태를 악화시킬 수도 있다.'

여고 교련시간에 농땡이만 부린 게 내내 신경 쓰였는데 기어이 이런 일을 당했다. '심장소생술을 배웁시다!' 그런 캠페인 문구를 봤을 때도 망설이다가 이 지경에 이르고 말았지 뭐냐.

달려 올라가 112를 눌렀다. 112는 바로 나왔다. 무슨 일이냐고 112에서 물었다.

"우리 집 마당에 사람이! 시체인지, 위험한 상황인지는 모르겠고요. 아무튼 빨리 와주세요."

"그래요? 그 사람 술 마셨어요?"

"가까이 안 가봐서 모르겠고요. 죽은 것도 같고 아닌 것도 같고, 빨리 오세요."

"성내동 몇 번지 몇 호군요."

오, 전화한 것만으로도 우리 집이 제꺽 드러나게 돼있구나. 그렇게 방범체제가 구축되어 있는 모양이다. 믿음직하다.

"알았습니다. 곧 가겠습니다."

예전에 파출소라 부르던 지구대는 여기서 고작 몇 분 거리다. 아까 멈춰선 자리에서 꼼짝 않고 시체인지 환자인지 모를 남자를 지켰다. 남자는 지키는 사람보다 더 꼼짝하지 않는다. 숨 쉬는 낌새가 전혀 아니다. 환자가 아니고 역시 시체인가. 누가 죽여서 여기에 버린 걸까? 아니면 조금 전 짐작대로 재활용품을 줍다가 발작이 일어나 쓰러졌다가 숨을 거눈 걸까?

엎드리면 코 닿을 곳인데 15분이 지나도록 경찰은 오지 않는다. 도로 집안으로 달려 들어가 112를 누른다. 경찰은 곧 오겠다고 또 그런다. 그새 남자가 사라졌거나, 혹시 살아 있어 움직였을지 모른다. 급히 내려가다가 양손에 낀 일회용 비닐장갑이 마음에 걸린다. 곧 경찰이 올 텐데 비닐장갑 낀 걸 보면 완전범죄를 노리던 미숙한 살인자로 오해할 수 있다. 슬그머니 그러나 다급한 심정으로 비닐장갑을 벗어 주머니에 넣었다. 시계를 보니 신고한 지 삼십 분이 넘고 삼십오 분에 다가가건만 경찰은 오리무중이다. 남자는 확실한 죽음을 증명해주겠다는, 빳빳하게 쫙 뻗은 그대로다. 숨 쉬는 사람이라면 휴지통을 개조한 우편통을 뒤집어 쓴 채 저렇게 오래 있을 수는 없는 노릇이다.

경찰은 왜 안 오는가, 경찰은. 이러니 늑장경찰이라는 욕을 여기저기서 먹지 않더냐.

전화번호를 누르려는데 골목 앞에 경찰차가 조용히 선다. 40분 만에 도착했다. 쓴 소리를 하려고 일부러 시간을 봐두었건만, 앵, 삐뽀 삐뽀, 경보음으로 오지 않은 사실만 좀 섭섭하지 나머지는 경찰의 등장이 반갑기 그지없으니 간사한 이 심리여.

"어디, 안에 있어요?"

"대문 들어오면 바로 거기요."

경찰 두 양반이 남자 머리에 쓴 용수를 벗겼다. 앞뒤로 흔들고 치고 두들겨보다가 일으키려는데 남자는 아무리 주물럭거려도 무반응이다.

"술 마셨구먼."

남자 얼굴을 자기들 마음대로 내 쪽으로 돌려 보여주며 아는 사람인지, 혹시 이 집에 사는 사람인지 자세히 보란다. 내가 누군가. 이 집 사는 사람이 아닌 건 그냥 아는 '우 집사님'이다.

경찰은 남자의 주머니 여기저기를 뒤져 지갑과 수첩 등 속을 꺼내 신분을 찾아내려고 애썼다. 주민등록증이 나왔다.

"독산동 사람이 왜 여기까지 왔나? 어이, 이봐요. 좀 일어나 앉아 봐요. 정신 차려!"

남자는 경찰 두 명이 끙끙 낑낑대며 일으켜 앉히니 얼굴을 감싸며 깨났다.

"이봐요. 남의 집에 들어와 쓰러져 자면 어떻게 해요? 아직 젊은 사람이. 술 마셨어요? 이럴 거면 술 마시지 말아야지."

왜소한 체구에 보통 옷차림인데 이마 옆으로 피 한 줄기가 흘러 굳어 있다. 힘없고 빽 없는 이 나라 서민이면 그러하듯 남자는 간신히 정신 들고 보니 앞에 경찰관이 두 명이나 있는지라 완전히 얼이 빠진 후 얼음막대로 변해버렸다. 처음엔 너무 얼어 입도 안 열리는 것 같았다.

"당신, 여기가 어디야?"

절레절레.

"여기 당신 집이야? 이 집에 아는 사람 있어요?"

절레절레.

"집이 어디예요, 어디?"

"처, 처 천호동."

"천호동? 그러면 멀지 않은데? 천호동 어디?"

"아니, 성내동."

"성내동이면 이 동네 아니야? 천호동 아니고 성내동이에요? 성내동 맞아요?"

끄떡끄떡.

"성내동 어디?"

"아 성내동, 성내동 백이십 육에."

경찰이 바투 다가서며 기억해내라고 재촉하자 남자는 재차 얼었다.

"전화번호 있어요? 전화번호 있으면."

신분증 등을 돌려주며 명함 하나를 받아 전화해보니 아니란다. 경찰관 눈치를 보건대 근처 술집아가씨 전화번호인가 보았다.

"아, 그 그 그건."

"알아, 알아요. 그건 됐고."

"백이십 육이면 멀지 않은 덴데? 이봐요. 백이십 육에 어디인지 모르겠어요?"

"아아아아, 내가 왜 여기 있지요? 아아아아 백이십 육, 백이십 육, 아아 모르겠어요."

"그러게 이렇게 술을 마시면 안 되죠. 젊은 사람이 어떻게 이렇게 될 때까지 술을 마시고, 남의 집에 들어와서 자면 어떻게 해? 다음부턴 이러지 말아요."

남자는 순하게 "예" 하였다.

"근데요, 저 좀 집에 데려다 주세요. 예?"

"글쎄 우리도 집에 데려다 주고 싶어요. 우리도 데려다 주고 싶거든. 그런데 당신 집을 우리가 몰라. 당신 집을 가르쳐줘 봐요. 당신, 집이 어디야?"

"그, 그, 그게 모르겠어요. 저 좀 데려다 주세요, 예?"

"아무튼 여기서 나갑시다."

"데려다 주세요. 저 좀 데려다 주세요."

경찰 사이에 끼어 골목을 나가다 말고 남자는 몸을 돌렸다. 깊이 허리를 접어 잠시 신세진 집의 집사님에게 인사를 잊지 않는다.

"죄송합니다."

계단을 올라와 현관문을 닫으면서 들으니 남자가 경찰에게 또 부탁을 했나보다.

"글쎄 데려다 주고 싶어. 우리가 더 데려다 주고 싶대도. 도대체 당신 집이 어디야?"

몰라요, 소리가 희미하게 들렸다.

그 후 남자의 소식은 들려오지 않았다. 다시 자러오지도 않았다. 어디에 사는 누구인지, 집이 어디인지, 집에 잘 들어갔는지, 나는 모른다.

(2007. 10. 16)

생각의 무서움

　요즘은 모닝콜처럼 오정 전에 누군가의 전화벨 소리가 있어야만 비로소 눈을 뜬다. 우리 집 상용 음식에 수면제 기운이라도 있는지 두 아이도 그 타령이다. 벌써 여러 번 이 엄마가 먼저 자성을 하였다.
　"우리 일찍 자고 일찍 일어나자. 이렇게 늦게 일어나는 집과 사람은 평생 망한다. 요새 우리 왜 이러니?"
　두 아이가 장단은 잘 맞춘다.
　"그러게, 그러게. 일찍 일어나야 하는데."
　"밤과 낮이 바뀌어선. 이거 악순환이다. 오늘부턴 무조건 한 시간 일찍 자자. 알았지? 꼭 지키자. 이러다 망한다!"
　"네."
　"네."
　두 아이는 매번 그러겠다고 한다. 나도 그러겠다고 한다. 다음날이 되면 지난밤이 말짱 꽝이었다는 걸 안다. 모두 아침을 보면서 잠에 들고 점심을 보면서 자리에서 일어난다. 수면 총 시간은 결국 같겠지만 해님이 있는 시간의 일상이 너무 엉망 아닌가.
　어젯밤은 무슨 책을 한 권 읽고 나서 우리 딸이 국민학교 1학년 때 쓴 일기가 문득 생각나 그 일기가 읽고 싶었다. 읽은 책의 내용과는 전혀 상관없는 일기내용이다. 이런 거다.

〈오늘은 우리 집에서 살다 간 또또 생각을 했다. 또또가 왜 우리 집에 왔나. 또또가 왜 갔나. 또또가 왜 죽었나. 또또 생각을 하고 있자니… 생각이란 무서운 것이다.〉

외우다시피 하는 문장이어도 두 눈으로 확인하며 또 읽어보고 싶었던 것이다. 우리 집에 온 또또, 간 또또, 죽은 또또는 다 다른 또또이다. 거북이, 기니피그, 강아지, 오리 등이다. 우리는 애들에게 똑같이 또또라는 이름을 붙여주었다. 누구 하나만 부르면 편애하는 게 되니까, 모두 자기를 부르는 걸로 여기라고 그랬다.

일기를 찾아 다시금 보겠다는 건 또또들 추억도 되지만 딸이 쓴 마지막 구절을 보고 싶어서다. 읽을 때마다, 이 나이에? 이 얼마나 예사롭지 않은가, 미소와 함께 우리 딸을 새삼 떠올리는 일이 즐거워서다. 하아, 그 참. 저절로 감탄이 나온다.

3학년 시절 일기를 먼저 손에 들게 되어 3학년 일기를 읽고, 4학년 일기를 읽고, 그러다가 1학년 일기를 펼치다 말고 생각의 연상 작용이 책장의 이 시집, 저 시집을 꺼내 보게 하였다.

시집의 삼분의 일은 자필 사인 시집들이다. 내 돈으로 산 시집은 취향 탓에 같은 시인의 시집으로 좍좍 꽂혀 있다. 정현종, 천양희, 오규원, 천상병, 김윤식, 이세룡, 우영창, 그 외 등등. 좋아하는 김종삼 시집을 펴 보니 종이가 아스락 바스락 부서질 것같이 낡았다. 연도를 보니 고작 79년 인쇄인데 그렇다.

한때 최승호 시집도 많이 봐서 서가를 꽤 차지하는데 손이 안 가는지 한참 됐다. 왜 그렇지? 전에는 자주 펴봤는데 통 그렇게 되지 않는 시인과 시집이 상당수 된다. 왜 그렇지? 왜 그런지 사실은 안다. 취향 탓에 잘 읽지는 않지만, 놀랍게도 장석주 시집 권수가 가장 많다. 여전히 손이 잘 안 간다. 오래 전에 그는 시집을 많이 냈던 모양이다. 그리고 오래 전엔 아마 우리의 교류도 그다지 나쁘지는 않았던 모양이다.

천상병 시집이 많고 시인이 떠나시기 전 부득부득 건네준 산문집도 있다.

우선덕 작가님 惠存 千 詳 炳 89, 1,29, 오후 2, 33분「歸天」.

정말 부득부득, 사인까지는 해야 한다며 어린아이처럼 떼를 쓰셨다. 그러니까 89년 1월 29일 오후 2시 33분에 우리는 인사동 귀천 찻집에 있었다. 글씨체는 또박또박하면서도 조형미가 있고 예술적이다. 막무가내로 느껴지던 당시 시인의 인상과는 많이 다르다. 정경이 떠올라 미소가 져진다. 막상 귀천하셨을 때는 가보지도 못하였다. 생전 여러 번 전화를 하셨는데 목 여사가 곧 이어 기겁하며 전화를 하곤 하였다. 미안하다고, 전화하지 말라니까 하시더라고. 하지만 나도 미안했다. 두 아이를 두고 어디를 다닐 수 없어 누구의 요청이든 늘 편하고 쉽게 들어드릴 수 없었다. 그랬던 지난날이 떠오른다.

지난날은 오늘로 이어져 아직도 나는 그렇다. 두 아이를 놓고 어디를 편한 마음으로 다닌다는 게 힘들고 어렵다. 아이들 때문에요, 하면 상대는 묻는다. 아이들이 어린가 봐요. 뭐 나는 거의 주저 없이 제격 대답한다. 예.

부모에게 자식은 평생 어린아이라는데 옛 어른 말씀이 맞는가 보다. 우리 두 아이가 제 부모 염려하는 걸 보면 그 또한 부모가 자식 걱정하듯 한다. 자기들 아빠가 술 드시고 어디서 쓰러지는 건 아닌가, 실수하는 건 아닌가. 엄마가 버스 전철 노선을 제대로 알고 타긴 했는지, 은근히 걱정한다. 측은지정만이 가족을 가족이게 하고 사람을 사람이게 할 수 있다. 여기까지 생각을 끌어오는 '생각'이라니. 생각은 정말 무서운 것이다.

어젯밤, 아니 오늘 새벽 시집을 펼친 김에 시 한 수를 옮긴다.

편지/ 천 상 병

점심을 얻어먹고 배부른 내가
배고팠던 나에게 편지를 쓴다.

옛날에도 더러 있었던 일.
그다지 섭섭하진 않겠지?

때론 호사로운 적도 없지 않았다.
그걸 잊지 말아 주기 바란다.

내일을 믿다가
이십년!

배부른 내가
그걸 잊을까 걱정이 되어서

나는 자네한테 편지를 쓴다네.

(2008. 1. 19)

모두 한 시절

자려고 누우면 옆구리 책장에 둔 음반시디가 눈에 들어온다. 클래식과 제3세계 음악과 팝, 록, 장르도 고루 고루인데 클래식이 주종을 이루긴 한다.

대체 얼마치나 되누. 할 일 없는 사람처럼 대충 계산해 본 날이 있다. 일이 년 사이에 산 음반이 오백만 원은 넘는 것 같았다. 미쳤군. 먹고 살기조차 힘든 시절이었다. 쌀이 떨어진대도 듣고 싶은 음반은 샀으니 제정신이 아니었던 모양이다. 그 짓이 몇 년 갔다.

그 몇 년은 외출하는 마음이 그토록 힘들 수 없었다. 두 아이를 핑계 대긴 했지만 내심의 문제는 달리 있었다. 나가서 사람을 만나는 동안 듣고 싶은 음악을 듣지 못한다는 사실이 견디기 어려워 외출을 주저했다. 원하는 음악 속에 있지 않으면 물 밖에 끌려나온 물고기처럼 숨이 막혔다. 상대방이 무슨 말을 하는지 제대로 들리지도 않았다. 그저 어서 집에 가서 음악만 듣고 싶었다. 음악이야말로 천상의 예술이며 진정한 예술 아닌가. 위대한 작곡가들에, 위대한 연주자들! 음악을 듣고 있노라면 끼적거리는 소설 따위는 참으로 남루하였다. 자는 동안은 음악을 듣지 못하니까 자는 시간이 아까웠다. 안타까웠다.

당시는 그랬다. 어서 두 아이가 자라 독립해주면 엄마는 깊은 산골 오두막으로 들어가겠다. 텃밭을 일궈 조식(粗食)을 하고, 진종일 음악만 듣다가 가는지 오는지 모르게 환희 안에서 세상을 뜨리라. 그러면 최고로 행복한 삶이겠다 싶었다. 그야 알았다. 아, 내가 싫어하는 중독이구나. 내가 좋아하지 않는 도피구나.

지금 집엔 아들의 기타 몇 대만 있지만 전에는 내게도 기타가 몇 대 있었다. 여중 1학년 때부터 큰애를 낳기 전까지 적게는 하루 한두 시간, 많으면 여섯, 일곱, 여덟 시간 정도 끼니마저 잊고 기타를 두들기며 노래하였다. 무슨 열정이 있거나 재능이 있어서가 아니라 다만 노래가 좋아서였다. 그러니 아기를 낳으면 아기와 함께 기타 치면서 노래하게 되리라. 우리는 종달새가족으로 사는 것이다. 의심할 바 없는 앞날의 예정된 일상이었다.

그런데 달랐다. 아기를 낳은 다음 날부터 당장 하루가 아기에게 맞춰졌다. 아기가 자는 시간엔 기타 치며 노래하기 어렵고 아기가 깨있으면 보살펴야 하니 글을 쓸 수 없었다. 글을 쓰려면 아기를 업거나 안고 써야 했다. 노래보다는 아무래도 글이 먼저라서 아기가 자면 글을 써야 하고, 계속 재우기 위해서는, 아니, 계속 쓰기 위해서는 업고 쓰지 않으면 안 되었다.

원고를 들고 시내라도 나갈라치면 예사 일이 아니었다. 인천 엄마나 여동생이 와주지 않으면 업고 나가야 한다. 아기가 둘이 되자 상황은 더 빡빡해졌다. 동네일 보기에는 두 아이를 양옆구리에 각각 낀 채 총알처럼 달려 나가고 달려 들어왔다. 슈퍼언더우먼이었다. 저 조그만 사람이 힘이 장사일세. 시나는 모르는 이까지 찬탄하였다. 두 아이는 다른 집 또래 아이들보다 늘 더 크고 무거웠으며 내가 조그맣기는 한가 보았다. 애들 할머니도 경탄에 인색하지 않았다. 어멈이 힘이 장사구나! 도연이가 제 엄마를 하루에 삼천 번은 부르고 찾는구나!

하지만 그러고 살아야 하는 심신은 고단했다. 두 아이가 다 크는 어느 날 우아한 시간이 찾아와줄지 확신이 서지 않았다. 왜 이러고 살아야 하니? 회의가 이는 날도 있었지만 대부분은 그날그날을 메우느라 별 생각도 하지 못하였다. 결혼 전이던 여동생이 아예 입주하다시피 하여 여러 해 살림을 봐주며 우리 두 애 바라지를 하였다. 인천 엄마와 여동생이 없었다면 장편소설 같은 건 쓰지 못했을 것이다.

언니 일에 진정을 다해 자상하게 봐주던 여동생은 제 앞가림도 힘든 나이가 되었다. 언제 세월이 그다지도 빨리 지났을까. 자식 일이라면 만사 젖히고 오시던 엄마도 일흔아홉이시다.

이 집으로 이사 온 후론 하루도 못 들으면 미칠 것 같던 음반을 꺼내 들어본 적이 없다. 단언하건대 이다음 산속 오두막집에서 살게 될 일도, 오두막집에서 열렬히 음반을 듣게 되는 일도 없을 게 분명하다. 하루에 몇 시간씩 부르던 노래를 두 아이가 생긴 후 한 시간 넘게 불러보지 못하였다. 더 거슬러 내려가자면 대학시절 말로 마시던 술은 진작 막을 내리고 소주 몇 잔에 취기가 오르는 신세가 되었다. 왜 이러고 살아야 하니, 하며 심신이 함께 고단했던 시간을 찾아오려야 찾아올 길 없다. 돌아보면, 왜 이러고 살아야 하니? 통탄에 한탄을 거듭하며 불만과 회의가 일던 시절이 가장 빈틈없이 치열하게 살아낸 한 장(章)이었다.

과연 시간은 냉정하여, 지나가면 끝이다. 살아보니 모든 일에는 시기가 있었다. 그래서 카르페 디엠[carpe diem]이라는 말이 있는 것이고, 푸슈킨은 지나간 것은 그립노라 노래했을 터이다.

굳이 앞선 자와 선각자가 일러주지 않았다 해도 달라지지는 않겠다. 지금 흐르는 물은 조금 전 물이 아니고 언제나 새로운 물이라는 사실, 손에 거머쥔 순간 과거가 되어 저만치 가있다는 사실. 슬픔과 노여움, 치열함과 처절함, 열망과 열광, 지독한 게으름, 한심함과 어리석음, 절망이며 낙망, 어떤 중독들, 사랑과 미움, 인생에서 말해지는 대목대목 그 모두 두 번 오지 않고 두 번 하지 못할 한 시절 노릇임을.

내 맘대로 살지 못한 오늘, 내 바람과 다를 오늘. 뒷날에 또한 아름다운 시간으로 기억하며 그리워할 것이다.

(2008. 2. 1)

아프니까 횡설수설

'아무 일도 없는 날은 없구나.' 매일 이 제목을 달고 싶은 나날이다.

비둘기는 최소 한 달에 한 번꼴로 비둘기 천국으로 떠나고, 오늘 오후에도 아주 가느다란 실오라기에 양쪽 발이 묶인 비둘기가 왔지만 도무지 잡을 수도 풀어줄 수도 없었다.

고로 매일 그러한 사연을 적지 못하기도 하지만, 적지도 않는다. 그러다 보니 소설도 쓰고 싶지 않게 되었다. 괴롭고 아픈 일이 너무 많으면 아무것도 하고 싶지 않게 된다. 어쩌면 우울증일지도 모른다.

네가 의사냐? 그래, 내가 의사다.

내 친구들처럼 나도 온몸 여기저기에서 이상 현상이 나타나는데, 살이 엄청나게 찌면서 가속화되었다. 발목 아래쪽으로 문제가 심화되었다. 건강을 위하여 살은 빼야만 한다. 이렇게 생각만 한다. 발에 관한 걸 죄다 말하거나 적으려면 그게 더 성가시고 더 힘들다. 많은 사람이 그래서 자신의 불편함에 대해 입 닫고 참고 사는 날이 더 많은 모양인 게다.

시들시들 이러저러 병증 속에 살다가 대략 열흘 전쯤에는 정신 번쩍 나게, 아니 정신이 멍하게, 감기인지 코로나인지, 독감인지, 정확히 알 수 없는 증세가 왔다. 병원만큼은 바로 가는 편이다. 호미로 쓸 걸 가래로 쓰게 되지 않으려는 얍삽함인지 현명함인지에서이다.

- 코로나일까요?

의사는 단언한다. 감기 증세입니다.

지지난달 거의 비슷한 증세에서는 이랬다. 선생님, 감기일까요, 감기 같지요?

의사는 단언했다. 신경통입니다.

- 예? 선생님, 그럴 리가요. 콧물도 조금 있고, 귓속이, 목이. 머리 이쪽 끝이. 열도 있는 걸로 보이지 않나요?

- 열이 있는걸, 보고 어떻게 알아요?

- 제 눈을 보면 열이 있는걸.

- 눈을 보고 열 있는 걸 어떻게 알아요?

- 아, 왜, 엄마들은 그러잖아요. 저도, 우리 아이 키울 때 눈을 보고, 애가 열이 있네 없네, 그랬는데요?

- 나 참, 간호사 와서 열 좀 재 드려요.

체온이 36도도 될까 말까 하자 우리 의사는 양양揚揚해졌다. 아, 제 진단을 믿으세요. 신경통입니다. 의사 말을 전폭 믿지 않았는데, 단골 영일약국 약사도 의사 편이다. 의사선생님 말씀을 믿으세요.

그런데 이번에는 지난번과 비슷한 증세에 신경통이 아니고 코로나도 아니고 감기 증세라니. 아무튼 감기라면 감기, 얼마 만인가!

어제 새 김치냉장고가 들어오는데, 목소리가 나오지 않아서 이쪽은 문자로, 배송 설치 팀은 말로 소통하였다. 나는 들을 수는 있으니 그쪽은 말로 대답하면 돼요.

이 집에 이사 오면서 들인 김치냉장고가 얼마 전에 수명을 다하였다.

만 15년 반이면 그럴 때도 되었다나. 우여곡절은 그런 일에조차 끼어든다. 잘 주문 결제하여 배송준비이던 냉장고가 물건 입고가 안 되었으니 취소해달란다.

뭐라고? 그동안 다른 냉장고 냉동실에서 얼음을 얼려 부지런히 고장 난 김치냉장고에 넣어주며 버텼는데 얼마나 더 그 고생을 하란 말이냐. 얼음 팩은 왜 그다지도 쉽게 흐물렁해지는지.

살림하는 이들은 알 테지만, 뭐 하나 교체하려 들면 집안일이 보통이 아니게 된다. 게다가 우리 집 살림은 쓸데없이 규모가 큰 편. 다 자업자득임을 알긴 안다.

어제는 피크였다. 일거리 많은 것도 피크, 몸 아픈 것도 피크. 정말 아파서 힘들었다.

약사는 병원 처방전을 놀래며 들여다본 후 새삼 내 두 눈을 본다.

나는 열혈 마르크스주의자가 아닌 마스크 주의자여서 눈밖에 안 보이기는 하다.

어머! 더 많이 나빠지셨나 봐요! 우리 선생님이 스테로이드 처방을 하셨네!

겁나는 스테로이드 덕분인지 약간의 차도가 지금은 있다.

감기 정도로 이만큼 아프니 중병인 분들은 얼마나 고통스러울까.

아프지 않을 때도 다른 아픈 이들을 자주 생각한다.

아픈 다른 작은 생명들도 생각한다.

그렇게 아파서 어떻게 사나. 얼마나 힘들까. 얼마나 괴로울까.

너무 고통스럽게 아플 때, 아픈 날, 아픈 시간에는 그저 빨리 죽고 싶다, 당장 죽어도 상관없다는 우리 엄마를 필두로 내 친구 아무개, 내 동료 소설가 아무개 말이 진심이라는 사실을 안다. 아들도 어느 해인가 개 그우면 박 양이 피부병으로 세상을 마감하였을 때 말하였다.

－나는 백 번 이해해. 나도 그러고 싶었으니까.

아들의 증세는 죽을 만큼 끔찍하였지만 그러고 싶었다는 속내는 처음 들었다. 엄마 속이 서늘하고 아파지며 아들에게 몹시 미안했다.

죽음의 유혹을 이기고 살아내는 모두는 대단하다. 마음 시리지만 훌륭하다.

아무 일도 없는 날은 과연 하루도 없다. 조금 전에는 화장실 물소리가 그치지 않는다. 변기 수조 바닥 고무뚜껑이 안 내려가 있나? 그랬으면 좋으련만 비데의 찬물이 고장이어서 솟구쳐 나온다. 찬물 수도 쪽을 잠가놓고 아들에게 비데를 사야 한다고 전한다.

－몇 년 썼지?

－이 집 이사 들어오면서니까, 쟤도 만 십오 년 반이지.

새 김치냉장고를 주문했을 때 아들에게 말했다.

－안 그러고 싶어도 이번에 오는 김치냉장고가 엄마에게는 마지막 김치냉장고야. 지금처럼 십오륙 년 쓴다고 치고, 그다음 걸 살 때는 엄마는 죽어서 세상에 없지.

이어 말했다.

－그게 인생이야. 냉장고 두어 번 바꾸면. 사람의 생이 그렇게 짧다.

(2023. 8. 12)

7

자식

무엇이 걱정인가
성탄절 이야기
아무도 모른다
딸과 헤어지는 밤
효자♪의 방랑기
청출어람1
청출어람2
객관적으로 냉정하게
네티즌 선정
티베트 사자의 서
또다시 고마운 날

무엇이 걱정인가

5학년인 딸아이는 이번에 두 번째 전학을 했다. 직업군인 집 자식처럼 집안사정이 그렇게 되었다. 워낙 자기세계가 뚜렷해 혼자 익숙하게 잘살고 있던 아이라서 전학을 수십 번하여 친구 하나 없다 해도 걱정할 일이 없었다. 누가 다가오는 것을 좋아하지 않는, 혼자 노는 아이인 것이다.

그런데 이번에 온 학교는 뭔가 달랐다. 전학 날, 교장선생님이 전국 초등학교에서 학교배지가 있는 초등학교는 하나일 뿐이라며 교장실에서 손수 아이 옷깃에 배지를 달아주었다. 학교 이름 '평화'를 상징으로 한 비둘기 날개형태였다.

두 학교 중 한 학교를 선택할 수 있었던 우리에게, 가정형편이 어려운 아이들이 많은 학교니까 신중하게 택하라는 조언을 주위에서는 아끼지 않았다. 신생이나 마찬가지인 학교여서 학생숫자가 학년 당 세 학급씩밖에 없어 조촐하였다. 한 학년 전체가 모여 한 반처럼 찍은 사진도 있었다. 서울에서 이런 행운을 만나다니! 우리는 당연히 소꿉놀이 같은 이 학교를 원하였다.

첫날 전학인사를 마친 후 딸애를 두고 돌아온 나는 그래도 신경이 쓰이긴 하였다. 수업을 마치고 온 아이의 첫마디는 예상치 못한 거였다.

"엄마 여기 애들은 이상해. 몇 명이 내 뒤를 따라오면서 말을 거는 거야. 집이 어디니, 같이 가자, 그러는 거야."

평소 우리 딸답게 못들은 척히며 빨리빨리 걸어왔노라고 했다.

한 달쯤 지나자 반 아이들 거의 전부라고 해도 좋을 만한 숫자가 우리 집 안까지 진입, 진격해왔다. 우리 딸을 비롯하여 학원 다니는 애가 없어서 애들은 방과 후면 으레 몰려다니면서 놀았다. 하루는 어느 애가 일부러 나에게 와서 물었다.

"아줌마, 쟤는 어쩌다가 안경을 쓰게 됐나요? 저렇게 예쁜 눈을!"

나는 놀라워 그 아이를 보았다.

지난번에는 학년 전체가 강화도 현장학습을 다녀왔다. 산성을 오르고 전등사도 들렀을 딸애는 곤죽이 되어 늦게 들어왔다. 현장학습을 파한 후 친구들과 사진을 찍다 오는 길이라고 했다.

"재미있었구나. 그러곤, 또 어떻게 지냈어?"

두어 달 새 명랑 쾌활해진 아이는 즐겁게 대답했다.

"착한 내가, 자리를 안 갖고 온 애한테 같이 앉아 밥 먹자고 했지요."

"잘했다, 착하다 우리 딸."

"그런데 우리 반 애들은 더 착한 거야. 버스에서 눈이 부셔서 손으로 눈을 가렸더니, 창 옆에 앉은 애가 얼른 커튼을 내려주는 거야. 내가 잠이 들었는데 움직였더니, 앞에 앉은 애가 얼른 뒤를 보면서, 어머 너 불편하구나, 의자 등받이를 뒤로 해, 또 그러는 거야. 나는 아무 말도 안했거든. 가만 가만 그랬거든."

아이는 감명 받아 그 감동이 계속되고 있는 눈치였다. 이 엄마도 그랬다. 그런 친구들이 있는 학교를 선택하였다니 행운이었다.

곧 생일이 되었고, 물론 반 전체를 초대하여 반 전원이 결석 없이 우리 집으로 몰려왔다. 건물이 다 들썩거렸다. 나름대로 준비해온 선물을 아이들은 딸에게 건네주었다.

"아줌마."

어느 아이가 먼저 내게 예쁘게 포장된 선물을 내밀고 그 다음 도경이 것이라며 우리 딸에게 주었다.

"아줌마, 예쁘고 착한 친구 도경이를 낳아주셔서 고맙습니다."

세상에! 세상에, 이런 예쁜 아이들을 어디 가서 찾아 볼 수 있으리오. 요즘 애들 맞나?

정말 괜찮고 사랑스러운 남의 자식들, 친구들의 배려를 고마워할 줄 아는 기특한 나의 자식, 남을 배려할 줄 알게 기르고 가르친 가난한 부모들, 선생님들.

마음과 몸이 행복가스를 가득 채운 풍선처럼 마구 부풀어 올랐다.

세상에 무엇이 걱정인가.

(1998. 5)

성탄절 이야기

지난해까지 성탄절이 들어있는 12월을 그냥 보낸 적이 없다.

어떤 복잡하고 나쁜 처지에 있을지라도 12월 한 달은 크리스마스트리를 세우고 집안을 꼬마전구와 카드로 장식하였다. 딱히 내게 성탄절이 의미가 있어서는 아니다. 아직도 성장을 계속하고 있는 두 아이가 어른이 되었을 때 성장기를 따뜻한 기분으로 기억했으면 해서였다. 12월이 끝나면 성탄절장식품들을 잘 손질해 두었다가 다음해 겨울용품을 꺼낼 때 함께 꺼내고는 했다. 덕분에 장식물 대부분은 17년 이상의 연륜을 갖게 되었다.

올해도 가습기를 꺼내며 여러 아름의 장식품 보따리를 내놓았다. 12월에 쓰리라.

그러나 어제그제에서야 지금이 무슨 시기인가를 언뜻 기억했다가 그마저 금세 잊고는 한다. 집안은 성탄을 나타내는 어떤 상징이나 장식이 전혀 없다. 불과 1년 사이에 이토록 큰 변화를 보일 줄이야. 두 아이 중 어느 하나도 크리스마스를 말하지 않고 선물 운운하지도 않는다.

지난밤 늦게 잔 나는 오늘 아침 새삼 집안 풍경을 돌아다보았다. 왜냐하면 오늘은 2000년 12월 24일 아침이기 때문이다. 지난해 이날 저녁까지도 두 아이와 나는 서로가 모르게 준비한 선물을 내놓으며 기뻐하였다.

"아이고, 아직도 아기구나, 아직도 자라려면 멀었어."
"그러는 엄마는? 엄만 우리보다 더 어려."
그러면서 말이다.

몇 달 전부터 딸은 불면을 호소해왔다. 아무리 늦은 시각 고단한 채로 잠자리에 들어도 잠드는데 한 시간 이상 허비한다며 발을 굴렀다.
"엄마, 무슨 좋은 방안이 없나?"
"글쎄… 더 고단하게 몸을 혹사시키다가 자든지."
"아무리 그래도 잠이 안 오는걸."
"잠자리에 들면 생각의 문을 닫아버리는 거야. 많은 생각을 하면 잠이 들지를 않잖아."
"엄마, 그건 불가능해! 나는 생각을 멈추는 게 두려워!"
나는 그만 말문을 닫으며 혼자 웃음을 물고 말았다.
'생각을 멈추는 게 두렵다.'
생각에 생각을 거듭하는 치열한 청춘시기가 딸에게 찾아온 것이고, 그러니 그 불면을 내가 어찌 해결해 줄 수 있단 말이냐.

아들은 또 어떤가. 음악인생을 살겠다고 눈만 뜨면 집안을 쿵쿵 시끄러운 음악으로 울려대며 다른 식구는 안중에도 없다. 자주 대화를 하지만 음악에서 벗어나면 큰일이라도 날것처럼 핏대를 세우며 노상 음악이야기이다. 어쩌다 발견한 민들레솜방망이 씨앗을 선물로 들고 들어오던 여릿하고 사랑스러운 이런아이를 상상할 수 없다.

금을 그어 갈라놓은 것처럼 지난해와 올해가 이토록 달라졌다.

이 아침. 폐기해버린 옛날 에세이집을 떠올려내고 그것을 꺼내 들쳐본다. 거기에 두 아이 어린 날의 성탄절 모습이 들어 있다. 이 대목이다.

『이번 크리스마스에 딸애는 나에게 물었다.

"엄마, 선물은 꼭 물건으로 하는 건 아니지?"

"그럼."

오빠는 동생보다 용돈이 넉넉하니까 이런저런 선물을 이 사람 저 사람에게 하는 걸 본 것이다. 동생은 돈이 없으니까 훌륭한 솜씨로 카드를 만들어 아버지에게도 드리고 엄마 책상에도 올려놓았다. 엄마에게는 많은 인물이 등장하는 복잡한 그림과 함께 이런 제목이 붙어있는 이야기카드가 왔다.

(성탄절 이야기)

옛날에 별을 관찰하는 과학자들이, 아주 크고 빛이 쎈 별을 찾았습니다. 과학자들은 그게 무슨 좋은 일이 있는 것인 줄 알고 낙타를 타고 선물을 들고 별을 따라 갔습니다. 어느 마구간에 별이 갑자기 섰습니다. 거기에 우물통에 한 아기가 있었답니다. 그 아이가 바로 아기 예수님입니다. (1993. 12)』

아이가 유치원 마지막 해에 저 나름대로 이해하여 쓴 성탄절 이야기 카드는 여전히 미소를 짓게 만든다.

오, 그러나 내가 지금 쓰고 있는 이 글 컴퓨터모니터에 잠깐 일별을 한 딸애는 신랄한 어조로, 매정하게, 그러나 혼자 중얼거린다.

"내가 두렵다는 것은 그런 뜻이 아닌데. 흠, 엄마가 나의 심오한 정신 세계를 알 리가 없지. 그러니까 사람은 자기가 제대로 알지 못하는 건 쓰면 안 되는데…."

나는 생각한다.

이제 성탄절 이야기는 없다.

알고 보니 지난해 있던 이날 즐거웠던 일은 두 아이가 저희 엄마를 짐짓 생각해주느라 보여준 어른스러운 처사였을 뿐이다.

이미 진작, 사실은 더 오래전부터 그랬을지 모르지만 두 아이는 저희 엄마를 위해 오랫동안 애쓰며, 최소한 성탄절만큼은 어린아이로 남아있어 주었던 것이다.

(2000. 12. 24)

아무도 모른다

저녁쯤에 아들아이가 제 동생에게 묻는다. 피자 먹겠느냐, 무엇으로 먹겠느냐. 자기가 사겠다는 거다. 그렇군. 속으로 짐작하면서 아들이 전보다 어른이 되었다는 사실을 인정하지 않을 수 없었다. 또다시 홍역에 걸린 제 누이를 달래고 설득해 보겠다는 내심이리라.

딸은 대학 들어가서 첫 답사여행을 하고 어제 저녁에 돌아왔다. 떠나는 아침에 이 엄마에게 말했다.
"자퇴하려고 해. 중간고사 전에 자퇴해야 등록금 일부라도 받는다는데."
또 시작이구나. 한 학기가 끝날 때까지 이러게 생겼구나. 이제는 딸이 중학교 일학년 일 학기, 고등학교 일학년 일 학기, 그 때마다 그랬던 것처럼 달려와 아이를 설득해줄 언니도 오지 않는다. 두 아이가 환영하는 언니인데 생활이 바쁘거나 여유가 없는지 발길을 끊은 지 꽤 되었다.
딸이 여행하는 동안 아들에게 그 애 동생이 한 이야기를 전해주었다. 제 누이와 4년 터울인 아들은 펄쩍 뛰었다.
"나중에 다시 대학 들어가려면 얼마나 힘 드는데. 걔가 세상을 몰라. 걔가 학교를 너무 쉽게 들어갔어. 대학이 왜 중요한가를 걔가 몰라. 대학에서 배우는 게 왜 없어?"
되도록이면 동생이 원하는 피자를 시켜 나눠 먹으니 동생 기분이 훨씬 좋아졌다. 아니나 다를까 아들은 자퇴이야기를 꺼낸다. 엄마는 듣고 있다.

"그런데 넌 왜 자퇴하려고 하는데?"

"어시스트로 들어가려고."

"그거 졸업하고 들어가도 되는 거야. 정 안되면 이학년은 마치고 휴학하고 하면 되지. 거기서야 아무 때든 안 받니. 너 만화가 되겠다는 걸 반대하는 사람도 없는데 뭐가 그렇게 조급해. 뭘 하든 대학졸업자와 아닌 사람은 어딜 가도 대우받는 게 다르고, 대학에서 네가 배울 게 얼마나 많은데. 너, 만화가 되려면 다른 경험도 필요하지만 대학경험도 필요한 거 아니야? 좋은 만화를 그리려면 많이 알아야 하는 거잖아."

그래서 딸도 그중 흥미가 많은 사학과를 택한 것이다. 이다음 좋은 만화가가 되는데 일조가 되겠다 싶어서다. 막상 들어가 보니 과제가 너무 많아서 딸은 이 한 달 정신을 차리지 못할 정도였다. 딸이 그러니 딸의 강요에 의해 엄마도 함께 그래야 했다. 같이 텍스트를 읽고 논의하고 그 다음 딸은 밤을 새우면서 리포트를 썼다. 잠이 많은 딸이라서 오후수업에 가는데도 안정을 못하였다. 고등학교 3학년 때도 여덟 시간, 아홉 시간을 또박또박 챙겨 자며 편안한 고 3을 보냈는데 대학생이 되니 오히려 밤을 새운 날이 더 많아져버렸다. 게다가 학회니 뭐니, 동아리 들라는 권유에, 엠티, 오티, 신입생환영회로 공연히 바쁜 날도 보냈다. 집안에서 하고 싶은 분야만 하고 살던 딸이기에 당장 회의가 온 것이다. 그 좋아하는 만화책도 많이 못 보았다. 그림연습도 거의 못했다. 딸은 울고 싶어진 것이다.

아들은 열심히 제 누이동생을 설득하고자 애썼다. 동생 마음이 아주 조금 움직이는 듯 보이자 이어 아들은 지마켓에서 동생이 입을 옷을 고르겠다고 눈 빠지게 들여다보며 동생을 불러댔다. 어떻게든 동생 기분을 좋게 해주려는 의도가 엄마 눈에도 잘 보인다. 마마맨을 자처하며 엄마를 진종일 힘들게 하는 아들이지만 보이지 않게 의젓한 점도 있는 것이다.

그렇게 동생이 눈치채지 못할 정성을 들이고 있는 아들도 오륙년 전에는 엄마를 황당하고 막막하게 만들었다.

아들이 수능시험을 치고 나서 어렵게 꺼낸 말은 '가수가 되겠다.'였다. 가수? 가수라니! 18년간 저를 지켜봐온 엄마의 상상 속에 가수는 전혀 들어있지 않았다. 아들은, 이다음 굶어죽더라도 싱어 송 라이터의 길을 가겠단다. 아니, 결코 굶어죽지 않을 테며 세계적인 음악인이 되겠다는 것이다. 수능시험점수도 나쁘지 않다. 일류대학만 아니면 어디든 선택할 만큼 됐다. 하지만 아들은 싱어 송 라이터가 진짜 꿈이며 부모가 놀랄까봐 말을 못 꺼냈다. 아들에게 음악적 재능이? 재능을 따지자면 아들은 글짓기와 그림에서 탁월한 소질을 보였건만.

엄마의 막막함은 그렇다 치고, 그 말을 애들 부친에게 전해야 할일이 난감했다. 방송국에 교양제작부가 생기기 전에는 연예파트를 맡아 가요백년이며 명랑운동회를 담당한 사람이다. 교양제작국이 생기면서 '인간시대'를 했고, 방송국을 옮기고는 '그것이 알고 싶다'를 만들었다. 많은 것을 알고 있는 사람이다. 그는 억지로 감정을 감췄지만 상당히 낙담한 모양이었다.

아들로 인해 우리 식구는, 그 애 누이동생인 딸까지 공연히 어수선한 몇 달을 보내야 했다.

"그래, 네 인생인데 잘하든 못하든 네가 하고 싶어 하는 일을, 좋아하는 일을 하면서 살아야지. 그게 그래도 행복한 인생이니까."

"요즘 애들이 꿈 없는 애들이 많다는데 너는 꿈이라도 있으니 그걸로 됐다."

결국 부모는 번갈아 수긍했지만 당시엔 솔직히 마음 깊은 데서는 승복이 되지 않았다. 늦게 낳은 두 아이이기에 부모가 뒤를 돌봐줄 수 있는 세월이 짧지 않은가. 집도 절도 없이 혹여 밥이라도 굶게 된다면 어쩌나. 남이 들으면 웃을 걱정이 영 사라지지 않았다.

아들은 자기 음악인생에 보탬이 되겠다며 영문과를 택했다. 학과공부와 음악을 병행하느라고 고단한 시간을 보냈다. 지금도 그건 마찬가지다. 미디를 배우고 피아노를 치고 작곡을 하고 노래와 녹음을 한다. 시간이 모자라니 자기가 늦게 일어나고도 늦었다며 난리를 쳐댄다.

자식 이기는 부모가 어디 있던가. 또 자식의 인생을 대신 살아줄 수 있는 부모가 세상천지 어디 있는가. 부모가 할 수 있는 건 자식이 가겠다는 길에 축복밖에 할 게 없을지 모른다. 나머지는 아무도 모른다. 자식이 이다음 어떤 사람이 되어 있을지는 여전히 알 수 없어서, 부모는 그저 바라보고만 있을밖에.

온통 고통과 고난의 길이라고 할지라도 그게 너를 행복하게 한다는데 어쩌겠느냐. 아, 그러나 딸은 대학입학생활 한 달 만에 자퇴하겠다니, 역시 좀 그렇지 않아? 자퇴하면 네가 행복하겠느냐, 딸아.

그 애 오빠인 아들이 보여준 성의에, 아들의 누이동생인 딸이 내릴 결정을 엄마는 말없이 기다리고 있는 중이다. 남매가 사이좋게 지내니 사실 그것만으로도 엄마는 흡족하고 뿌듯해서 미소를 짓는다. 일요일 밤이다.

(2006. 4. 2)

딸과 헤어지는 밤

스무 해 넘게 팔 베어주며 함께 잔 딸과 각 방을 쓰게 되는 첫 날이다. 우리모녀는 그만한 세월의 잠자리를 늘 같이하였다. 딸은 그렇지 않겠지만, 엄마는 딸 옆에 누워있으면 왠지 좋아서 졸리지 않아도 일부러 잠을 잤다. 오로지 딸 옆에 눕고 싶다는 단 한 가지 이유로.

딸에게서는 아직도 아기 같은 달큰하고 신선한 우유향이 난다. 로션조차 수없이 잔소리를 해대야 바르는 둥 마는 둥 하는데다가 우유를 워낙 많이 마시기 때문인지, 다만 아기라서인지 그 점은 잘 알 수가 없다. 우유향기를 타고 난 게 아닐까?

드디어 이집에서 제일 큰 방을 자기 방으로 갖게 된 딸이다. 1600센티미터 길이의 책상 두 개를 놓고 책장으로 벽을 둘렀다. 침대머리가 높아, 침대에 누우면 아늑함마저 덤인데 이제나 저제나 언제 혼자 자보겠나 싶었으리라. 엄마 방은 여전히 가득하여 엄마 침대가 보이지 않으니 은근히 애타하며 딸은 인내심 가득한 이십 일 남짓을 보냈다.

언제 딸과 나란히 누워 도란도란 이야기를 하거나, 쿨쿨 자거나, 서로 다정하게 이불깃을 여며 줄 일이 있을런가. 모르긴 해도 그 모두 지난 옛이야기가 될 것이다. 전에 우리엄마가 당신의 어머니인 외할머니와 18살까지 서로 팔을 베어주며 잤다고 자랑한 적이 있다. 이 딸이 한 수 위로 우리 엄마 기록은 깬 셈이니 그 점을 위안으로 삼아 만세를 부르는 수밖에.

딸과 헤어지는 이 밤을 적어놓으려고 사실은 오늘을 일찍 마무리했을 것이다.

즐겁게 헤어지고자 엊그제 이삿짐 속에서 튕겨져 나와 혼자 웃었던 이 엄마의 여중 1학년 때 쓴 글을 딸에게 보여줬다. 까르르하는 딸의 웃음소리를 듣고 싶어서 창피함으로 얼굴이 뜨거운 걸 무릅쓰고 말이다. 예상대로 딸도 허리를 접어 배꼽을 쥐며 까르륵, 까르륵 웃는다. 이 엄마가 웃은 만큼 웃는다. 그러나 너그러움을 보이며 맞춤법과 앞뒤 문맥이 맞지 않음에도 칭찬 한 마디는 잊지 않는 깊고 착하며 성숙한 딸이다.

"오, 엄마, 제법이었는데!"

엄마 덕분에 까르륵 웃은 딸아, 네가 원한 네 방에서 너의 꿈을 펼치고 이루렴.

(2007. 12. 19)

효자 ♪의 방랑기 放浪記

몇 주 전 ♪이 밖에서 심하게 마음에 타격 받은 일이 있다. 집에선 한시도 쉬지 않다시피 시끄럽게 말 많은 ♪님은 내성적이라서 바깥에선 점잖다는 소리를 듣기도 한다. 장점이라면 나쁘고 험한 일, 어떤 수모였을지언정 그 일을 넘기고 나면 지난 일을 교훈 삼아 새로운 의욕으로 팽배해진다는 사실이겠다.

세상에 태어난 후 그만한 모욕을 당해본 적 없는 ♪은 며칠 침식을 잊을 정도로 고뇌에 잠겼다. 이윽고 마음정리를 끝낸 ♪이 위층에서 타타탓 뛰어내려왔다.

"침낭을 사야겠어."
"침낭?"
"여행을 가야겠어. 국내 어디든 일주일쯤 다니면서. 동강으로 가려고."
그 말을 다 듣지 못하는 참을성 없는 엄마는 말허리를 잘랐다.
"침낭에서 자게 할 데가 어디 있는 줄 아니. 너 세상을 너무 모르고, 여행을 너무 모른다."
"왜 못 자. 숲속이나 산장이나 산속이나."
"됐어요. 어딜 떠나려면 공부를 해야지. 계획을 잘 세워야지, 그렇게 무작정."
어느 틈에 주문했는지 침낭이 왔다. ♪은 친구도 함께 가기로 약속했다고 한다. 추석 지나면 바로 떠날 거라고 ♪는 기염을 토했으나 함께 가기로 한 친구가 일이 생겼다며 불참을 통보해왔다. 그 댁에서 이 여행을 믿지 못하는 탓이겠다 싶었다.

"어떻게 하지?"

"본래는 너 혼자서 가겠다던 여행 아니었어? 네 자신 때문에 가겠다고 한 거잖니."

"음, 그렇지. 게다가 여기저기 떠난다고 얘기를 해두어서 가야 한단 말이야."

이번 추석은 다른 해보다 더 분주하였다. 이십여 년간 명절이면 아이네 집일에 묶여 인천에 가볼 염도 못해봤는데 올해는 다 들러오잔다. 인천 엄마는, 살다보니 이런 날도 있구나하며 감동에 감격이시다. 올라올 때는 아이들 부친이 술 한잔 한 탓에 이모부가 운전을 하여 같이 올라왔다. 마루에 발바닥이 닿기도 전에 ♪가 서두른다.

"나 내일 떠나려고. 추석 지나면 떠나겠다고 하였잖아."

"어디로?"

"동강이라니까."

"동강에 가선 뭐하게?"

"그냥 가려고. 침낭하고 기타 들고. 걷다가 노래도 하다가 걷다가. 아, 난 걸을 거라고요."

"걷는 거로는 무슨 소득이 없지. 걸을 거면 여기선 못 걷니."

"아무튼 난 그럴 거라니까요."

♪가 제 이모부와 부친에게도 통고하자 두 남자 어른이 마구 만류하며 온갖 세세한 점을 지적했다. ♪는 무조건 떠나겠다고 고집부렸다.

"그러니까 돈 줘요."

"인석아! 다 큰 녀석이 돈 받아 떠나는 게 무슨 여행이야."

"아, 내 통장은 휴일에는 꺼낼 수 없는 통장이란 말이에요."

아침에 일어나니 ♪는 떠날 준비로 동분서주다. 두 남자 어른의 '그거 다 짐만 된다.'며 말리는 대대적인 참견으로 기타와 침낭은 두고 가기로 결정하는 모양이다. 걷다가 금요일에는 돌아와 계획한 시간표가 있으니 그렇게 살 작정이란다. 그렇든 말든 잔소리를 하지 않으려야 안할 수 없다.

"걷는다는 애가 발목양말이 뭐니. 목이 길고 두툼해야지. 운동화도 좋아야 한단다."

"알아서 할게. 한비야 책이나 줘 봐요."

한비야 씨 책에서 ♪가 내놓으라는 국토종단 책만 빠져 있다. 있었는데 없으니 어쩌랴.

"그럼 아무 책이나 줘 봐요. 가서 잠 안 오면 읽게."

그런 후 대문을 박차다시피하고 급히 여행을 떠난 ♪이 1분 만에 들어온다.

"양말 딴 거 없어요? 벗겨져서 걸을 수가 없네. 이거이거 청량리에서 열두 시 기차 탈 수 있을지 모르겠다!"

양말을 바꿔 신은 ♪은 고꾸라질까봐 걱정되게 다시 달려 나갔다. 얼마 후 전화가 온다.

"여기 기차 안이야. 일단 영월역에 도착할 거야."

어쨌든 무사히 기차까지는 탄 모양이다.

이 엄마와 ♪의 누이동생은 예언을 시작한다.

"이제부터 바를 정(正)자를 그어보자. 전화가 몇 번이나 오는지 보게."

- 영월도착, 동강을 향해 걷고 있다. 한 시간 반 걸린다더라. 아무도 없다. 엄마 무서워! 어, 저기 앞에 한 사람 가고 있다. 엄마 끊어.

- 정선이다. 이만삼천 원에 여관 잡고 정선 시내를 돌아다녀보고 있다. 그런데 뭐든 생각하고 너무 달라. 하루는 자고 가야지. 쪽 팔리니까. 내일 정선오일장 보고 집에 갈 거야.

아니 벌써 온다고? 전화는 3번, 비교적 양호한 숫자다.

다음 날, 식구들이 언제 출근하고 등교했는지 모르는 채 자고 자고 또 자다가 전화벨소리에 으으으 하며 깬 이 엄마. 전화벨 소리는 당연히 ♪다.

- 나 일어났어.

- 나, 정선 장 간다.

- 여기 정선 장인데 되게 시시해. 모란시장이 훨씬 희한한 것도 많고 모란시장이 훨씬 더 장 같아. 그런데 엄만 뭐 사다 줘? 아빠는 전화 드렸더니 옥수수 사다 달라는데. 엄마는 메밀가루 사갈까? 봉평 메밀이라는 게 있는데. 기차가 3시 표거든. 어휴, 그동안 뭘 하나. 여긴 십 분 돌고 나니까 다 돌았어.

현재 전화 3번. 아직은 양호한 숫자지만 3시 기차를 탈 테고, 청량리 도착할 거고, 집으로 오는 진철을 탄 후, 동네에 들어서기까지 4번 정도 더 남았다.

　- 청량리 다 와 가네. 올 때는 생각보다 빠른데, 옥수수 괜히 샀나봐 딥따 무거워.

　- 억! 이거 큰일이다! 어떻게 해야 하지. 옥수수 망에서 벌레가 기어 나왔어! 초록색이고 엄청 커. 막 기어 나와서! 어어어 어떻게 하지? 으으 징그러워! 큰일 났네!

　♪의 여동생은 이미 어제 예언하며 결정문도 써놓았다.

　"엄마, ♪의 언행은 어쩜 그렇게 예상에서 하나도 벗어나질 않지?"

　예상을 벗어나지 않는 ♪의 언행에 이 엄마는 혼자서 웃느라 심신의 고달픔을 잊는다. 그러니 효자랄 수밖에.

　(2007. 9. 27)

　*장래 인기 명사가 될 분의 명예를 훼손치 않기 위해 이름은 ♪처리하였으니 양해 바람."

청출어람1

나의 뇌 용량이 적고 작다고 하면 위로차, 의례적으로, 혹은 진심으로 아니라고들 해준다. 내가 얼마나 아둔한지를 웅변해도 비슷한 위로를 받는다. 얼마 전에도 뇌 용량 이야기를 하더니 또 뇌 용량 타령이냐? 그렇다. 머리가 나쁘면 머리가 평생 고생한다고 하니 말이다.

대학시절 어느 날, 우리엄마와 사주보는 집을 갔다. 사주보는 이가 말했다.

"너의 지난날은 나보다 네가 더 잘 알 것이고, 자신에 대해서도 네가 더 잘 알 것이다. 그러니 나는 네가 모를 앞날을 말하겠다."

물론 그가 말한 나의 앞날은 적어도 지금까지는 맞지 않았다. 지금 와서는 내 앞날이 어떠리라 말했는지 잘 기억나지 않는다. 그나마 인상적이던 대목이 없는 건 아니다. 안개 속에서처럼 뿌연 머릿속으로 멍청하게 그 이 앞에 앉아있는 내게, 그는 나를 일러 총명한 두뇌를 가졌다고 한 정도이다.

국민학교 때가 생각난다. 반 아이들이 어려운 숙제를 척척해오는 데에 나는 경외의 마음뿐이었다. 어쩌면 친구들은 저다지도 똑똑한지, 모르는 게 없는지 그저 멍할 수밖에 없었다. 그런데도 우등상장 중 하나는 왜 꼭 나에게 돌아오는지 도무지 모를 일이었다. 뭐가 잘못돼서 나에게 온 게 아닐까.

결과가 다른 여러 일들이 몹시 혼란스러웠다. 우리 집을 도배하고도 남을 미술대회 상장이라든가, 다른 종류 상장을 받을 때도 뭔가 아연했다. 잘한 것 같지 않은데, 다른 애들이 더 잘한 것 같은데 왜 이런 게 내게로 온 걸까. 그러면 나도 모를 슬픔이 내 안에 가득 고이는 것이었다. 나로서는 도저히 가늠할 수 없는 세상살이와 주변과 아이들. 내가 깊이 이해하며 아는 건, 살아가는 데는 별반 도움이 안 되는 어떤 현상들에 관해서였다.

그리하여 전과와 수련장이 있다는 사실을 안 건 중학생이 돼서다. 그런 건, 전과에 다 있잖아. 시험문제도 수련장에 대부분 비슷하게 다 있었으며 많은 아이들이 담임 댁에서 과외공부를 하였다고도 했다. 세상에는 내가 전혀 상상조차 않고, 상상조차 못하는 다른 일이 많았다.

첫애는 시행착오 속에서 기른다고 하던데 나 역시 마찬가지였다. 아이가 학교에서 숙제를 받아오면 모자는 이마를 맞대고 끙끙대기 일쑤였다. 백과사전이며 지나간 책을 들추고, 잘 돌지 않는 이 엄마의 잿빛세포를 파헤쳐보기도 하며 난리도 아니었다. 아, 왜 이렇게 어려운 숙제를 내주는 거야. 아이 혼자 힘으로 이게 될 숙제야?

고학년이 되고야 아이가 말했다. 엄마, 전과가 있으면 웬만한 건 그걸로 다 된단 말이야.

헉! 전과? 맞아, 맞다! 전과라는 게 있는데, 그런 게 요즘 세상에도 아직 나온단 말이니? 넌 그런 걸 언제 알았니?

그 엄마에 그 아이라서 아이도 그제쯤에야 알았다. 그래도 엄마보다는 일찍 알았다. 청출어람이다.

　모자는 그동안의 아둔함에 가슴과 머리를 치면서, 그러나 환호작약하면서 문방구로 달려 나갔다. 하루에 한 번은 들르던 문방구이건만, 전에도 쭉 늘어놓고 팔았다는데 우리 눈에는 그제야 표준전과 동아전과 수련장, 그것도 1,2학기 그런 식으로 된 걸 처음 보았다. 어찌나 기쁜지 종류별로 몽땅 사겠노라 날뛰었다. 문방구 언니가 필사적으로 말리지 않았다면 모자라는 이 엄마는 다 사왔을 게 틀림없다.

　우리에게 집이 있게 된 지 그새 만1년 반이 되었다. 이렇게 저렇게 하면 된다고 아들 말을 들은 대가다. 거의 10년을 집 없이 살았는데, 아들 말에 의하면 그 10년 전에도 이렇게 하였으면 그 돈으로 세를 살지 않고 집을 살 수 있었단다. 하루에 골백번 엄마를 찾아대는 아들은 끄떡하면 엄마를 이렇게 부른다. 바보엄마야. 바보엄마 어디 갔어? 헤이 바보엄마 뭐해? 그러면 바보가 아니랄 수 없는 이 엄마는 순순히 대답한다. 응, 여기 있어.

　하지만 집 없이 산 10년은 바보인 엄마에게 좋은 경험이었다. 겪지 않으면 모르는 아둔함 때문이다. 겪어도 잊고, 잊고, 또 잊어 되풀이하는 어리석음을 빼놓을 수는 없겠지만 안 겪은 것보다는 겪은 게 학습효과가 조금이라도 더 있다고 생각한다.

　여기에도 교훈이 없을 수 없다. 가장의 뇌 용량이 부족하면 가족이 고생하고 대통령의 뇌 용량이 부족하면 국민이 고생한다는 교훈이다. 우리 집은 다행히 바보엄마가 현명한 자식님 말씀을 들었기에 망정이다.

자식에게 바보소리 듣는 일을 나 같은 바보는 즐겁다고 여기는 편이다. 요즘은 미리 자진신고를 하는데, 그렇다고 하여 바보소리를 면제해주는 건 아니다.

"아, 엄만 왜 이렇게 바보니? 엄만 여태 헛살았어. 창피해, 창피해. 이걸 여태 몰랐어!"

"바보. 엄만 왜 그렇게 바보야? 왜 그렇게 모른 거야?"

"옛날부터 어릴 때부터 엄만 뭘 모르겠더라. 아무것도, 아무것도."

"바보니까."

"응. 그런데 너희들은 어떻게 그렇게 잘 아니? 내가 낳은 거 맞아?"

"그런 건 그냥 아는 거잖아? 조금만 봐도, 생각해도 다 알 수 있잖아?"

청출어람이다.

(2008. 5. 30)

청출어람 2

오늘 수강 끝난 후 시청 앞에 가기 위해 딸은 어젯밤 늦도록 숙제를 마쳤다.

엄마와 아이의 오빠는 아침에 수선을 떤다. 물대포에 고막이 나간 젊은이가 여럿이라니, 3M귀마개를 갖고 우당탕탕 달려 내려온다. 엄마는 저녁까지 먹을 주먹밥, 자우림 1회용우비, 여럿이서 쓸 수 있게 가로세로 4미터비닐, 물.

이따가 조금밖에 참여 못할 거라는 오빠는 작업용보안경을 또 급히 찾아다 동생에게 준다.

양초, 종이컵. 양초 여러 통을 샀더니 이웃 문방구 주인이 '좋은 일 하는데' 하면서 싸게 주더란다. 여분 옷과 양말을 챙기라며 이 엄마는 잔소리다. 밤엔 춥잖아!

어쩌면 수압에 귓속까지 밀려들어갈 수 있다며 남매는 잠시 진지한 의논을 하고 귀마개는 놓고 가기로 한다. 대신 후드 티의 모자를 쓰면 될 것이다.

"잘 다녀와. 조심해. 대치하는 맨 앞엔 서지 마."

전쟁이 일어난 나라도 아닌데, 세상에, 이런 출정식이 있나 싶다. 인터넷소식을 들어 알겠지만 자칫 심각한 부상을 입을 수 있으니 어쩔 수 없다. 무릎보호대와 파이버 같은 것도 필요하다고 한다. 두 아이가 커서 그런 장비는 버린 지 오래다. 잽싸지 못해 순발력 없는 딸이라서 갖고 간 거나

마 제대로 쓸지 모르겠다. 아이는 엄마가 가면 엄마가 걱정되니 오지 말라고 하고, 마지못한 척하며 주저앉은 엄마는 딸이 걱정이다. 오늘은 만화가지망생 언니들과 같이 있을 거라고 하여 약간은 안심이지만 엄마는 그래도 불안하다. 저희들 끼리에서나 언니지 엄마가 볼 땐 다 같이 어리지 않은가.

자식이 촛불항쟁 터에 가있는 부모들 마음은 비슷비슷할 것이다. 자기만 아는 이기주의자로 자라지 않은 걸, 의로운 일을 비켜가지 않는 걸, 불의에 맞서 일어날 줄 아는 걸, 자랑스럽게 생각지는 않더라도 다행으로 여기기는 할 것이다. 그리고 다치지는 않기를 바라는 마음도.

저번 날 아무개선생과 이야기 중에 우주적 관점에서 보면 이 모든 게 가소로운 거니 그냥 놔두라는 소릴 들었다. 그런 이야기야 우리 집에서도 자주 나온다.

엄마도 남매도 사실을 모르지 않는다. 우주에선 지구도 구슬만하고, 그 안에 부서진 유리조각만한 한국, 그 안에 서울, 일개 대통령, 일개 시민, 그야말로 티끌 속에 티끌개미군단의 조그만 아우성이다. 대우주적인 시점에서라면 쇠고기니 대운하니 따위가 얼마나 시시한가를 안다. 그러나 어쩌랴, 바로 그 안, 세상의 시간에서 우리가 비비고 부딪치고 몸과 정신을 문대며 살고 있는 이 엄연함을.

"엄마는 오십 넘어서야 겨우 깨닫는 이치를 너희는 어찌 벌써 아느냐?"
"허, 그런 건 당연한 얘기 아니야?"
청출어람이다.
(2008. 6. 3)

객관적으로 냉정하게

저녁상 자리에서 딸애가 말한다.

"나는 우리 집 음식이 제일 맛있더라. 누구나 자기 집 음식은 맛있는 거라고 애들이 그러던데, 나는 반대야. 누구나 그런 건 아니잖아. 자기 집 음식이라서가 아니라."

이 엄마가 끼어든다.

"그럼, 그럼. 객관적으로. 냉정하게."

"응, 객관적으로. 냉정하게."

"응, 객관적으로. 그래서 걱정이야. 맛있잖니. 살찌잖니. 아무리 조금 먹으려고 해도 그게 안 돼, 그게 안 돼."

아들도 동의한다.

"응, 객관적으로. 우리 집 음식이 맛있다고. 간도 맞고."

아이들 부친은 이 성스러운 대화에 차마 끼어들지 못하겠는지 묵묵히 저작에 열중이다.

"다른 집 음식이나 식당 음식은 맛없어서 먹기 싫어."

전에도 여러 번 들은 소리니까, 저 말을 굳이 듣고 싶어서는 아니다. 그래도 또다시 객관적으로 말해주는 객관성 있는 우리 두 애가 좋다. 신뢰한다.

(2008. 8. 14)

네티즌 선정

아들이 난데없이 음악을 하겠다고 하였을 때 도대체 어쩌려고 저러나 싶었다.

과연 재능이 있긴 한가.

여러 시행착오를 여러 해 겪은 후 아들은 우리 영화음악의 대부라 알려진 신병하 선생 문하에 들어갔다. 선생은 그분의 사이트 홈페이지에 도연에 관한 글을 써놓고, 그 마음이 벅찼는지, 바로 내게 다시 전화하여 게시판에 쓴 거의 그대로 상기된 음성으로 하는 말씀에 나는 다소 안도하였다.

"도연이 작곡에 소질 있습니다. 소질 있어요! 그런데 이거 너무 순수해서, 젊을 때의 나를 보는 것 같아서, 어떻게 세상을 살아낼지, 아, 그게 걱정이에요. 그게 걱정이에요. 도연이 어머니, 도연이 작곡에 소질 있습니다. 내가 도연이에게 그랬어요. 나한테 배우려면 세계에서 최고가 될 각오가 아니면 안 된다고요. 세계에서 최고가 되어야 한다고요."

그러나 신 선생은 그때도 이미 말기 암에 속해 있었다. 세계에서 최고가 될 제자를 끝까지 기다리지 못한 채 세상을 떠났다. 어찌나 애통한지 아들과 아들의 엄마는 오래 선생을 기렸다.

이제는 선생도 계시지 않고 동료는 본래 없는 아들이다. 겨울이면 너무 춥고 여름에는 너무 더운 오로지 열악한 환경, 옥탑 창고에 마련한 허름한 작업실에서 아들은 밤낮없이 혼자 작업하였다. 얼마나 끔찍하고 얼마나 지겨웠을까. 그 시기를 이겨내고 〈달 고양이〉라는 1인 밴드 이름으로 정규앨범 1집이 나왔다. 거친 황무지에 첫 발을 디딘 것이다. 누가 아들을 알며 누가 아들의 음악을 들으랴.

그랬건만 보름쯤 뒤. 눈곱만큼도 기대하지 않고 손톱만큼도 상상하지 않았는데 인터넷 네이버포털 음악에서 이런 글을 읽었다.

「〈네티즌 선정위 추천 앨범〉 달 고양이(Moon Cat)의 [1집 시작 (The Beginning)]

혼자서 모든 것을 다 한다고 해서 그 결과물이 언제나 좋은 것은 아니다. 하지만 때로 혼자이기 때문에 혼자임에도 불구하고 그 결과물이 좋을 때가 있다. 달 고양이(Moon Cat)의 정규 1집 [1집 시작 (The Beginning)]은 도연이 작사, 작곡, 편곡, 노래, 그리고 그 외 프로듀싱 작업을 모두 한 앨범이다. 때론 감미롭게 때론 힘차게 노래하면서 재즈에서 국악까지 다양한 음악적 행보를 펼쳐 보이는 그의 앨범은 완성도와 실험성의 두 마리 토끼를 모두 잡는데 성공하였다고 볼 수 있다. 간혹 정규 앨범 중에는 한두 곡이면 충분할 것을 비슷한 노래의 여러 곡으로 늘려놓은 듯한 인상을 주는 앨범도 있다. 하지만 이 앨범은 한곡 한곡 그 어느 곡도 놓치고 싶지 않을 만큼 다양하면서도 독창적이다. 홀로 보냈을 고독의 시간들, 그 시간 끝에 나온 다채롭고도 완성도 높은 결과물에 응원의 박수를 보낸다. -장유정-」

'홀로 보냈을 고독의 시간들'에서 코끝이 시려왔다. 평생 외로움, 고독 등의 감정을 모르는 사람이어서 내 자식도 그러리라 하며 살았는데, 모르는 남이 아들의 고독한 시간을 말하고 있었다. 그의 말이 맞을 것 같았다. 그러고 보면 엄마인 나는 자식의 입장에 공감능력이 없던 비정한 엄마였던 것이다. 장유정이라는 고마운 선정위원이 누구인지 인터넷 검색을 시작했다. 동명 2인이 나왔고, 그중 누구인지 다시 검색을 좁혀 갔다. 텔레파시로라도 고마운 인사를 하고 싶어서였다.

(2012. 9. 20)

티베트 사자의 서

며칠 전에 문득 그 생각이 났어. 네 생일이 가까워지니 자연스러운 현상이지.

지금 이 집으로 이사 와서 이삿짐이 웬만큼 정리될 때까지 한 달 동안 같이 한 침대를 쓰던 일. 그야 이 집 이사 오기 전까지도 우리는 일산에서 각자 살던 2년을 빼고는 한 침대에서 매일 밤 같이 잤지

어쩌다 엄마가 세미나 참가로 집을 비운 날, 평생 몇 번 가보지 않은 외국여행, 그런 때. 그리고 네가 네 방을 가졌던 너 유년기의 일이 년. 그때는 같이 못 잤어.

이 집에 온 게 2007년이니 우리가 평생 같이 잔 날이? 계산기를 꺼내 계산해 보았다. 엄마가 네게 팔베개를 해주며 잔 세월은 통틀어 15년 정도 되겠다 싶어.

20년은 되는 줄 알았는데 고작 15년이었다니. 앞날에도 우리가, 더구나 너에게 팔베개해 주며 잘 날은 없겠지.

전에 엄마는 당연히 먼저 일어나는데, 너의 무거운 머리(하지만 진짜야)를 받친 엄마의 팔을 가만히도 빼내지 못하고 조금 더, 조금 더, 하면서 그 시간을 누렸어.

엄마 팔은 저리고 아프다 못해 감각이 없어진 참이지만 그마저도 기쁘고 행복해서 말이야.

살면서 보니 과연 모든 것, 모든 일은 한때. 그래서 이 비슷한 유명한 말도 있는 거겠지.

'이 또한 지나가리니….' 혹은 '이 또한 지나가리라….'

미역국을 끓였어. 이제 너에게 갖다 주러 갈 거야.

우미령 조언대로 처음으로 이번엔 들깨가루 미역국을 끓였는데 처음이라 입맛에 맞지 않아도 무조건 먹어야 해.

어느 엄마인들 그렇지 않겠냐만, 너에게 줄 반찬을 할 때 한 칼 한 칼마다 엄마의 정성과 소망을 절절하게 넣거든. 이 음식 먹고 우리 딸 부디부디 건강하고 우주만큼 넓고 깊고 높고 푸르른 사람이 되게 해달라고.

참, '우주'하니 이게 생각난다.

엄마는 언젠가까지 너희를 세상에 내어놓은 일을 참으로 미안해했어. 이 풍진세상을 어찌 헤쳐 나가며 살라고 여린 속살의 아이를 낳았는고! 자탄, 한탄하며 절절매는 마음이었어.

어느 날, 티베트 사자의 서를 보면서 다소 위안 받았단다.

내 잘못이 아니야. 엄마 잘못이 아니었어.

티베트 사자의 서에 의하면, 자식이 부모를 선택하여 오는 거였더라. 네가 선택한 부모, 네가 선택한 너의 인생. 그러니 엄마가 좀 모자라더라도 잘못 선택한 너의 탓이지, 엄마 잘못이 아니야. 아니 네 잘못도 아닐 거야. 대부분의 사람들, 설령 영혼이라고 해도 최상의 선택을 하기는 사실 좀 어려울 거야.

네가 엄마를 점찍어 세상에 나온 데 대해 '이 우선덕 엄마를 통해 세상에 나온 것만 해도 아주 험하게 나쁜 선택은 아니었어.' 그렇게 생각해다오.

그런 생각과 마음을 갖고, 편하고 슬기롭고 너그러우며 풍성하고 풍요로운 내용으로 너의 인생 책을 채워주기 바라.

뭘 해주지 못하여 그저 이렇게 엄마의 책임을 티베트 사자의 서에 떠넘기는 몇 줄 글로 2021년도 5월 22일의 네 생일을 축하하는 중이야. 사랑해 딸아.

(2021. 5. 22)

또다시 고마운 날

오늘은 너와 내가 알고 식구들이 아는 너의 생일.

아까 어제의 자정이 지나 미역국을 끓인 후 냄비 뚜껑을 닫는 차에 네가 작업실에서 올라와 물었다. 맛을 봐도 되느냐고.

물론이다. 왜 미역국을 끓였겠니. 미역국은 아가를 낳은 산모가 먹는 국이지만 그 후에는 아이의 생일에 끓여 먹는 국으로 되었지. 너를 위해 정성 다해 끓였다. 게다가 마침 오래전 너를 막 낳은 시각이었다. 첫 아이답게 어찌나 오랜 시간 진통을 하였는지.

아니다. 빨리 너를 만나고 싶은 성급함에 진통이 오지도 않았는데 준비물을 챙겨 들고 출산 예정일이라며 무조건 병원으로 직행한 탓에 진통 시간이 그렇게나 길었음을 이제 실토한다.

흔히 남을 폄하하며 욕하는 말 중에 이런 말이 있는 게 방금 떠올랐어.

'너 같은 걸 낳고도 너희 엄마가 미역국을 먹었겠지.'

너를 포함해 식구 모두 미역국 먹었어도 욕먹지 않을 사람으로는 살았다. 먹은 모든 음식 값을 세상에 다하고 살지는 못하였지만 말이다.

이제 너의 생일에 내가 해줄 수 있는 건 뜨거워서 시원한 맛있는 미역국뿐이구나.

미역국을 다행히 우리는 모두 좋아한다. 그리고 올해도 너를 위한 미역국을 끓일 수 있으니 고맙기 그지없다. 내가 건강하게 오래 살아 생일마다 미역국을 끓여줄 수 있기를 빈다.

잠시 후엔 전철을 타고 네가 생일선물로 바란 장충동 태극당 빵집 고색(古色)의 생일케이크를 사러 가려 한다. 이 또한 고맙게 그 집은 아침 8시부터 영업하더라. 다녀오마.

네가 공부하고 돌아오면 하이얀 쌀밥에 미역국을 먹고 어린 시절을 떠올리게 해주는 유치한 색감, 얼핏 싸구려로 보이는 질감의 비싼 생일케이크에 초를 꽂고 작은 불꽃을 본 후 우리가 이룬 가장 크나큰 기적과 성공 '살아있음'을 고마워하며 재미있게 케이크를 자르자꾸나.

엄마 블로그에 있는 오래전 너의 흑백 돌 사진을 본다. 큰 인형은 누가 선물로 갖고 왔겠지. 혜성 아줌마 같기도 하다. 외할머니 최분순 여사께서 너의 돌 선물로 정성껏 쓰고 만든 6폭 병풍을 배경으로, 앞의 지전도 떡도 책도 옆의 인형과 장난감 자동차도 마다하며 화초 잎사귀에 관심을 보이던 너. 근처 어른들의 종용으로 할 수 없이 나중에는 금반지를 잡았던가. 그 아기가 자라 이렇듯 어른이 되었네.

어른이라니. 뭉클하구나.

부디 건강하자. 네가 그토록 노력한 대가를 정당하게 받을 날이 기필코 있으리라 믿는다. 그날이 멀지 않았다고도.

아들아 생일을 축하해.

(2022. 5. 2)

8

형제자매

이모의 선물
제망매가
그 우미령 씨가 아닙니다
제부 현옥

이모의 선물

너덧 살에 이미 고아였던 외할머니는 딸 둘을 데리고 24세에 청상과부가 되었다. 저 옛날부터 어느 날까지, 그러니까 우리엄마가 사남매를, 이모는 삼남매를, 합하여 자식 일곱을 낳기 전까지는 외할머니와 이모와 엄마는 세상에 오로지 셋뿐이었다. 세 사람이 자기네 핏줄 전부였다.

일제강점기를 거쳐 육이오전후, 우리나라 사람 거개가 힘든 세월을 보냈다. 그중에서도 가진 것 없고 기댈 데 없는 삼모녀의 나날은 누구의 세월보다 곤고하고 외로웠다. 하필 자매가 혼인한 이모부와 우리아버지 둘 다 독자여서 우리에게는 오로지 서로 이모네밖에 없는 처지다. 그런 만큼 풍진세상을 살아내야 하는 삼모녀의 결속은 참으로 대단했다.

세 가구는 살림을 합해 20년, 그 후 살림을 내고도 거의 매일을 보고 살았다. 서로 중 하나라도 없으면 못살 것 같은 세 사람이지만 언제나 오순도순한 건 아니었다. 외할머니는 큰딸인 이모를 일러 내가 낳았다는 게 믿어지지 않는, 무덤에 가서도 철이 들지 않을 애라고까지 하였다. 이모는 그만큼 예사롭지 않은 성품이었다. 이모네가 분가를 해나간 후 외할머니는 양쪽 집을 오가며 묵으셨다. 우리엄마는 진정 효녀여서, 이모는 욕심이 좀 있어서 당신들 어머니쟁탈전을 벌이곤 했다. 늙은 부모를 맡지 않겠다고 내치는 이들보다는 억만 배 나은 정경이지만 이젠 혼자 살고 싶기도 한 게 외할머니의 진짜 바람이었다.

외할머니가 96살 연세로 영면하신 당시 79살 이모는 바닥을 치며 울었다.

"어머니, 어머니, 나는 어머니가 평생 안 돌아가실 줄 알았어요. 나는 우리 어머니는 영원히 사실 줄 알았어요."

이모의 통곡에는 연유가 있었다. 욕심으로 당신어머니를 강탈하다시피 모시고는 애먼 모진 말도 했던 것이다. 효부인 며느리도 공연히 트집을 잡혔다. 이모 성정이 그렇듯 남달랐다. 틈새에서 이종동생의 처신이 얼마나 힘겨울지 우리는 훤히 짐작하였다. 동생은 자기 집안의 세 여자에게 불문곡직 제각각에 지극정성이었다.

어쨌거나 외할머니가 돌아가신 후 세상에 늙은 자매만 남게 되자 자매는 건강이 급격하게 나빠졌다. 서로를 받쳐주던 삼각형에서 한 변이 무너지면 남은 변이 차례로 무너지는 건 자명한 이치. 삼각형의 해체는 시간문제였다.

그러려해서인가. 장모님과 나란히 누워있는 우리아버지 기일에 이모는 안 돌아가실 줄 알았다던 당신 어머니 묘역을 기어 다니다시피 하면서 온힘을 다해 다듬고 다듬었다. 내가 찍은 동영상으로 다 남아있다. 그렇게 되려고 그날 그토록 열심이었는지, 이모는 다시는 외할머니 묘를 찾을 수 없게 되었다.

당뇨합병증인 이모의 건강이 오늘 돌아가신다, 내일 돌아가신다 하여 나는 몇 번이나 인천에 내려갔다. 그러고 오면 이모의 건강이 도로 좋아지고는 해서 '오늘내일' 했던 말이 거짓 같아져버렸다. 이모에게 치매판정이 나온 것도, 이원규 소설가가 조봉암 평전에 혹시 이모의 증언을 얻을 수 있을까 하여 이모를 찾아갔는데 하필 그즈음이었다. 이모의 치매는 몇십 년을 두고 조금씩 깊어진 거라는 진료소견이 있었다. 이모의 유별났던 성질이 이해되는 순간이었다. 이모의 치매 진행이 그랬기에 똑똑하다 자신하는 이모를 비롯해 식구 누구도 눈치채지 못했던 것이다.

96세 외할머니에 비해 86세 이모는 조기 졸업한 셈이다. 미우니 고우니 해도 하나밖에 없는 언니가 돌아가시자 우리엄마의 슬픔은 처참해서 봐드릴 수 없을 정도였다. 세상에 두려울 것 없이 용감무쌍했던 모녀들 아닌가. 혼자된 엄마의 안위를 누구든 염려하지 않을 수 없었다. 게다가 우리 집 어른은 이종사촌들에게도 우리에게도 극도로 연약해진 우리 엄마 한 분 달랑이었다.

이모는 좋은 계절에 떠났다. 온화하며 삽상한 날씨에 땅 파기 수월한 계절, 나무들이 알록달록 단풍 옷을 입는 계절에. 삼우제에 가니 고작 이틀 사이인데 뗏장이 안착하여 이모부와 합장한 봉분이 붕긋하니 예뻤다. 연도를 올리고 자손마다 이모가 생전 좋아하던 꽃다발을 바쳐 가을의 묘가 꽃동산으로 변했다. 식구는 많지 않은데 상주의 원만한 사회생활을 반영하는 조문객으로 삼우제가 장례식 못지않게 벅적벅적하여 버스를 대절하지 않으면 안 되었다.

상주인 이종동생이 유족 대표로 만장하신 여러분에게 고마운 마음을 전하였다. 동생은 슬픔으로 정신이 없는 우리엄마에게 따로 눈길을 주며 새로이 말문을 열었다.

"이모, 너무 슬퍼하지 말고 너무 걱정하지 마세요. 우리 엄마가 가시면서 이모에게 선물을 하나 하고 가셨어요. 이 조카를 선물로 주고 가셨습니다. 우리 엄마에게 한 것과 똑같이, 아니 그보다 더 잘 이모를 모실 거예요. 두고 보세요. 이모네 네 명 자식보다 저 혼자가 훨씬 더 잘 모실 겁니다. 그러니 그만 슬퍼하세요."

이종동생은, 이모가 우리엄마에게 주고 간 그 선물은, 삼우제 다음날부터 하루도 거르지 않고 안부전화를 한다. 일주일에 한두 번은 반드시 들르고 한 달에 한 번 자기 엄마에게 그랬듯 또박또박 용돈도 드린다. 그 선물이 엄마가 이승에서의 생을 마칠 때까지 그러하리란 사실에 대해 의심해본 적이 없다. 그 애는 그런 애니까. 일주일에 한 번 엄마와의 전화통화조차 놓치기 일쑤인 나는 오늘도 우리이모가 하나밖에 없는 동생에게 주고 간 그 선물이 늘 건강하기를, 하는 일이 부디 잘되기를 거듭 빌고 빌 뿐이다.

(2014. 9. 30)

제망매가(祭亡妹歌)

　가끔 우리 형제자매의 인연과 우리가 맞이할 앞날을 떠올리면 제망매가가 저절로 생각난다. 가만히 눈물도 난다.
　내가 낳은 두 아이를 생각해도 그렇다.
　수많은 길고양이, 그냥 고양이 강아지들이 분양, 입양이라는 이름으로 형제간과 제 어미로부터 떼어져 뿔뿔이 흩어져도 제망매가가 떠오른다. 슬프고 아프고 서럽다.
　그러면 '한 가지에 나고 가는 곳 모르누나'만 확실히 욀 수 있는 나는 검색하여 이왕이면 전문을 보며 눈으로 읊는다.

① 원문
生死路隱 此矣 有阿米 次肸伊遣
吾隱去內如辭叱都 毛如云遣去內尼叱古
於內秋察早隱風未 此矣彼矣浮良落尸葉如
一等隱枝良出古 去如隱處毛冬乎丁
阿也 彌陀刹良逢乎吾 道修良待是古如

② 현대어 풀이
죽고 사는 길 예 있으매 저히고
나는 간다 말도 못 다하고 가는가

어느 가을 이른 바람에 이에 저에

떨어질 잎다이 한 가지에 나고 가는 곳 모르누나

아으 미타찰(彌陀刹)에서 만날 내 도 닦아 기다리리다.(양주동 풀이)

[네이버 지식백과] 제망매가 [祭亡妹歌] (한국민족문화대백과, 한국학중앙연구원)

(2017. 7.8)

그 우미령 씨가 아닙니다

이번 주 거의 일주일간 내 블로그를 찾은 분 중 많은 분이 이 검색어를 넣어 들어왔다.

'우미령'

우미령은 하나밖에 없는 나의 여동생이다. 그러나 많은 분이 검색어로 쓴 그 '우미령' 씨는 아니다. 그 '우미령' 씨는 우 씨니까 넓게 보면 일가이다. 우 씨는 본이 단양 우 씨로 하나이기 때문이다.

우리 자매는 그 '우미령' 씨를 모른다. 전에도 종종 '우미령' 검색어로 들어온 분들이 있어서 나도 검색을 해보았다. 우리 우미령은 분명히 아닌데… 우이령 같은 지명?

그 우미령은 사람으로 내 동생 우미령과 비슷하게 출중한 미모인데 아주 좋은 사업을 하는 분이었다. 사업체의 건강함, 인간, 생명존중 자연 중심의 회사 운영이 회자되어 검색어가 되는 것 같았다. 한마디로 훌륭한 데다 젊기까지 한 분이었다.

그렇다고 내 동생 우미령이 훌륭하지 않다는 말은 절대로 아니다.

내 동생 우미령은 젊은 날의 오랫동안 여러 가지로 모자란 언니 선덕을 보필해준 진정 고맙고 훌륭한 사람이다. 황 씨 집안과 결혼하기 전의 나는 매사 실수가 잦았다. 술은 또 어지간히 마셨어야지. 세상의 술을 다 퍼마셨다.

술 한 모금 받지 않는 체질의 동생은 술꾼 언니 때문에 심신 편할 날이 없었다. 아마 그중에도 최악은 김병총 최인호 이세룡 그렇게들 와와 몰려다니며 이어령 선생 댁을 몇 번이고 쳐들어갔을 때일 테다. 제 언니가 선생 댁 으리으리한 화장실에 저질러놓은 토사물을 남이 알 수 없게 말끔히 처리해야 했는데 당연히 매번 맨손으로였다. 일행도 그만큼 취해서야, 쳐들어가자! 하고 평창동 선생 댁을 버르장머리 없게 습격하고는 했다. 망신창이로 취했지만 동생의 피눈물 날 수고는 두고두고 뇌리에 새겨져 평생 잊지 못한다. 동생은 그때 얼마나 울고 싶었을까. 정신 빠진 언니와 주책바가지 악동 같은 소설가 오빠들을 얼마나 내팽개치고 가고 싶었을까. 가히 성녀 급의 희생이었다.

지금 우미령은 엄마와 같은 아파트 바로 옆 동에 살면서 엄마의 큰딸인 언니 선덕 대신, 선덕이 의당 해야 할 효도를 대부분 맡아한다.

우 씨 집에 둘째딸이 태어나자 엄마아버지는 작은딸 이름을 짓는 데에 서로 주장을 굽히지 않았다. 아버지는 '미령' 엄마는 '미영'을 고집했다. 국민학교 입학 전까지 미령이와 미영이로 각각 불렀다. 총명한 동생은 미령도 미영도 자기인 줄 잘 알았다. 국민학교 입학과 함께 아버지의 승리, 미령으로 낙착되었다.

젊은 시절의 아버지는 상해에서 조국독립을 위해 검여 아저씨와 중경으로 가려고 부단히 노력한 시절이 있었는데 번번이 일종의 사기꾼에 걸려 결국 좌초되고 말았다. 그 때문인지 장개석의 마누라 송미령 여사를 미인으로 여기며 그 가문에도 호감을 가졌던 것 같다. 그리하여 딸을 둘

낳는다면 그중 하나에게 '미령'이라는 이름을 주려고 하였다. 엄마도 동생도 '미영'이라고 부르고 불린 날들을 까맣게 잊었을지 모르겠다.

  1988년 5월 11일에 동생은 서울 강남 목화예식장에서 김병상 신부 주례로 김현옥과 결혼하여 나에게 제부를 만들어 주었다. 이종사촌 합해 우리 일곱 남매에서 김병상 신부님 주례의 축복 결혼식이 아닌 애는 선덕이만 유일하다. 어쨌든 동생은 영양상태가 너무 좋아 결혼식 바로 다음달 6월 10일에 아들을 낳아 나를 이모가 되게도 했다.
  5월의 만삭 신부가 어찌나 아름답고 예뻤던지! 만삭을 빼고 얘기한다고 해도 여태 동생만큼 어여쁜 신부를 본 적이 없다.
  여자 나이 서른 넘어 결혼한다고 하면 너무 늙어 애나 낳을 수 있겠나 하던 비교적 옛날이어서 동생은 어른들로부터 온갖 칭찬을 다 받았다. 정말 잘했다. 장하다. 언니인 나도 그 칭찬의 대열에 끼어들었다. 결혼식 한 달 만에 건강하고 잘생긴 조카를 낳았으니 참으로 훌륭한 솜씨이고, 참으로 기특하다. 다 네 복이로다!
  이 우미령이 그 우미령 씨가 아닌 내 동생 우미령입니다.
  (2022. 12. 9)

제부 현옥

[식구 소식 / 슬픈 소식을 적습니다
부음/故여 우문국 화백의 둘째사위 김현옥
2023년 10월 2일 故고여 우문국 화백의 둘째사위 김현옥
금일 오후 1시경 갑자기 세상을 떠났습니다.]

인천으로 떠나기 전 식구조차 잘 안 볼 고여 우문국 카페 게시판에 소식을 올렸다.
기록을 위해서이다. 덧붙여 썼다.

[2023년 10월 5일 십정동 성당에서 출발 미사 후 장지는 검단 가톨릭 묘지 정신기 안나의 가족묘입니다. 장인 우문국 화백 옆에 자리할 예정입니다.]

그렇다. 우리는 모계사회처럼 외할머니 정신기 안나의 가족묘에 모인다. 할머니 안에서 자손은 모두 동등하다. 할머니가 그렇게 우리를 대하며 키우셨듯이.
할머니의 손자손녀가 가정을 이루며 형제는 배우자가 생긴 덕분에 7명에서 두 배로 늘어났다.
그 14명 형제에서 가장 먼저 세상을 떠난 김현옥이다. 어쩔 수 없는

일이지만 현옥 씨는 장모님 앞에서 먼저 가는 불효를 본의 아니게 하고 말았다.

그동안 중환으로 오늘내일하던 현옥 씨 어머님도 현옥 씨 발인 날, 우리 장례미사 도중 저쪽 병원에서 세상을 떠나셨다. 삼가 명복을 빕니다.

현옥 씨는 그 자신 아이들이 되어 두 집 아이들을 데리고 잘 놀았다.

자기 아이 둘, 우리 아이 둘을 양쪽 팔에 매달고 으샤으샤 하거나 1대 4로 씨름도 즐겨하였다. 재미있어 하는 아이들 웃음소리가 천장을 뚫었다. 우리 집이 이혼가정으로 산 동안은, 내가 집을 비우게 되면 처조카들의 보호자로 장모님과 번갈아 그 시간을 메워주기도 하였다.

아이 넷 다 굵어져 가족여행을 하지 않게 되기 전까지 여름겨울 가는 휴가여행은 무조건 언제나 같이했다. 두 아이 부친 황 선생도 동서인 현옥 씨 덕분에 편하게 휴가여행에 동반하던 것이다.

수십 차례의 여행이 한꺼번에 떠오른다. 제주도 휴가에서는 대형 버스가 앞에 놓이게 되어 유일하게 대형차 운전면허를 가진 현옥 씨가 휴가 내내 기사 노릇을 하였다. 매 겨울 스키장도 물론 빠지지 않고 함께 다녔다.

어느 해 여름 현대가의 어느 리조트였던가. 대단히 높은 산은 아니지만 산꼭대기까지 와르르 올라갔다가 뒤처지는 우리를 데리러 와르르 뛰어 내려왔다가 금세 또 뛰어올라가는 것이었다.

힘이 넘치는 사람이었다. 홍성의 인삼밭 집 태생이라 그렇다고 했다. 겨울에도 찬물로 샤워하여 조카들과 여동생은 그 욕실에 이어 들어가게 되는 걸 질색하였다.

우리 아들이 옛날 18세에 취득한 운전면허를 몇 년 전에야 차 마련하여 이제 제대로 쓰려고 하자 현옥 씨는 출퇴근을 마다하지 않으며 운전연수를 해주었다. 그러는 동안 현옥 씨는 정말 즐겁고 행복해했다.

그런 이모부를 검은 털 가진 두 생물체, 우리 아들과 딸은 이모부 장례미사와 하관하는 날에 참석지 못하게 되었다. 딸은 마감이라고 하고, 아들은 시험이 꼭뒤에 와 있어서였다. 예로부터 검은 털 가진 동물에게는 뭐든 베푸는 게 아니라고 하는 옛 사람들 말이 그냥 있는 게 아니었다. 대신 딸은 입관 날은 마감 전이니 이모부 마지막 모습을 볼 수 있겠다며 서울 근교 변두리에서 일찌감치 인천에 내려왔다.

우리 모녀는 입관실 문 앞에서 미리 기다렸다. 이모부를, 내 제부를, 마지막 보는 것이니 가장 잘 볼 수 있는 자리를 차지하고 싶어서였다. 식구니까 의당 가까이 있을 수 있겠건만, 연도를 바치러 온 신자들도 다수 참례한다기에 욕심을 낸 것이다.

성경책을 든 여러분이 계단에서 내려와 우리 모녀를 제치더니 척척 입관실로 들어갔다. 우리가 먼저 들어가려고 하였는데! 조카들과 여동생이 무슨 연유인지 아직 내려오지 않고 있었다. 그새 예정된 1시 정각에서 몇 분 지났다.

우리 입관식인데 남들만 있어서는 안 되지 않는가. 우리 모녀라도 일단 절차에 참례해야 할 것 같았다. 모녀는 앞선 이들을 따라 급히 들어갔다.

2미터쯤 될 좁은 통로를 지나 입관실이었다. 이미 먼저 들어간 사람들이 시신 발치께를 둥글게 에워싸고 있었다. 바삐 들어간 우리 모녀에게 다행히 머리맡 자리가 남았다.

꽃에 둘러싸인 시신은 얼굴 쪽만 나와 있었다.

응? 우리는 저렇게 하지 않기로 하였는데?

한 달 후 있을 큰조카 결혼식 날 손잡고 들어갈 현옥 씨 맞춤양복을 그즈음 미리 한 번 입어봤던 현옥 씨였다. 또 가기 전날 저녁은 한 달 후 며느리가 될 아이와 두 아들과 행복한 저녁식사도 일부러 하였다. 그러니 한 치 앞을 모르는 게 인생이었다. 건강하다고 알고 있는 현옥 씨에게 산책 중 심정지가 오리라고, 구급헬기를 타고 병원으로 이송 도중 세상을 떠나리라고 그 누군들 상상이나 했으리.

두 조카는 아빠가 결혼식 날 입을 예복양복과 구두를 신고 천국에 가주기를 바랐다. 장의사도 이해하였다.

꽃에 싸인 시신의 얼굴을 보자마자 딸과 나는 놀란 눈빛을 마주쳤다.

헉, 엄마, 우리 이모부가 아니야! 아니, 우리 현옥 씨가 아니네!

분칠을 곱게 하였지만 현옥 씨보다 15년 정도는 더 늙은 쭈글쭈글한 노인이었다.

시신을 빙 둘러선 이들 모두 우리 모녀를 이상한 눈길로 바라다보았다. 누군가가 물었다.

－그런데 누구세요?

딸의 손목을 다시 꽉 잡아끌며 황급히 그 입관실을 나왔다. 그제야 2층 계단에서 우리 식구들이 내려오는 참이었다. 우리는 그 옆 2호 입관실이었다.

여동생과 조카들과 서서 세상에서 보는 마지막 모습, 현옥 씨의 차가운 뺨과 머리카락과 장갑 낀 손, 결혼식 예복양복 입은 다리며 종아리를 어루만지고 쓰다듬었다. 아, 바보 같으니라고, 왜 이렇게 가버리는 거야! 구두를 신은 발을 보니 너무 서럽다. 키 큰 현옥 씨가 더 길어져 버렸다. 냉동실에서 너무 오래 있게 된 현옥 씨의 뺨에 산 사람의 온기가 닿아 분장한 화장품이 녹아 나왔다. 손바닥, 손길이 닿은 자리의 분장이 지워져 얼룩이 생겼다.

"아빠!"

"아빠!"

두 조카는 오열하고 모두의 뺨에도 눈물이 철철 흘렀다. 식구들이 애타하며 쓰다듬어 흐트려놓은 머리카락을 여동생은 손가락빗으로 쓸어 올리고 쓸어 올렸다. 뺨에서 밀려나가 얼룩진 파운데이션을 고루 펴주려고도 하였다. 얼음이 된 뺨에서 파운데이션은 이리저리 밀렸다.

발인 날은 십정동 성당에서 출발미사를 올렸다. 백석 가톨릭묘원 정신기 안나 할머니 가족묘에 현옥 씨는 안장되었다. 저녁에 본 아빠를 다음날 오전에 갑자기 잃은 두 조카가 절대로 화장터 화장은 안 된다며 간절하게 원한 매장이어서 조카들도 우리도 그나마 위안이었다. 또 왕할머니와 외할아버지가 함께 계시니 그 점도 위로가 됐으리라.

현옥 씨, 이렇게 좋은 날씨에 갔구나. 덥지도 춥지도 않은 10월 2일.

잘 가요. 즐거운 일도 있었고 속상한 일도 있었지만, 잘 가요, 편히 쉬어요. 안녕.

어차피 자주 올 거야.

(2023. 12. 2)

9

사랑과 행복에 관하여

실연당한 나
인어공주
운명
행복의 어려움
행복한 위험
스승열전

실연당한 나

나는 세 번 실연을 당했다.

하나는 좋아하던 오빠가 내가 여고 1학년 때 다른 여자와 결혼해 버린 것이고, 하나는 여고 2학년 때 자기가 뒤를 따라와 놓고는 내가 대학생이 될 때까지 기다려주겠다고 약속한 남자애가 약국집 동생이란 여자애와 눈이 맞아버린 것이며 다른 하나는 대학시절이었다. 그 모두 선천적으로 명랑하고 낙천적인 나를 슬프게 하지는 않았지만 자존심의 여러 부위에 금이 가게 한 건 사실이다.

첫 번째 사연은 혼자 좋아했으니 혼자 감당해야 할 일이고, 두 번째 세 번째는 달랐다. 자랑을 좋아하는 나는 남자애가 따라온 일을 엄마에게 신나게 털어놓았던 것이다. 세 번째 경우는 일부러 말하지 않아도 저절로 유명해져 버렸다. 같은 과 남자애여서 과내시선이 집중되었다. 남자애가 새로 맞춘 짝은 초급대에서 우리과로 편입해 온 부잣집 딸로 소문난 애였다. 변심을 정당화하기 위해 지어낸 남자애의 악성 거짓말이 항간에 떠돌았다. 심지어 신입생들을 모아놓고 오리엔테이션까지 했다는 이야기를 신입생에게서 직접 전해 들었다. 내가 얼마큼 나쁜 애인가를 구체적인 이야기를 만들어 유포했다나 뭐라나.

대학도 사회이고, 사회란 그런 게 먹혀들어가는 곳이었다. 나는 우리과 거의 전체학년 애들에게 소외되는 신세가 되었다. 아무도 내게 말을 걸지 않았으며, 내 옆을 지나는 아이들은, 똥은 더러워서 피한다는 표정을 지었다. 그런 애들을 아쉬워할 것은 전혀 없었다. 똥이 더러워서 피하기는 이쪽도 마찬가지였으니까. 다만 남자애 무리와 어울려 술 퍼마시고 다닌 동안 펑크 난 학점이 문제였다.

문득 정신 차리고 보니, 1학년 2학년 합해 따놓은 학점이 16학점이었다. 여자 친구 은옥과 혁민 2명이 새로 생겼다. 루머에 상관 않는 꿋꿋한 애들이었다. 학점 구제 방법도 두 친구가 알려주었다. 재수강과 여름학교와 겨울학교가 있었다. 그 정도로 반편이 나였다. 나머지 학창시절은 두 친구와 보냈다. 4학년이 되면서 거처를 김우종 선생님 댁 별채로 옮겼다. 우연찮게 사모님 눈에 들어 그렇게 되었다. 양갓집 처녀들인 두 친구는 자정이 되기 전에 귀가하는 애들이고 나는 시간이 많아졌다.

재수강, 재수강에도 불구하고 남는 시간이 많아 무엇인가 끼적거렸다. 두 친구가 신춘문예 제도를 알려준 덕분에 나도 몰래 냈다. 야망은 있지 않았지만 상금은 필요 있었다. 제도를 안 첫 해에는 혁민이가 조선일보 소설 당선을, 이듬해 졸업반에는 두 친구 몰래 낸 내가 한국일보 소설 당선이 되었다. 나는 느닷없이 소설가가 돼버리고 말았다.

운명이 만들어져 있는지 만들어나가는 것인지는 잘 모르겠다. 오빠와 진짜 사랑을 하게 돼 결혼하였더라면, 그 녀석이 약국집 딸과 정분이 나지 않았더라면, 우리 과 남자애와 맺어졌더라면, 여자 친구 2명이 새로 생기시 않았더라면, 내 모습은 지금 다른 모양을 하고 있을지도 모른다 초라한 주막집의 주모노릇을 하며 술이나 퍼마시고 있었을지 모를 일이다.

신(神)은 언제나 내 편이라서 나에게 좋게만 해준다고 나는 믿고 있다. 그렇기에 신은 그 남자애들이 나에게서 떨어져 나가게 해준 거라고 말이다.

지난해던가. 약국집 동생과 정분난 녀석이 술집 여자들을 전전하다가 불행해졌다는 이야기를 들었다. 그러니 그만 그 녀석을 용서해주라는 말도 곁들여 들었다. 하필 비슷한 시기에 한때 우리 과였던 남자애도 그 부잣집 딸이라는 애와 결혼하여 더할 나위 없이 불행해졌으니 그만 용서해주라는 권유를 후배로부터 받았다. 전해들은 이야기들을 절친한 내 친구에게 해주었더니 친구가 물었다.

아, 그래, 너 옛날에 그런 일 있었지? 걔들 이름이 뭐였지? 뭐였더라?

나도 그 애들 이름이 얼른 떠오르지 않았다. 과거란 그런 것이다.

올여름에는 나를 배신하고 간 오빠를 만났다. 마흔 중턱에 와있는 오빠는 내가 사춘기가 될 때까지 실연의 시를 쓰게 하고 시시한 잡문도 끼적거리게 만든 장본인인데 미국에 산다. 오빠는 자기가 나를 배신했다는 사실 자체를 모르는 눈치코치 없는 숙맥이다. 아주 행복해 보인다고 오빠가 말했다. 물론이다. 오빠는 딸만 내리 셋인가 넷을 낳았지만 나는 단번에 똘똘하고 예쁜 아들을 낳은 실력이다.

두고 봐라, 나는 기똥차게 멋있는 사람이 되어 오빠가 나를 선택하지 않은 걸 두고두고 후회하게 해줄 테다. 내 말에 오빠도 나도 큰 소리로 마구 웃었다. 웃음 끝에 내 눈초리에 눈물이 조금 묻어났는데, 실연으로 인한 내 열등감이 스스로 조금 안쓰럽고 측은해서였을 것이다.

(1987)

인어공주

지난해 내내 인어공주에 사로잡혀 있었다. 인어공주를 생각했다.

바다 속 인어나라의 열다섯 살 된 막내 인어공주가 지상에 사는 왕자를 짝사랑하여 사람이 되고 결국 사랑을 이루지 못한 채 죽게 되는 인어공주의 이야기를 모르는 이는 없으리라. 그렇지만 우리애가 이야기를 졸랐을 때는 그렇게 간단히 설명해 줄 수가 없었다. 그래서 그림이 잔뜩 그려진 동화책을 안겨주고 이야기 테이프를 들어주었다.

"사람이 되고 싶어요."

"좋아, 사람이 되게 해주지. 그 대신 너의 아름다운 목소리는 내게 주어야 한다. 그래도 너는 얼굴과 모습이 예쁘니 왕자님이 좋아하게 될 게야."

"말을 하지 못하게 되어도 좋아요. 왕자님만 볼 수 있다면."

"이 약을 먹으면 몹시 고통스러울 거다."

"고통스러워도 좋아요."

"사람이 된 후에는 내딛는 걸음마다 발바닥이 에이는 아픔을 느낄 것이다."

"그래도 좋아요."

"만약 왕자가 다른 여자와 결혼한다면 너는 물거품이 되어야 해."

"물거품이 되어도 좋아요."

물거품이 되어도 좋다니? 나는 쓰던 원고를 밀어놓고 아이 옆에 가서

앉았다. 처절하고 아름다운 대사였다. 내 원고 속에 있는 대화는 몹시 옹색하고 하잘 것 없었다. 아이가 펴고 있는 책을 들여다보았다. 거기에 거의 이십 년 만에 다시 만나는 인어공주가 있었다.

말을 하지 못하게 되어도 좋아요.
물거품이 되어도 좋아요.

몇 번이고 되뇌어졌다.

내 사랑이 물거품이 되어도 좋다고 생각한 적은 단 한 번도 없었다. 내가 쓰는 소설에서조차도.
목소리를 빼앗겨 내 사랑의 말을 전하지 못한다면? 발걸음마다 고통을 느껴야 하고, 마침내 나 혼자만 물거품이 되어 사라져도 좋다? 그렇게 공평하지 못한 사랑을 나는 할 수가 없었다. 물거품이 되어도 좋아! 맹목의 사랑을 해본 기억이 과연 있긴 한 것일까.
언제나 내가 하고 있는 사랑은 인정을 받아야 했다. 내가 하는 선행은 마땅히 신이 눈여겨보고 그에 상응한 은혜를 내게 내려줘야 한다고 응석부렸다. 나의 모성애라는 것도 그 타령이었다. 아이의 균형 있는 성장, 나가서는 우리애가 특히 나를 사랑하기를, 나는 내가 아이에게 주는 사랑의 대가로 당연히 요구했던 것이다.

종교란 무엇인가. 예수의 보혈에도 인류의 죄 사함과 구원이라는 전제가 붙어 있다. 또 예수는 말한다. 내가 너희를 사랑하듯이 너희도 나를 사랑하라. 그 '나'는 병들고 불쌍한 이들로 대치된다. 그러나 요구가 있고, 그러면 어떻게 해주리라는 상벌이 있으니 결코 물거품이 아니다.

　물거품까지도 수용하는 사랑은 어리석은 것일까. 지고지순한 것일까. 그 점을 가늠할 수 없어 혼란스럽다. 해독할 길 없는 순백의 사랑이 순백의 도화지에 펼쳐져 있는 인어공주. 위대한 안데르센에게 영광을! 마음으로 그저 외칠 뿐이다.

　(87. 1)

운명

도장 두 개를 써왔다. 둘 다 막도장에 가까운 나무도장이다. 하나는 우선덕이라는 한글도장으로 10여 년 된 것이고 이것으로 인감을 내고 인지를 찍을 때 주로 사용했다. 또 하나는 우지향(禹志享)이라는 한자 이름인데 우선덕이라는 이름이 나쁘다 해서 등단 당시 필명으로 쓰려고 바꾼 이름이다. 그러나 어느 신문사, 잡지사에서도 우지향이라는 이름을 사용해주지 않아 뜻을 이루지 못했다. 다른 작가들은 본인의 의사대로 필명을 잘도 바꿔 사용하던데 내 경우는 우선덕 이름이 작가답고 좋다며 우지향을 써주지 않으니 불가항력이었다.

나쁘다는 것은 싫다. 궁리 끝에 우지향 도장을 만들어 은행도장이라도 해야지 했던 게 한 7년 정도 사용했다. 어쨌든 도장 두 개 다 길이 들고 정이 들어 남들이 상아도장이니 옥도장이니 해도 관심이 없었다. 내 취향에는 나무도장이 맞았다.

그렇게 오래 쓴 도장 두 개가 동시에 한꺼번에 싫어졌다. 변덕이 난 것이다. 들여다보면 글자 새김이 품위가 없고 가늘었다. 그동안 관록 있게 길이 났다고 생각하던 손때가 너저분하고 초라하게만 여겨졌다. 도장 하나 바꾸고 싶다고 생각하게 되었다. 하루가 지날수록 그 기분은 더욱 강렬해졌다. 이 도장은 싫다, 왠지 정말 싫어졌다. 빨리 새로 하나 만들어야겠다.

사람들만 보면 어디 도장 잘 새기는 집 아느냐고 물었다. 동네에 하나 있긴 한데 아이들 막 도장 만들 때 보니 내가 원하는 글씨체가 아니었다. 외출이 드문 나는 어쩌다 밖에 나갈 일이 있으면 아는 이들에게 물었다.

"어디 도장 잘 파는 집 알아요? 왜 옛날에는 도장 파는 할아버지들이 사무실에 들어와 도장 파주고 갔잖아요? 보면 아주 글씨도 좋고 그렇던데."

요즘은 그런 사람들을 통 못 보았다고 그들은 대답했다.

"글쎄, 종로나 청계천에 나가보면 또 몰라."

시내 나가면 여러 일을 보고 서둘러 들어와야 해서 종로나 청계천까지 어슬렁거려 볼 엄두를 낼 수가 없었다. 몇 년 만에 만난 후배에게까지 도장 이야기를 했더니 아주 간단하게 대답을 해주었다.

"돈 좀 들여요 언니. 그 왜 무슨 당, 무슨 당, 해서 도장 파는 유명한 집에 가서 만들면 되잖아. 언니도 그런 도장 가질 때 됐어."

아참 그렇구나. 그런 도장 가질 시기가 따로 있지는 않을 테지만 잘 만드는 집 찾던 길이다. 유명한 집이면 확실히 잘 만들어 주긴 하겠다. 그러고 보니 우리 집에도 그런 집에서 만든 도장이 하나 있긴 하다는 생각이 났다. 전에 애들 아버지에게 들어온 뇌물성 도장인데 부귀영화가 따르는 몇십만 원짜리라고 애들 아버지가 자랑한 적이 있다.

좋다. 부귀에 영화까지라니. 그런데 그런 도장집은 또 언제 시간을 내어 갈 수 있단 말인지 원고가 밀려 조금도 외출할 틈을 낼 수 없었다.

"그럼 전화번호를 찾아 전화를 해보면 되지요."

찬거리 사러 나갔다가 즉석에서 두툼한 전화번호 책을 뒤져 무슨 당

중의 한 집과 드디어 통화가 되었다. 말인즉슨 너무나 간단했다. 전화주문도 받으니 주문하고 돈만 부치면 된다는 것이다.

"그런데 저희 집은 좀 비쌉니다."

"네, 알고 있어요."

몇십만 원 한다는 소리겠지.

"그럼 맞추시겠습니까?"

"당연하죠."

"무엇으로 하실 겁니까? 옥이나 상아는 오만 원 대부터 있고…."

오만 원 대라? 각오하고 있던 것보다 훨씬 싸다. 몇십만 원이라고 그렇게 겁들을 주더니.

"예, 그런데 저는 돌 종류보다는 나무가 좋은데요."

"예, 나무는 좀 더 비쌉니다."

"어머, 그래요? 왜 그렇죠?"

"하하… 비싸니까요."

뜻밖이다. 옥이나 상아의 재질이 훨씬 비싼 줄 알았는데 너무 이상하다.

"어쨌든 나무로 해주세요. 저는 돌은 싫으니까요."

"대추나무는 십오만 원입니다."

"나무는 대추나무가 제일 좋은 건가요?"

"벼락 맞은 대추는 삼십육만 원입니다."

"예? 오호호… 벼락 맞은 대추요? 그건 또 뭐예요?"

"벼락 맞은 대추죠 뭐."

"그런데 그건 왜 그렇게 비싸요? 어떻게 달라요?"

저쪽 입에서 벼락 맞은 대추 소리가 나올 때도 웃음이 나오고 내 입으로 벼락 맞은 대추 소리를 할 때도 웃음이 나왔다. 정말 우스웠다. 벼락 맞은 대추, 왜 하필 벼락 맞은 대추인가?

"달라요?"

"다르죠."

"어떻게 다르죠?"

"보시면 알죠."

"그걸 어떻게 알죠?"

"그냥 믿으셔야죠."

어쨌든 도장을 주문했다. 36만 원짜리는 너무 비싸 그냥 대추로 하였다. 그랬더니 저쪽에서 하는 말이 괘씸했다.

"알았습니다. 그런데 그냥 대추로 하면서는 부자가 된다든가 잘 된다든가 하는 것은 아예 생각도 마세요."

"뭐라고요? 아니 여보세요! 그게 무슨 악담이에요? 세상에! 그런 일을 하는 분이 덕담은 못할망정 손님에게 악담을 하다니요?"

보통 괘씸한 게 아니었다. 취소하고 싶었지만 사실 전의 도장은 이제 바라보기도 싫었고 도장은 하루가 급하게 필요했다.

"죄송해요."

다행히 저쪽에서 그렇게 나왔다. 순간 나의 화도 조금 풀렸다. 그런데 저쪽에서는 계속해서 말했다.

"그렇지만 사실이 그런걸요."

괘씸한 화보다는 그때는 웃음이 쿡, 하고 나왔다.

"좌우지간 나는 그냥 대추로 하겠어요. 대금을 부치면 언제 도장이 오지요?"

"저 말이죠, 이렇게 하시죠. 그냥 대추로 하시되 거기에 복채로 삼만 원 더 올려서 십팔만 원 부치세요."

"아니, 왜요? 무슨 복채요? 도장에 뭘 하나요? 거기에 무슨 주문이라도 외워요?"

"아니죠. 그러면 우리 사장님이 직접 파시거든요."

"그래요? 그렇지 않으면 누가 파는데요?"

"제가 파죠."

"댁은 누구신데요?"

"총뭅니다."

그럼 그 사장인가 하는 이는 신통력이라도 있단 말인가. 그렇지는 않다 해도 그 비슷한 무엇이 있나보다. 아유, 모르겠다. 36만 원짜리까지는 못 해도 좋은 게 좋은 거니까.

거금 18만 원을 우체국 전신환으로 부쳤다. 나흘 후쯤 도장이 도착했다. 가격 때문인지 꽤 마음에 들었다. 전에 쓰던 도장과 비교조차 할 수 없었다. 비슷한 나무재질이지만 글씨 모양이 다르고 우아하고 품위가 있었다. 흡족했다.

거기서 끝났으면 좋았을지 어쨌을지는 모르겠다. 몇 년 전부터 사주계의 스타로 암암리에 소문난 정지영 감독 집에 전화를 넣으며 이야기는 거기서부터 새로 시작되었다.

"그러지 않아도 일주일 전부터 전화를 하려고 했는데 안산 시내가 쭈욱 전화불통이었어."

소문 난 사람은 정 감독이 아니라 물론 그의 부인이다.

"어제서부터 전화가 되는 거야. 그래서 전화를 할까 말까 하고 있었지."

"어머, 왜요?"

"응, 사실은 도장 하나 만들라고 하려고. 거긴 도장을 많이 쓰잖아."

"도장이요? 도장! 아이 참, 나 도장 하나 만들었어요. 그래서…."

앞뒤 옆을 이야기했다.

"아이, 더 주더라도 벼락으로 하지."

"왜요? 도대체 그건 어떻게 다른 건데요?"

벼락 맞은 대추는 아예 사주팔자를 뛰어넘는 액땜의 효과를 갖고 있다고 했다. 그저 지니고만 있어도 좋단다.

"도장 이야기는 그만두지 뭐. 그냥 대추를 그렇게 비싸게 했는데 또 도장 할 수는 없잖아. 사실은 내가 벼락 맞은 대추를 몇 개 얻어서 하라고 하려고 했는데 그만둬."

전에도 엄마에게 소리를 들었다. 명색이 지식인이라는 애가 저 모양이라는 것이다. 꼭 믿어서는 아니고, 일단 흥미 있고 그다음은 좋은 게 좋은 거라는 생각에 몸조심하고 술 조심도 하고 그러기는 했다. 술 조심을 하면 실수를 덜하게 되고 몸조심을 해도 마찬가지니 액운이 들었든 아니든 좋을 것은 당연한 이치였다.

여기서 나의 그 좋은 게 좋은 것이라는 사고방식에 발동이 걸렸다. 벼락으로 다시 하겠다고 졸랐다. 애초 무슨 당에서 몇십만 원 주고 했다고 여기면 되는 것이다. 그리하여 드디어 벼락 맞은 대추 도장을 갖게 되었다.

그냥 대추와 벼락 맞은 대추는 그럼 어떻게 다른가. 쓰임새는 같았다. 도장을 찍는 일에 사용한다는 것 말이다. 더 부자가 되는지 아플 게 아프지 않은지 그 효력은 모르겠지만 그냥 대추와는 비교할 수 없게 장엄한 느낌마저 드는 재질이었다. 같은 대추나무인데도 벼락 맞은 대추나무는 거뭇거뭇하고 단단하며 돌만큼 무거웠다. 그냥 대추일 때도 마음에 들었는데 벼락대추는 마음에 든다 할 정도가 아니었다. 벼락대추를 그냥 대추에 비교한다는 일은 벼락대추에 대한 모욕이었다.

와, 이렇게 좋은 걸 나 혼자? 더구나 진품은 그렇게 구하기 어렵다는데….

우선 두 아이 도장을 하나씩 하고, 사방팔방에 전화로 소문을 냈다. 일이 있어 나가면 만나는 이들에게 도장 이야기를 했다. 그렇게 되어 여동생 가족을 비롯해 아주 많은 이들이 안산에서 받아온 벼락 맞은 대추를 한 개씩 품고 다니게 되었다. 여동생은 벼락 맞은 대추로 십자가를 만들어 우리 신부님에게 선물도 했다. 그야 신부님은 벼락 맞은 대추가 어떻다는 건 모르지만 동생 딴에는 마귀에게서 신부님을 지켜드리자 해서였다.

이 모든 짓에 밥 먹고 살만하니까 라는 비난의 소리도 들렸음 직하다.

사주팔자, 사람이 태어나는 순간부터 함께 갖고 나온다는 운명에 대해 생각해보았다.

전에 사주팔자를 믿는지 아닌지 하는 여성지 특집이 있었다. 거기서 나는 사주팔자를 믿으며 다사다난하다는 나의 팔자에 몹시 만족한다는 글을 쓴 적이 있다.

지금도 나는 사주팔자, 운명 등을 믿는다. 다사다난하고 때로 영광도 있다는 내 사주 내용과 달리 평온한 날이 지속되면 불안과 불만이 동시에 엄습해 온다. 그 삶은 너무 맹물이고 나는 맹물은 싫은 것이다. 사주가 평탄하다는 사람 이야기를 듣게 되면 마치 나의 일처럼 평탄한 사주팔자 주인공에게 연민마저 느낀다. 아아 저 사람의 인생은 얼마나 재미없을꼬.

직선은 재미없다. 굴곡이 아름답다. 노인의 험한 주름살이 아름다움일 수 있는 것처럼 부대끼는 삶이 조금 더 낫다.

아니, 벼락 맞은 대추로 도장을 하고 부적까지 하나 차고 다니는 주제에 그런 말을?

아니, 답은 간단하다. 내가 원하는 운명은, 보다 높은 질의 험난함이며 질곡의 헤침 속에서 '행운'이란 단어는 비로소 생명력을 갖는다는 생각이다.

(1991. 가을)

*부연附椽: 이 글은 91년 가을 것이다. 거기서 얼마가 지났나. 내 개인을 말하자면 그 훌륭한 도장을 쓰면서 내 인생은 더 그래졌다. 세상 사람들 시각으로 파란이 많은, 그 길을 지날 때 물론 힘들었지만 뒤돌아보니 괜찮았다. (2005. 3. 5)

행복의 어려움

요즘은 김민기 씨 노래를 듣고 있다. 다른 이들은 어떤지 몰라도 내게는 그의 낮은 음성이 더할 나위 없이 편하다. 듣고 있노라면 〈잘가오〉라는 노래를 만난다.

먼길 가는 친구야 이 노래 들어요
나 가진 것 하나없어 이 노래 드려요
언제나 또다시 만나게 될런(는)지
잘가시오 친구여 부디 안녕히

짧은 가사에서 마음을 끄는 부분은, 나 가진 것 하나 없어 이 노래 드린다는 대목이다. 들을 때마다 그 소절에서 가슴 아릿한 통증이 온다. 가진 것 하나 없다시피 한 내 상황을 떠올리게 되고 그래도 사랑하는 이에게 무엇을 주어야만 하는 입장이 된다면 몹시 마음 아프며 막막해진다. 노래는 더 깊고 큰 의미를 담고 있을지 모르지만 내 상상력은 현실적이고 속되다.

그래야 하게 되면 얼마나 딱한가, 얼마나 기가 막힐까. 그러다가 다시 생각한다.

아니다. 노래 속의 이 사람은 행복하다. 가진 것 하나 없어도 노래를 줄 수 있다. 그만한 재능이 있으니 재능이 없는 처지보다 훨씬 행복하다.

그 후에 또다시 생각했다. 과연 그 재능이 행복일까? 무엇인가를 주고 싶은데 노래밖에 줄 수 없는 처지를 행복으로 여길까? 공공연히 재능을 행복이라고 한 내 말에 회의가 일었다. 내 말은 거짓이며 공허한 메아리에 불과했다. 현실적이고 속된 나로서 그 입장은 여전히 행복일 수가 없다.

행복이란 마음먹기에 달려있고 행복의 파랑새는 산 너머 어디 먼 곳에 있는 게 아니라 바로 내 근처, 내 안에 살고 있다고들 하지만 남을 말하기는 얼마나 쉬운가. 행복한 마음을 내가 갖기란 얼마나 어려운 것인지.

(1993. 5)

행복한 위험

밤이 되면서 비가 더 많이, 억수로 퍼붓기 시작했다.

꼼짝달싹 못하고 있는 차량들 틈바구니에 끼어 몇 시간을 그저 서 있었다. 도로의 수도관 파이프가 터졌고, 데모가 있었으며, 거기다 폭우까지. 그래서 교통사정이 그 모양이라고 했다. 날아가는 수는 없으니까 국으로 가만히 있을 도리밖에.

겨우 정체가 풀려 88도로를 달렸다. 엄청난 양의 빗줄기가 앞창을 덮는다. 어디 비뿐인가. 앞차 옆 차에서 내깔기는 빗물세례. 순간순간 절망 같은 암흑이 덮친다. 엎친 데 덮치는 격이 되어 차가워진 바깥 기온으로 차창에는 끊임없이 뿌연 성에가 시야를 또 가린다. 등줄기와 손바닥, 발바닥까지 진땀으로 흥건하다.

아파트 단지 입구가 빗줄기 속에서 따뜻한 색깔의 조명등을 밝히며 반갑게 다가온다. 시내에서 집까지 들어오는데 무려 3시간 하고도 30분. 새벽 2시 30분. 이미 어제가 아닌 오늘이 되어 있다.

아파트 단지 입구 높은 턱을 넘으며 생각한다.

재미있었다. 심심하지 않았다 짜릿했다. 진정 살아낸 것 같다 오늘은, 아니 이미 어제인가. 예상치 못한 함정의 물구덩이, 막막한 기다림, 예기치 못한 물벼락, 절벽 같던 희뿌연 수증기까지.

인생도 이와 같아 탄탄대로의 맑은 날씨뿐이라면 얼마나 따분하고 싱거우랴. 내게 주어진 생(生)을 사랑한다. 진정.

(1993)

스승열전

수레의 두 바퀴를 부모라 치면 이끌어 주시는 분 우리 선생님
참되거라 바르거라 가르쳐주신 스승은 마음의 어버이시네
아아 고마워라 스승의 은혜 아아 보답하리 스승의 사랑(1절)

스승의 날이 아니라도 노래 부르기를 좋아하는 나는 스승의 날 노래를 자주 부르는 편이다. 노래를 흥얼거리다 보면 이끌어 주시는 분에서 벌써 마음이 뜨거워지면서 눈물이 나기 시작한다. 스승의 은혜는 하늘 같아서 우러러볼수록 높아만 지네, 그 노래처럼 늘어지는 노래가 아니고 비교적 빠르고 경쾌한데도 그렇다. 이상성격에 취향인지 늘어지는 어버이날 노래나 졸업식 노래는 좋아하지 않고 삼박자 노래를 선호하며 거기에서 콧등과 마음이 시큰해지고 눈물이 들어차는 것이다.

높고 높은 하늘이라 말들 하지만 나는 나는 높은 게 또 하나 있지, 이렇듯 동요조로 명랑하게 나가는 중에 목이 메고 콧물이 막혀서 끝까지 못 부르고 만다.

졸업식 노래도 그렇다. 잘 가시오 잘 있으오, 슬픈 유형의 노래보다는 우리 두 아이 합해 4년, 4년, 8년을 다닌 새벗 유치원 졸업식 노래가 마음을 건드린다.

아침마다 모여서 즐거웁게 지내던 사랑하던 유치원을 떠나가게 되었네.

우리 우리 선생님 안녕히 계셔요 어깨동무 내 동무 다시 보자 친구야

아무튼 평소에도 스승의 날 노래를 부르다 보면 스승님이 뇌리를 지나가신다. 이분이, 때로는 저 분이. 어느 날은 줄줄이. 뒤죽박죽 혼합으로. 인생에서 만난 모든 이가 스승이라는 넓은 개념 말고 사회통념에서 스승이라고 하는 우리 선생님들이 지나가신다.

자식 자랑은 팔불출이라지만 스승 자랑은 불출에 들지 않을 터이다.

지금은 햇살 찬연한 일요일 아침이고 내일은 우리나라 교사들을 곤혹스럽게 하는 스승의 날이다. 꼭 그래서는 아니지만 잠시 약간의 숙제를 밀쳐놓고 내 인생의 스승을 기억해보는 시간을 가져본다.

새삼스러운 스승 열전도 아니다. 글을 쓰는 일이 직업이라서 이미 전에도 여기저기에 우리 스승 이야기를 써서 많이 팔아먹었다. 이거 스승을 팔아먹다니, 괘씸하고 고약한 제자일 수밖에 없겠다.

나는 정말 스승 복이 많아 세상 누구보다도 좋은 선생님을 많이 만나며 성장해왔다. 이것도 어딘가에 써먹은 이야기인데 사실이니 또 쓸 수밖에 없다. 좋은 스승을 만났어도 나는 그만한 제자가 되지 못하였다. 청출어람이라는 말이 나에게 와서는 무색해지고 마는 것이다.

덕분에, 갖고 태어난 작은 그릇에 좋은 음식을 담고자 하는 노력은 하였을 게다. 그것만 해도 어디인가. 바로 그 부분이 내 부모, 조상님의 은혜와 더불어 스승의 은혜이리라.

전에, 하이틴에 연재한 소설 '어디로 가는가 바람'을 책으로 낼 때 쓴 작

가의 말이 있다. 그 책을 꺼내 작가의 말에서 덜어낼 걸 조금 덜어내고 베끼자면 이렇다.

「22살에 저는 소설가가 되었습니다. 소설가가 되기 전까지는 소설가가 되겠다는 야망은 없었습니다. 그러나 소설가가 되어 있었지요.

꿈은 없었지만 그렇게 될 수밖에 없는 길을 걸어왔는지도 모른다는 생각을 합니다. 그것은 제가 걸어온 길에서 만난 사람들 때문입니다. 화가인 아버지와 다재다능한 어머니, 두 분과의 만남을 시작으로 해서 학창시절의 선생님들이 바로 그분들입니다.

국민학교 2학년 7반, 춥고 배고픈 우리들을 위해 옥수수죽 한 바가지, 무연탄 한 삽 더 얻으려고 몸싸움도 불사하셨던 송광동 선생님(혹시 현광동 선생님일지도 모르겠다. 별명이 형광등이었으므로) 대입 준비생을 지도하듯 열성을 다해 밤늦게까지 그림을 그리게 하셨던 송(신)영국 선생님. 너만은 필을 꺾지 말라고 느닷없는 말씀을 해주셨던 중학교 때의 정서웅 선생님. 선생님은 명심보감에 이런 말씀도 적어주셨습니다.

'옳고 떳떳한 사람은 어떤 고난도 이길 수 있다고 나는 믿는다. - 베토벤.'
가끔 그분들을 추억하면 따뜻해지는 가슴에 뭉클 눈물이 핍니다.

대학에서는 황순원 선생님과 조병화 선생님, 김우종 선생님의 가르침을 받았습니다. 22세의 나이에 작가 칭호가 붙어버려 방황해야 했던 저를 부단히 일으켜주신 분은 4년 전 고인이 되신 박용주 선생님이십니다. 제가 지금 잘되어 있든 아니든 그분들과의 만남이 오늘의 저를 있게 하고 앞으로 나가게도 합니다.

만남이란 얼마나 소중한 인생의 경험이며 축적인 것인지요. 존경하는 저의 은사님들뿐 아니라 살아오면서 만난 모든 사람, 모든 책, 모든 사건, 그 만남은 모두 소중했고 아름다웠다는 생각을 합니다.(생략) 1991」

위에 썼듯, 국민학교 2학년 담임이던 송광동 선생님(혹은 현광동)은 끝없는 따뜻함, 뜨거움이다. 우리 선생님은 휘청휘청하도록 큰 키를 한 분이었다. 다른 반은 한 양동이 받아 가는 옥수수 죽을 선생님은 빈 양동이 2개를 들고 달려가시는 거였다. 안 된다는 걸 밀치며 일하는 분들에게 온갖 욕을 먹으면서 죽 바가지를 빼앗다시피 까지 하여 두 양동이를 채워왔다. 결핵환자처럼 새하얀 분이 온 얼굴에 송골송골한 땀을 맺은 채 우리들 도시락에 죽을 나눠주었다. 그러고는 따뜻할 때 얼른 먹으라고 닦달이었다.

'다 먹은 사람 순서대로 빈 밴또를 갖고 나와라!'

우리는 먹고 난 빈 도시락에 옥수수 죽을 다시 배급받았다. 골고루 나눠준 후에 선생님은 반드시 이르는 걸 잊지 않았다.

'그건 꼭 집에 가서 부모님께 드리거나, 형제들과 나눠 먹어야 한다. 여기서 다 먹어 버리면 너희는 돼지다.'

얼마나 춥고 배고픈 시절이었던가. 아마도 1962년 혹은 61년. 가르치고 배우는 일보다 굶지 않는 게 더 중요한 삶이던 때 일이다. 99번까지 있던 우리 반. 문을 열면 들어설 데가 없는 콩나물시루 교실. 그 많은 아이들 가족의 배고픔마저 보듬고 챙기려 했던 송광동 선생님. 선생님 성함만 떠올려도 눈물이 난다. 지금 살아 계신지, 어디서 어떻게 계신지. 이렇게 기억으로만 추억하는 제자가 과연 제자이기나 하려는지. 죄스럽다.

저 위에 등장하지 않은 선생님 한 분은 양주동 선생님이다. 무애 양주동. 스스로 국보라 칭하셨던 분이다. 나는 정말 운이 좋아 대학원에서 선생님의 강의를 혼자서 받았다. 내 기에는 학생이 하나뿐이었던 것이다. 학생 하나 교수 한 분이라서 강의실 배정을 못 받았다. 학교에서는 대학원 휴게실을 쓰라고 했다. 삼인용 긴 의자가 달랑 한 개, 그리고 공간이 약간 있는 곳이었다. 칠판도 없고 아무것도 없었다.

우리는 삼인용 의자에 두 어깨를 딱 붙이고 나란히, 각자 무릎에 책을 펴놓고 앉았다. 지금 생각하면 학교 당국의 처사가 참으로 어처구니없기만 하다. 그렇게 나란히 앉아서 선생님은 저 앞과 옆의 나를 번갈아 보시며 알아듣기 힘든 발음으로 열심히 향가를 설명하였다.

학년말이던가, 선생님은 감기가 심해져서 연신 콧물을 줄줄 흘렸다. 손수건으로 풀고 닦아도 콧물이 해결되지 않았다. 그런데도 강의는 열강이었다. 십분만 지나면 선생님은 흥분하여 벌떡 일어나 수천만 청중을 놓고 강연하듯 작은 공간을 이리저리 경중경중 뛰며, 음성 또한 높아지며 춤도 덩더꿍 추며 열성을 다한 강의를 하는 것이었다. 그러다 보면 콧물이 턱까지도 흘러내렸다.

그런 모습을 보는 나는 강의 내용은 전혀 생각지 않으며 앉은 자리에서 그저 눈물이 핑 돌아 하염없이 선생님 모습을 바라다보는 것이었다.

기말고사 문제를 선생님은 편찮아서 출제하지 못하였다. 그 감기가 다른 병으로 깊어진 모양이었다. 대신 언제까지 리포트를 제출하라는 지시가 왔다. 여기에 선생님의 착각이 있었다. 리포트 제출 날짜가 교수님들이 성적 내는 시기보다 늦게 잡혀 있었던 것이다. 할 수 없이 선생님은 받지 않은 리포트에 학점부터 내주실 수밖에 없었다. 그러나 내가 리포트를 다 써서 선생님과 약속한 날짜에 내려고 하였을 때, 선생님은 돌아가시고 말았다. 그새를 참지 못하시고 말이다. 이제 그 리포트도 없는데 이후 저세상에서 선생님이 리포트를 제출하라고 하면, 그때 나는 어째야 하나, 조금은 걱정이 안 될 수 없는 노릇이다.

며칠 전 11일에는 대학 1학년 때 우리 작문 과목을 맡으신 김우종 선생님과 친구가 입원한 병원에 갔다. 말하자면 78세 스승이 쉰 몇 살 된 제자 병문안을 가신 것이다. 선생님은 우리가 1학년이 끝나기도 전인 겨울방학에 문인간첩단 사건으로 당국에 잡혀가서 모진 고문을 받았다. 그 후 해직되셨기에 선생님에게 배운 학기는 1학기와 2학기뿐이다. 그날도 그 이야기가 나왔다. 친구 은옥이는 작문을 99점 받았다는데 나는 70점을 받아 간신히 C학점이었다.

본래 선생님은 은옥이와 친하셨다. 은옥이는 모범 우등생인데다가 재치 있고 총명하며 성실하니 어찌 예쁘지 않으랴. 내가 4학년이 되어 선생님 댁 별채에서 기거하였어도 선생님과는 그다지 절친하지 못했다. 지금은 돌아가신 사모님과 더 잘 맞았다. 신춘문예에 당선되어 선생님께 알려드리니, 첫 말씀이 이러실 정도였다.

"우양도 글 썼댔어?"

세월이 지나, 장편 '오래된 눈물' 전신인 '살아있는 산'을 보신 선생님은 이렇게 말씀하셨다.

"우양이 이렇게 잘 쓰는 작가인 줄 몰랐어. 나는 아주 자랑스러워."

뭐 지금 와서는 선생님이 위의 두 가지 일을 다 잊었을지도 모르겠다. 하지만 선생님이 자랑스럽다고 하셨을 때 정말 기뻤다. 다짐도 하였다. 선생님을 실망시키는 작가는 되지 않겠노라는, 번번이 헛되게 되고 마는 그 다짐. 물론 그런 다짐은 나를 가르치신 스승님 모든 분 앞에 하는 것이기도 하지만 이제 거의 다 돌아가시고, 아는 한은 두 분밖에 남아 계시지 않다. 바로 정서웅 선생님과 김우종 선생님.

옛 로망스를 보신 정서웅 선생님이, 선덕이 글은 참 아름다워, 그래주셨을 때, 왜 세상이 선덕이 글을 몰라줄까 하며 답답해하셨을 때도 기쁘고 고마워서 눈물이 나왔다. 저 옛날 여중 2학년 시절에 적어주신 베토벤의 말은 세상을 사는 나에게 큰 힘이 돼주었다. 그것은 베토벤이 한 말이지만 나에게는 선생님이 해주신 말씀이었다. 그 이후 두려움이란 없었다. 세상 눈치 안 보고 내 뜻대로 용맹스럽게 많은 걸 하였다.

우리 선생님들은 나에게 그냥 선생님이 아니라 스승 자리에 계시다.

지식이 아니라 삶의 지표를 주신 분이 스승이 되는 것이다. 스승 부재라는 이 시대에 나는 세상 누구보다 얼마나 큰 복을 받은 사람인지 모르겠다.

내일은 살아계신 스승 중 한 분 정서웅 선생님과 실로 오랜만에 맛있는 점심을 먹기로 약속하였다. 부모의 생존처럼 스승이 살아계시는 일 또한 크나큰 행복이리니.

(2005. 5.14)

10

사람이란 것

하늘
그들은 무엇인가
사람
말의 나라

하늘

베란다에 나가 빨래 널고 꽃에 물을 주고난 후 쫓기는 사람처럼 곧 마루로 들어온다. 집안청소가 남아있기 때문이다. 평소에도 그렇지만 청소시간은 특히 바퀴벌레와 정면 대결하는 시간이다. 때와 장소를 가리지 않고 나타나는 무법자 때문에 주민들도 꽤 골치를 앓아왔다. 지난번 반상회 때, 이번엔 원액을 뿌려봅시다 결정했고 주민 감시 아래 소독사는 원액을 뿌렸다.

그런데도 바퀴벌레는 영양제를 투여한 것처럼 더욱 기승을 부렸다. 나는 가정용살포제를 들고 이리 뛰고 저리 뛰었다.

바퀴벌레를 잡아라!

그 말은 생활의 좌우명이나 신조인 것처럼 돼버렸다.

바퀴벌레는 죽은 껍질까지도 가루가 되어 인체에 닿으면 피부병을 일으키게 한다고 들었다. 매스컴의 기사는 내 머릿속에서 늘 떠나지 않았다. 집에 놀러온 여동생은 나에게 신경정신과를 찾아가보라고 권하였다. 완전히 노이로제 증상이라는 것이다. 동생은 이 언니의 활약을 관람하며 혀를 찼다. 어느 날이었다.

저건 바퀴벌레가 아니야! 동생의 부르짖음에 나는 헉헉대며 대답했다.

바퀴벌레가 아니라고? 이놈의 아파트에는 바퀴벌레뿐이라고!

그건 귀뚜라미야! 동생이 다급하게 말렸다. 이미 분무식 약이 그 녀석에게 발사된 후였다.

그것은 정말 귀뚜라미었디. 바퀴벌레에 대한 공포보다 훨씬 큰 전율

이 등줄기를 훑어 내렸다. 나는 식은땀을 다 흘렸다. 울고 싶었다.

　귀뚜라미였다니, 죄 없는 귀뚜라미였다니.

　동생은 나를 무고한 시민을 죽인 살인광처럼 올려다보았다. 솔직히 내 심정도 마찬가지였다. 잠시 후 나는 슬그머니 웃었다.

　얘, 귀뚜라미는 어떻게 나쁠까? 귀뚜라미도 틀림없이 우리에게 해를 끼치는 게 있을 거야.

　잘 모르겠다고 동생은 대답했다. 나는 열심히 귀뚜라미의 나쁜 점을 캐내보려고 애썼다. 쉽게 떠오르지 않았다. 귀뚜라미와 관계된 효자전설이나 뭐 그런 것만 생각났다.

　귀뚜라미를 휴지에 싸서 베란다로 갖고 나갔다. 일말의 양심이 쓰레기통에 던져버릴 수 없게 했다. 그가 살았음직한 아파트건물 저 아래 나무와 풀이 있는 쪽으로 날려주었다.

　베란다 문을 닫으며 언뜻 본 하늘은 몹시 파랗고 높았으며 거의 투명했다.

　하늘을 우러러 한 점 부끄럼 없기를…

　윤동주의 서시를 외우며 그렇게 살리라 다짐하던 여고시절이 나에게는 있었다. 티 없이 맑고 아름다운 시간이었다. 그로부터 십여 년. 내 몸에는 교활함과 자기합리화의 습관이 누더기인양 걸쳐져 있고, 저 빛나는 하늘 태양을 보며 나는 또 머리를 짜내는 것이다. 자아, 백과사전을 찾아보자, 귀뚜라미가 틀림없이 나쁜 곤충임을 알려주는 정보가 있을 것이다.

　(1985. 11)

그들은 무엇인가

텔레비전을 자주는 못 보는 편이다. 자연히 화면 속 인물들이 낯설다. 신문이나 아이들 이야기를 통해 익숙한 이름은 있어서 이름과 화면 속 얼굴을 줄긋기하며 보곤 한다. 이런 일이 있었다.

오락 프로그램에 떼거리로 와아 앉아 있는 게스트들을 보게 되면 두 아이를 불러 물었다.

"저기에 주영훈 있니? 나오면 가르쳐 줘."

날씬한 주영훈이 아닌 덩치가 좋은 주영훈일 때의 이야기이다.

왜 주영훈을 보고자 하였느냐? 연예계 대두 중의 대두라는 말을 오며 가며 들었던 까닭에 확인해 보고 싶었던 것이다. 드디어 그를 보고 내 입에서 저절로 나온 소리는 이랬다.

"에게? 머리가 뭐가 커? 우리딸보다 한참 작잖아?"

딸은 물론 아들에게까지 나는 적잖이 혼이 났다. 요즘 세상에서는 대두가 석두와는 다른 의미로 인간모독임을 나는 몰랐던 것이다.

그렇다. 딸은 두상이 크고, 큰 만큼 무겁다. 어찌나 무거운지 아이가 잘 때 팔베개라도 해줄라치면 엄청난 고통이 팔에 수반되다가 곧 감각이 없어져 몇 십 초를 넘기지 못하고 슬그머니 팔을 빼내는 때도 있다. 아무리 내가 사랑하는 딸이라도 말이다.

딸이 중학교에 들어가자, 초등학교 때는 없던 규율을 만났다.

'여학생은 귀밑 몇 센티, 딘발이니 커트 머리를 권하며, 몇 센티가 넘

을 시는 묶어 단정하게 한다.'

규칙은 두발 외에도 여러 가지가 더 있었다. 다른 사항은 지키지 못할 게 없었으나 우리가 난처한 건 머리카락 길이였다.

중·고등학교를 다녀 본 사람이라면 알겠지만 학교엔 훈육 교도 선도 등의 부서를 담당한 교사가 있기 마련이고 그 역은 악역일 수밖에 없다. 내 기억에는 그 역할을 맡은 교사 중 일부는 자못 사명감을 갖고, 즐겁고 자랑스러워하다 못해 변태 아닌가 하는 인상을 주기도 하였다. 분명히 그 역을 즐기며 하는 교사는 있는 것이다. 드물지만 그런 교사가 존재한다는 사실은 세월이 가도 변하지 않을 것 같다.

내 딸은 특별하다. 분유광고가 아니고 내 딸 자랑도 아니다. 두상이 그러하다. 그리하여 우리 딸 두상에 맞게 머리를 자를 수 있는 곳은 적어도 우리가 아는바 서울에는 없다. 여러 미장원에서 잘라 보았지만 매번 '돌이킬 수 없는 죄'를 미용사는 저질러 놓곤 하였다. 머리카락은 쉼 없이 자라니까 새로 자르면 되지만 새로 자를 수 있게 될 때까지의 몰골은 돌이킬 수 없는 죄에 해당된다. 인천에 있는 미장원 십자매에서만 딸의 머리카락을 제대로 만져주었다. 다만 그 집에서는 우리가 서울 사는 걸 감안하여 몹시 짧게 손을 봐준다. 그렇다 해도 자라나는 머리카락을 누가 막을 수 있으랴. 어느 날엔가는 묶든지 자르든지 하지 않으면 안 되게 머리카락 끝이 교복 칼라에 닿기 마련. 문제는 겉보기에는 길어 보여도 두상이 큰 사람은 그 정도로는 절대로 노루 꼬리 길이로도 묶여지지 않는 데에 있는 것이다.

용의복장을 담당한 교사는 개인사정 따위는 봐줄 수 없다고 했다. 담당교사는 앵무새처럼 되풀이 말할 뿐이었다. 귀밑 일 센티이다. 아니면 묶어라. 그러곤 머리카락 한쪽을 싹둑 잘라 보내는 것이었다. 도리 없이 날을 잡아 인천에 내려가 다시 머리를 고르고 짧게 치는 수밖에 없다. 두상 큰 사람은 그 여학교, 그 교사가 있는 내내 머리를 길러 묶어보고 싶어도 영 못하고 말 일이다. 그렇게 될 때까지 담당교사가 인정할 수 없고 참을 수 없다니 어쩌겠는가.

딸애가 초등 1학년에 막 입학하고였다. 학교에서는 파일을 준비하라고 했다.

남 : 파랑

여 : 분홍

딸애는 파랑색을 좋아했다. 분홍색은 정말 싫다며 눈물마저 흘렸다. 학교에 문의했다. 파랑은 안 되느냐? 당연히 안 된다는 대답이었다.

왜 남자는 파랑색이어야 하고, 여자는 분홍색이어야 하느냐, 더구나 이 학교는 소위 열린 교육을 표방하고 있지 않느냐. 색깔에 고정관념과 획일화는 우습지 않느냐. 학교 측은 그게 관리하기 좋기 때문이라고 대답했다.

관리를 위해서라면 크기만 일정하면 되는 것 아니냐?

시키는 대로 해라, 우리는 교육 전문가이다, 너보다 우리 교사가 더 많이 연구하고 더 많이 생각해 결정하는 것이다.

교감을 위시하여 1학년 교사들 전체가 발끈하며 뒤집혔다. 그리고 불순한 발언을 한 반동 학부모의 딸에게 당장 다음 날부터 어처구니없이 부당한 처사가 따르기 시작했다. 학교당국에 함부로 발언한 엄마를 둔 탓에 내 딸의 초등학교 1학년 어린 시절은 가혹했다.

숙제를 안 해온 애는 용서하지만 틀리게 해온 애는 용서할 수 없다며 때렸다. 책가방에서 책을 늦게 꺼냈다며 해괴한 동작으로 벌을 세워 망신 주는 일이 다반사였다. 사사건건 트집을 잡았다. 1학년 입학하여 첫 달과 두 달 사이에 받은 용납 안 되는 체벌만도 여덟 번이 넘었다. 오십 대 초반이나 중반쯤 될 그 여교사가 고안해내는 체벌은 가히 변태 수준이었다. 자타가 인정하는 우리 천재 딸을 학습지진아라 다른 아이들과 함께 진도를 나갈 수 없다고까지 했다. 그 여자의 머리채를 휘어잡고 쌍욕을 퍼부어야 진실로 옳은 행동이 아니었을까?

달려가 점잖게 항의는 하였지만 머리채를 잡고 고꾸라뜨려 그 여자의 등짝을 발로 밟지도, 욕도 하지를 못하였다. 역시 비겁하였나. 그렇다. 내 딸은 잊을지 몰라도 나는 죽는 날까지 담임 이름과 얼굴을 결코 잊지 않을 것이며, 내 딸이 받은 치 떨릴 수모들을 잊지 않을 것이며, 그 담임의 가정과 가족과 자자손손 저주하리라, 이를 갈며 비겁하게 결심만 하였다.

다행히 2학년부터 여고졸업까지는 좋은 담임을 연이어 만났다.

딸은 그 일들을 기억하지 못하였다. 어쩌면 무의식이 그러라고 시키는지도 모르지만, 어쨌든 그 파란(波瀾)속에서 그들의 어처구니없는 트집과 시비에 굴하거나 상관하지 않고 내 딸은 타고난 천품(天稟)으로 훌륭하고 의젓하며 아름답게 잘 자라 주었다.

그러나 종종 악몽처럼 떠오르는 그 일들에 엄마인 나는 부르르 떨며 두 주먹을 그러쥔다.

그리고 생각한다. 대체 그들은 무엇인가. 사람이긴 한가.

(2002)

/ **사람**

집을 잃고 전세로 나앉게 됐을 때다. 책이 팔리지 않고 인세마저 잘 들어오지 않았다. 이른바 아이엠에프 불황에 개인의 불운이 겹쳤던 것이다.

소설가 중에는 사주공부를 한 분들이 계신다. 그중 추리소설 쓰는 한대희 씨가 어느 날 전화를 해왔다. 정확한 숫자는 잊었는데 아마 1994란 숫자 같다. 1994년도 발행 5백 원짜리 백동전 19개를 구해 지니고 다니라는 거다. 그런 말을 들으면 여전히 웃음부터 나지만 우 아무개를 진정 염려하여 해주는 소리라는 건 그냥 안다.

하필이면 왜 1994년 5백 원짜리인가.

그 숫자가 당시의 내게 좋은 숫자란다. 불운을 막으며 행운을 불러온단다.

자랑이 안 되는 일도 자랑부터 하는 나인지라, 인천 여동생에게, 또 M 부부에게, 오래 알아온 잠실 5단지 태양부동산 친구에게 그 이야기를 하였다. 그게 뭐 어렵다고, 안 해보는 것보다 해보는 게 낫지 않겠느냐, 자기들도 구해 보겠다.

인천에선 동생들이, 나는 상가에서 부동산 친구와 함께 5백 원짜리 백동전 구하기가 시작되었다. 처음엔 모두 그까짓 것 한 시간이면 19개 만들고도 남는다고 믿었다. 찾으려니 1994년산 백동전이 흔하지 않았다.

흔하지는 않아도 협조 여하에 따라 한 시간이면 구할 수 있기는 하였다. 문제는 바로 그 돈을 갖고 있는 사람들은 이야기를 듣더니 눈에 띄게 표정이 변했다는 데 있다. 그들은 우리를 의심했다. 아니 그 돈을 의심했다. 아니 우리의 저의를 의심했다.

혹시 그 돈이 정말은 금이 아닐까. 혹시 그 돈이 굉장한 가치가 있는 게 아닐까. 혹시 누구든 그 돈을 갖고 있으면 엄청난 행운이 오는 건데 이 사람들이 거짓말을 하여 자기네만 가지려는 게 아닐까. 절대로 내줄 수 없어!

한대희 씨 말에 의하면 그 숫자는 나에게만 필요한 숫자였다.

부동산 친구가 그토록 애썼어도 우리가 건진 건 부동산 친구가 가진 데서 고른 것, 은행에서 만 원 권 몇 장을 5백 원짜리로 바꿔서 나온 한 개하여 다섯 개를 넘지 않았다.

인천 여동생의 전언도 비슷했다. 그 애네 동네 상가에서 그 돈을 구하려니 갖고 있는 이도 내놓지 않으려 들더라는 것이다. 참, 사람들 욕심도. 거저 달라는 게 아니고 다른 해에 나온 걸로 바꾸자는 건데, 자기들에게는 아무 좋을 일이 없는 1994년산인데 갑자기 소중하게 건수하더란 이야기였다. 큰 행운을 남에게 뺏기는 게 아닌가 싶었나 보다.

그 행운 숫자 해프닝은 금융권에 있던 M이 백동전 자루 5개를 풀어 골라낸 19개 묶음, 무려 3개가 도착하는 일로 끝이 났다.

어제오늘 이틀은 광주에 사는 절친한 대학후배가 우리 동네에 집을 사겠다고 하는 바람에 하루하루가 훌쩍 지났다. 오늘은 그 어머니까지 모시고 왔다. 덕분에 나는 아무 일도 하지 못했다. 다만 우리 형편에 맞아 선택한 이 동네가 재개발예정지역이 되면서 그동안 집값이 오르락내리락 하였다. 그래선지 나온 집이 드물었다. 이틀 발품을 팔았는데 내놓은 집주인들은 정말 이상했다. 막상 계약단계에 들어가면 몸을 사렸다. 다시 생각해봐야겠다, 시간을 좀 더 달라.

그렇다면 진작 걸어 들였어야 하지 않았나. 한두 집도 아니고 이틀 본 집이 다 그랬다. 사겠다고 하는 이가 있으니 부쩍 의심쩍어한다. 혹시 더 받을 수 있는 건데 우리가 싸게 내놓은 게 아닐까.

실제로 어제 가고 오늘 다시 가니 몇십만 원에서부터 백, 이백 더 올려 내놓은 집도 생겼다. 생활과 경제가 중요하긴 하지만 그래도 이 말이 저절로 나온다. 사람아, 사람아.

(2007. 9. 13)

말의 나라

얼마 전이다. 석사과정 중인 아들이 학교에 다녀와선 묻는다.

"엄마, 엄마가 아무개 아저씨보다 나이가 아래인데 아무개 아저씨한테 막 반말한다면서?"

아무개 아저씨란 지금 아들이 다니는 대학원의 선생이며 상당히 이른 나이에 시인이 되어 당시 천재 소리를 들었던 아무개이다. 그야 학교에서는 교수님이라고 깍듯이 부르겠지만 집에서 모자간의 대화에서는 아무개 아저씨라고 한다.

대체 이게 무슨 말인가, 난데없이 이 무슨 변인가 싶다.

"그게 무슨 말이니? 그 아저씨가 나랑 동갑인데. 생일만 며칠 빠르더구먼. 그렇더라도 내가 왜 그 아저씨에게 반말을 하니? 나는 우리 남산문학학교 중학생에게도 다 존댓말을 쓰는 사람인데, 그 무슨?"

"어 그래? 아무개 아저씨가 그러던데?"

그 아저씨는 왜 그런 터무니없는 말씀인지 막걸리인지를 한 걸까.

아마 그저 나오는 대로 재미있으라고 했는지 모르겠다만 그 자리의 다른 이들은 내가 그런 사람인가 보다고 알 일 아닌가.

아들이 그다음 일화를 계속 묻는다.

"엄마, 엄마가 시와 시인을 아주 우습게 안다고 했어? 시를 아주 시시하게 안다고?"

"그것도 아무개 아저씨가 그러던? 엄마가 그럴 리 있니. 꼭 그 아저씨에게가 아니라도 나는 잘 쓴 시와 잘 쓴 시를 쓴 시인을 존경하는 사람이야. 모든 시가 그렇지는 않고. 잘 쓴 시와 그 시인이란 게 얼마나 굉장하고 대단한 건데. 그런 시를 쓰기가 얼마나 어려운 건데. 시와 시인을 우습게 알고 시 쓰는 걸 시시하게 생각한다고 말할 리가 없잖아. 나 원 참."

그 자리에는 적어도 우리나라에서는 내로라하는 시인도 두엇 있었다는데, 아무개 아저씨가 한 말을 그대로 들었을 게 아닌가. 아무개 아저씨는 어째서 전혀 근거 없는 말을 하는가. 단순히 그 자리의 다른 이들을 재미있게 하려고? 우리아이의 엄마인 나와의 친분을 나타내려고 했다 해도 지어낸 그 말은 어이없지 않은가.

저번 날은 내가 몸담은 동네에서 이런 일도 있다. 우리 사무실까지 찾아와 내 옆에 앉아 물은 이가 우리 소설가 누구였는지는 다행인지 불행인지 아직껏 생각나지는 않는다.

"아무개가 이러저러한 일로 자리에서 쫓겨난 거라면서요?"

"어머나, 이러저러한 일은 어떻게 알았어요?"

"하여간. 어디서 들었어요."

속으로 갸웃하며, 그래 어디서건 듣는 데가 있겠지 하고 생각은 했다.

"호오, 이러저러한 일이 있는 건 맞는데 쫓겨나지는 않았어요. 그건 말도 안 되죠. 우리가 누구를 쫓아내고 그럴 수 없지요. 이러저러한 일이 우리로서는 정말 큰일이었는데 그 아무개 씨는 그게 큰일인지도 모르는 채 다른 일로 자기가 자기 발로 나갔어요."

그랬건만 얼마 전에 들리는 소리가, 그 아무개 씨가 일부러 나를 안 보려고 한다는 전언이다. 우 아무개가 자기 아무개가 이러저러한 일로 쫓겨났다고 산지사방 떠들었기 때문에 서로 마주치면 자기가 참지 못할 것 같아서라고 한다. 쫓겨나지 않은 이를 쫓겨났다고 내가 말했을 리가 없잖은가.

그러나 그렇다, 그렇다. 어쨌든 반성한다. 이런 숫자가 있는지 모르겠으나 말의 나라에서는 무조건 억 조 만 번 조심해야 하는데 말이다. '침묵이 금'이라는 오랜 가르침이 왜 있으리오.

(2012. 7. 6)

11

생명들과 함께

옆집 강아지
이별
아기참새 뽀뽀
어떤 예의
거룩한 비둘기
경칩두꺼비

옆집 강아지

오늘 아침도 어김없이 학교 가는 딸 뒤를 따라 계단을 내려간다. 누가 보면 정성 지극한 고3 수험생의 엄마로 보일 것이나 실상은 다르다. 요즘 들어 딸에게서 구박받는 횟수가 부쩍 늘었다.

"엄마도 좀 고3 엄마라는 자각을 가져봐."

"엉? 어떻게?"

"위기감이랄까, 뭐, 하여튼, 가져보라는 거지."

"그래야 해? 나는 고3도 아닌데? 가져야 돼? 너, 위기감 느껴? 그런 거야?"

"엄마라도 가져봐야 알 것 아냐. 나 참."

"어, 그래야 되는 거야?"

저런 대사를 대략 이틀에 한 번꼴로 주고받는데, 딸과 함께 계단을 내려가는 이유는 어쨌든 딸을 등교시키기 위해서다. 내가 안 내려가면 딸이 등교를 할 수 없어서다. 고3 수험생 엄마로서의 자각은 미미하지만 우리 애들의 엄마라는 자각은 늘 하늘을 찌르는, 나는 좋은 엄마인 것이다.

4층 우리 집 문 열리는 소리를 들은 멍멍이, 혹은 멍멍이들이 건물 아래 현관 앞에서 마구 설레며 기다리고 있다. 때로는 어미 혼자, 때로는 새끼들이 함께 기다린다. 멍멍이는 우리를 보면 반가워서 거의 죽을 지경에 이른 다음, 그다음 순서는 언제까지고, 어디까지고 따라가겠다며 우리 딸인 언니 뒤를 부지런히 좇는다. 제 어미를 따라 새끼들이, 또 멍멍이를 사모하는 동네의 다른 개들까지 합세하여 함께 따라가는 진풍경도 있었다.

 내 아침일과 중 세 번째 순서가 멍멍이, 혹은 멍멍이들을 유인하여 딸의 등굣길을 방해하지 못하게 하는 일이다. 제법 시간이 걸린다. 짧으면 삼십 분, 기어이 우리 4층까지 오겠다고 하면 한두 시간이 가버린다. 아침은 황금시간대여서 시간이 아깝고 마음 안에 성급함도 생기지만 우리가 참지 않으면 어쩔 것인가.

 아침에만 녀석, 혹은 녀석들이 그러는 건 아니다. 딸이 다니는 만화대여점이 지금은 두 곳으로 줄었는데 전에는 세 군데였다. 엄밀히 우리 동네랄 수도 없는 길 건너 저쪽이다. 어찌나 영특한 애인지, 우리 식구가 다니는 곳은 다 안다. 우리가 일을 보러 들어가면 그 건물 앞에 두 손 두 발을 다소곳이 모은 자세로 기다린다. 아들이 가는 헬스장에도 따라가고 내가 가는 커피집이나 음식점에도 따라온다. 시장을 같이 보겠다며 마켓에 따라오기도 한다. 물건을 등에 지고 와주는 것도 아니니 우리에게 전혀 도움이 안 되는 녀석이다. 도움은커녕 차 많은 동네 길에서 다치지 않을까 신경을 곤두세워야 해서 여간 피곤한 게 아니다.

 지난겨울 어느 추운 날 늦은 밤엔가는, 여기 4층까지 올망졸망한 자기 새끼들까지 다 끌고 올라와 닫혀있는 철제대문 앞에서 하염없이 기다리고 있던 걸 모를 뻔하였다. 뭔가 기분이 이상했다. 내려갈 일이 없는데도 두 조각 계단을 일부러 내려가 철문을 열어보았다. 곧 쓰러질 것처럼 추위와 배고픔에 지쳐있는 멍멍이 가족이 어둠속에 철문을 바라다보고 있었다. 녀석은 우리에게 텔레파시를 보낸 것이다. 문을 열어봐요, 문을 열어봐요. 우리가 왔어요.

우리는 말문이 막혔다. 마음이 먹먹하고 숙연해졌다.

"세상에!"

"녀석!"

"이게 웬일이니, 응? 응?"

우리가 모르고 잤으면 어떻게 할 뻔했나.

개는 근시라서 밤눈이 어둡다는데, 컴컴하여 위험한 계단을 간신히, 간신히 올라와 우리의 처분을 기다리고 있었다. 전에도 여러 번 숙박을 하고 가긴 하였지만 그날 밤은 우리 식구 모두 알 수 없는 감동과 아픔으로 잠을 설쳤다. 현관 안에 들여놓은 그 애들을 보러 번갈아 몇 번씩 나와 살폈다. 깔아준 전기요가 작동이 잘 되는가, 물과 사료를 얼마큼 먹었는가를 점검하였다. 고마워하는 어미 멍멍이의 애절한 눈빛에 눈길을 맞추며 우리는 물었다.

"너는 누구니. 누구였니. 우리는 어느 세상에서 만났던 것이니."

멍멍이의 눈빛이 대답을 하였다. 멍멍이의 정확한 대답을 우리는 읽을 수 없었다.

"뭐라는 거니? 네가 뭐라고 하고 있다. 응? 뭐라는 거니."

딸이 말했다.

"사람은 이렇게 바보야. 개는 사람 말을 알아듣는데, 사람은 개 말을 알아듣지도 못한다."

"그래, 그렇구나. 네 말이 맞다. 사람은 정말 바보다."

녀석은 끙끙 앓았다. 몸이 몹시 아파서 왔던 것이다. 죽었는지 살았는지 흔들어봐야 할 만큼 오래 잤고, 심심한 다섯 강아지는 낑낑거리면서 어미 눈치를 보았다. 저녁이 되어서야 두 발 두 다리가 곧추 세워진 후 멍멍이는 고맙다는 인사를 하면서 돌아갔다.

멍멍이와는 저 비슷한 일, 그보다 더한 일이 셀 수 없게 많다. 깊은 밤에 하도 짖어 근처가 발칵 뒤집힌 적도 있었다. 누군가가 112를 불렀다.

매를 맞는 개가 아니고, 주인 없는 개도 아닌데 멍멍이는 밥도 물도 얻어먹지 못하며 산다. 슬피 울기도 하고 고통으로 짖는 밤도 많다. 그러면서도 그 형편없는 주인을 위해 도둑으로부터 공장 자재를 맹렬히 지켜주니 사람세계 어디에서 그런 어리석은 충정을 찾을 수 있으랴.

멍멍이는 동네 개나 마찬가지다. 모두 예뻐하고 보살핀다는 얘기가 아니라 모두가 잘 알며 주목하고 있는 개다. 심지어 로데오거리 옷가게에서 잠시 아르바이트를 하는 이들조차 그 애를 주인 없는 길거리 개인 줄로 여기며 알고 있다. 덕분에 녀석이, 혹은 녀석들이 우리 뒤, 옆에서 따라다니면 심심찮게 인사를 받는다.

"주인이 있었네?"

"아줌마네 개였어요?"

그런 질문에는 다분히 비난이 담겨있기 마련이다. 주인이 있는데도 어쩌면 저렇게 더럽게, 비루먹게 형편없게 되도록 거두지를 않느냐!

비바람 몹시 치던 그닐 동네사람 신고에 경찰이 출동하였을 때는 나도 너무 화가 나서 여주인에게 험악한 소리를 마구 해줬다.

"이봐요, 당신도 자식을 기르는 사람인데 어떻게 저렇게까지 할 수가 있어? 천벌을 받지!"

자다 말고 나온 동네사람들이 한 마디씩 나무라고, 경찰도 야단을 쳤다.

"저럴 거면 기르지를 말아야지. 자격이 없어, 자격이!"

"자기네 필요해서 기르는 거면 최소한 그만한 값은 해줘야지!"

평소에 쌓인 분노를 사람들은 표출하였다.

멍멍이 이름을 모르는 우리다. 주인에게 물어보지 않았다. 멍멍이 자기가 생각하는 본 이름은 따로 있으리라고 우리는 우리 마음대로 생각한다. 그 애의 주인이란 사람이 무어라 부르든 상관없다. 옆 건물이 멍멍이 주인네로 바뀐 지 그럭저럭 5년은 되는 것 같으니, 녀석과의 인연도 그렇게 된다. 그동안도 우리는 멍멍이가 뭐라고 불리는지 개의치 않았다. 우리 식구도 희한한 성격이긴 하다.

멍멍이는 우리 또또를 보낸 후 만난 개와의 새로운 인연이다. 그러나 새로운 인연이란 게 과연 있기나 한 것인지. 저 어느 생에서 우리는 만났고, 그 생명에게 우리는 갚지 못한 많은 빚을 지고 이 생에서 다시 만났는지 모를 일이다.

우리는 멍멍이를 '옆집 우리 멍멍이'라고 부른다. 우리와 아는 동안에 멍멍이는 다섯 배나 새끼를 낳았다. 요즘 여섯 배 째라서 다시금 심란하다. 멍멍이는 새끼를 더 낳으면 도저히 건강을 지탱치 못할 노령이기 때문이다.

더러 동네 사람들이 나에게 묻는다. 어째서 남의 집 개에게 정성을 바치느냐고. 옆집에서도 그렇게 말할 수 있을 것이다. 우리 개를 우리가 죽이든 살리든, 굶기든 어쩌든, 네 것도 아니면서 왜 개를 이렇게 해라 저렇게 해라 참견이냐고. 이상하게 주인은 우리에게 그런 것을 묻지 않고 말하지도 않는다. 그 집 여종업원들이 여러 번 고개를 갸웃하며 물었다.

"개를 좋아하시나 봐요?"

법적으로 동물은 소유자의 재산으로 돼있다. 멍멍이에게 우리가 잘못하여 일이 생긴다면 그야말로 우리는 개 값을 물어야 하리라. 하지만 그런 일은 추후문제. 법적으로 옆집 재산인 멍멍이지만 생명은 누구의 '것'일 수는 없지 않은가. 일부러 찾아다니면서는 못할망정 눈앞에 있는 가엾고 연약한 생명을 어찌 모르는 척할 수 있겠느냐.

그러면서 우리는 자주 또또를 말한다. 엄마인 나부터 철이 없어 보냈던 또또를 지우지 못한다. 그때 자기는 사랑을 할 줄 몰랐다고 딸은 말한다. 나야 말할 나위조차 없다. 그때는 사랑을 할 줄 몰랐다. 인연의 괴로움이 이토록 큰지도 몰랐다.

개나 참새가 아닌, 사람을 사랑하라는 충고를 듣고는 한다. 더 많이 괴로워하며 살라는 자못 심술스런 권유로 들린다.

(2005. 10. 15)

이별

담담한 성격이긴 해도 언제나 무감각한 사람이기만 하지는 않다.

짐 꾸리던 손을 멈추고 우리는 잠시 잠시 이야기를 나누곤 했다. 엄마에게는 자식의 성장이라는 한 장(章)이 있기에 그 부분을 말해보는데 두 아이는 좀 귓전이다. 자기들은 별 감흥이 없는 모양이다. 대부분은 멍멍이와 아가참새뽀뽀가 화제다. 이 엄마도 그 애들을 놓고 가는 게 힘들다. 그래도 그렇지 엄마와 자식이 갖는 감상이 꽤 많이 다르다는 사실이 조금은 아쉽고 섭섭하다. 지나온 성장기에 나도 그랬으리라.

"남의 집에서 가장 오래 살았다. 거의 만 9년이야. 이곳에서 너희 둘이 성장기의 반을 보낸 셈이야. 이거 웃습다. 그 참 뭐라 말하기 어렵다, 그치?"

"어어, 그런가? 그리고 아가뽀뽀도 만났고, 멍멍이도."

"그래. 많은 일이 있었지. 첫 해에 이 집 집 공사만 딱 열 번 했다. 정말 끝내줬지. 일 년 내내 방바닥을 파헤쳤고, 그해 십이월 삼십일일까지도 공사했으니까. 주인이 나중엔 새로 도배를 해주겠다는데도 우리 모두 싫다고 했잖니. 이렇게 거지처럼 하고 구년을 산 거잖니. 먼저 주인아주머니가 꽤 괜찮은 분이었어. 주인도 바뀌어봐야 알아. 그치? 벽지도 썩고 없는 채로 참 오래 살았다."

"그랬어? 어, 정말 시멘트네? 커튼 뒤가 저랬어? 저건 뭐야? 곰팡이야? 징그러워! 근데 우린 저런 건 신경도 안 썼어."

"엄만 속으로는 늘 얼마나 신경이 쓰였는데. 이런 데서 살게 하다니 하고."

"그랬어? 왜애? 뭐가 어때서? 우린 알지도 못했는데 뭐."

아, 이런….

9년 세월에 무슨 일인들 없었으랴만 이런 일들이 떠오른다.

딸이 책 두 권을 냈고, 엄마도 책 두 권을 냈다. 엄마는 직업이니 게으름 중에 최고 게으름을 부린 게 되겠다. 일어날 수 없을 것처럼, 영영 깨나지 않을 것처럼 낮잠을 자도 서너 시간, 때로는 너덧 시간, 그러고도 밤에 또 자는 것이었다. 잠자는 숲속의 뭐라는 별칭까지 얻으며 살았다.

두 아이는 초중고교 과정을 거쳐 대학생이 되고 아들은 군 입대하여 공익근무 중이다. 지난해 여름에 아들은 많은 분의 성원과 도움으로 홍대 앞 공연도 잘 끝냈다.

문정동에 사는 동안 우리 아버지와 외할머니가 돌아가셨고, 두 아이 할머니도 세상을 뜨셔서 상복을 입고 장지까지 다 다녀왔다. 그 9년 안에는 은사인 황순원, 조병화 선생님의 별세도 들어있다. 문정동에서 마지막 큰일이, 친구 중에서는 처음 떠난 은옥이의 부음이다. 은옥이를 생각하면 심신 어딘가가 아직은 저리며 아프다. 이 엄마는 이런저런 기억으로 다소 감상적인 발언을 하는데 두 아이는 다른 일로 번갈아 졸라댄다.

"우리 멍멍이를 어떻게 하지? 정말 데리고 가면 안 될까."

"우리 뽀뽀가 이사 가는 동네로 날아올까? 우리 뽀뽀 잘 살까?"

"멍멍이는 옆집에 두면 금세 죽을 거야."

"엄마, 멍멍이랑 멍멍이 아가들 우리가 다 데리고 가면 안 될까."

엄마는 한꺼번에 대답한다.

"참새는 못 오지. 참새는 텃새라서 근방 오백 미터 안에서만 산다잖아. 우리 뽀뽀는 총명하고 힘이 세니까 대장 노릇하면서 잘살 거야. 멍멍이는 안 돼. 주인이 내놓을 리가 없고, 우리도 못 키운다. 집안에서 키울 수도 없고, 바깥에 두기에는 마음에 걸리고. 또 낯선 동네라서 멍멍이는 잘못하면 왕따 당한다구. 춥고 배고픈 채로 문정동에서 여왕노릇 하면서 사는 게 나아. 참새는 가기 전에 겨울을 날만큼 모이를 아예 가득 쏟아붓고 가려고 해. 봄부터는 자생력이 생길 거야. 본래 자생력이 있을 테니까."

"아, 그치만 봄이 된다고 해도, 여름이 된다고 해도, 새들이 먹을 게 없잖아. 이 동네에는."

그건 그렇다. 이 동네만 아니라 도시에 사는 야생 새는 먹이가 정말 없다. 벌레도, 곡식도.

"엄마, 그럼 멍멍이는 떠나기 전에 멍멍이 주인한테 단단히 잘 이르고 가. 엄마가."

"그러지 뭐."

"그 인간이 멍멍이한테 잘할 것 같지를 않다!"

"멍멍이 팔잔데 어떻게 하니. 우리가 간 후에 저 애 사층에 올라올까 봐 엄만 그게 그렇다."

멍멍이는 우리가 수상했나 보다. 상자가 집안 여기저기, 복도 계단을 점령해가자 불안해했다. 보통은 새끼를 낳으면 새끼가 많이 자랄 때까지 외박을 안 하건만 지난 한 달간은 외박을 마다지 않았다. 이사 근처에는 매일 하루에도 몇 번씩 올라와 근심 섞인 애절한 눈빛으로 우리에게 자꾸 무슨 말인가를 하려고 했다. 내려가지 않겠다는 뜻으로 요지부동이어서 새끼들을 떼어둔 채 거의 매일 재워 보냈다.

"너도 우리와 같이 갈래? 우리와 살고 싶어? 우리 따라갈래?"
두 애가 차례로 여러 번 물었다. 멍멍이는 애절함과 체념과 원망스러움이 고루 섞인 눈빛으로 우리를 물끄러미 바라보는 것이었다. 멍멍이나 우리나 뾰족한 수는 없었다. 옆집 주인이 자기네 공장 자재를 지키라고 기르는 멍멍이다. 밥도 물도 잘 안 주면서 할 일만 하라고 하는 멍멍이라서 동네사람들 신고로 경찰차가 오기도 몇 번이었다.

녀석이 현관 안을 다 차지하고 누워있는 덕분에 짐을 꾸려 들고나는 데에 이루 말할 수 없이 거치적거렸다. 마루까지는 들어오지 않는 똑똑한 애가, 마루 위까지 올라와 넙죽 엎드려 있기도 하였다.
"우리 이사 가면 너 어떻게 하니? 응?"
우리를 몰랐을 때도 살았다. 살아있는 건 다 살기 마련이다. 이 엄마는 안타까움을 누르고 냉정하게 말하지만, 인생에는 어쩔 수 없는 일도 있음도 알지만, 안쓰러움이 어디로 가는 건 아니었다.

이사가 결정된 후 우리는 이별을 준비해왔다. 정을 떼기 위해 못되게 하라는 이야기를 사람들은 흔히 한다. 이기적인 우리 식구 방식은 다르다. 최후의 순간, 마지막까지! 최선을 다해 마음을 다 주자는 주의다. 그래야 우리가 편하기 때문이다. 남는 이도 슬픈 건 슬프다 할지라도, 좋은 기억을 갖고 사는 게 더 힘이 되며 따뜻하지 않을까.

내일 아침에는 말해줄 시간이 없을지 모르니까 지금 알려주는 게 좋겠다. 밤에 또 올라온 멍멍이에게 우리는 알려주기로 했다. 더 미룰 시간이 없었다.

"우리 내일 이사 가. 이젠 자주 못 봐. 알았지. 너 잘 지내야 해. 알았지?"

멍멍이 두 눈에 눈물이 그렁그렁 들어찼다.

"어떻게 하니. 너 우는구나. 멍멍아, 너 이젠 여기 사층에 올라오면 안 돼. 이젠 우리 여기 없어. 너를 데리고 갈 수도 없어. 애, 우는 거지?"

"응, 우네. 자식 그 참…. 엄마 내일 꼭 얘네 주인한테 얘기해야 해. 알았지?"

어쩐 일인지 멍멍이는 자정이 되기 전에 가겠다고 했다. 우리는 밤을 꼬박 새우며 짐을 쌌다. 다음날 이삿짐센터 사람들이 우리 혼을 쏙 빼며 이삿짐을 꾸려 내려갔다.

"엄마! 멍멍이네 가서 말하고 가야지!"

아들이 잊지 않고 채근하는 통에 멍멍이의 주인남자를 만나지 않을 수 없었다.

"우리 지금 이사 가요. 제발 저 애 좀 잘 돌봐줘요."

남자는 그러겠다고 했다.

"깨끗한 물이라도 좀 늘 잘 주고요. 밥도 그렇고."

"예."

"새끼 좀 그만 낳게 하고요. 저러다 죽겠어요. 수술이라도 좀 시켜주고 그래요. 특히 물은 잊지 말고요."

"예."

아들과 택시를 잡아타고 이삿짐센터 차 뒤를 따라가는데 아들이 묻는다.

"말했어? 잘 길러달라고?"

"응."

"주인이 뭐래?"

"알았다지 뭐. 대답은 척척 잘하잖아 그 인간."

주인을 한참 타이르는데, 누가 진짜 멍멍이 가족인지 모호한 어처구니없는 대화였다.

"우리, 멍멍이 보러 오게 될까?"

글쎄 뭐라 대답하기는 어렵다. 못 본다고 다 이별은 아니다. 진짜 이별은 준비해서 하는 게 아니니까 말이다. 우리 마음에 네가, 네 마음에 우리가 있는 한, 우리 서로 생각하며 걱정하고 그리워하는 한 정말 이별은 아닌 것이다. 서로 사랑하고 있는 한.

그렇게 알고 있다.

(2007. 1. 30)

아가참새 뽀뽀

지붕과 담 위, 길가와 나뭇가지, 저 창공에 참새가 활발한 계절이다. 텃새인 참새는 일 년 열두 달을 보는 탓인지 덕인지, 우리는 우리와 살았던 아가참새 뽀뽀를 매일 생각한다. 뽀뽀가 간 지 훌쩍 몇 년이 지났건만 노상 그 애를 그리워하며 그 애와 살던 지난날을 말한다.

여러해 전 5월 11일 저녁이다. 아가참새를 딸애가 데려왔다. 복잡한 버스정류장 길바닥에서 사람들 발길을 종종걸음으로 이리저리 비켜 다니더라고 했다. 둥지가 근처 어디겠지만 어미와 둥지를 찾아줄 도리가 없었다. 메추리알만 한 크기의, 부리 옆에 노란 줄이 선명하며 발목이 무명실 굵기인 정말 아가참새였다.

'혼자 힘으로 날아 제 어미를 찾을 수 있을 때까지만 거두자.'

새에 문외한인 우리 식구의 참새 기르기가 시작되었다. 야생인 애라서 처음엔 모이를 쉽게 받아먹지 않아 애를 태웠다. 모이를 받아들이면서부터는 우리가, 뽀뽀, 하면 고 예쁜 종종걸음으로 와서 우리 입술에 부리를 콕 찍어주고 가는 것이었다. 뽀뽀를 워낙 잘하여 이름이 저절로 뽀뽀가 되었다.

제 집에서 내려와 착지하면 도로 날아오르지 못하던 애가 한 달이 지나니 웬만한 높이는 어디든 앉을 수 있게 되었다. 얼마 더 지나자 마루

이쪽에서 저쪽으로 제법 높게 멀리 날기도 하고 위험물을 피해갈 줄도 알았다. 보내야 할 때가 아닐까.

우리는 마음 굳게 먹고 아가참새를 창문턱에 세웠다. 정직하게 말하자면 우리는 조마조마했다. 아가참새가 바깥을 거부하고 우리와 살겠다고 해주기를 바랐다. 바깥을 너무 두려워하여 파들파들 떨며 놀라는 뽀뽀가 어찌나 고마웠는지 모른다.

성조가 되어 제 짝을 찾아가기까지 뽀뽀는 360일 정도를 우리와 살았다. 언니가 공부하면 책장을 부리로 콕 찍어 넘겨주려들고, 엄마가 청소하면 뒤를 콩콩 따라다녔다. 오빠가 노래하면 얼른 날아와 박자 맞춰 노래도 불렀다. 저 혼자 놔두면 함께 놀자며 떼를 쓰는 아이였다. 일 년이 다 되어 활짝 열어놓은 창문 앞에서 뽀뽀가 며칠이나 망설일 때 우리는 얼마나 마음을 졸였던가. 아, 가긴 가야 하는데, 보내긴 보내야 하는데, 가지 말았으면, 갔다가 다시 왔으면.

결국 어느 순간에 가버린 뽀뽀가 기특하면서도 야속하여 딸애는 울면서 뽀뽀를 찾아 동네골목을 헤맸다. 뽀뽀야, 뽀뽀야! 너 어디 있니? 괜찮니? 무사하니?

이 엄마 마음도 딸애와 같았다. 우리 뽀뽀가 어디서 굶는 건 아닐까, 제 가족을 찾지 못했으면 어쩌나, 짝은 제대로 만났을까, 동족에게 따돌림 받는 건 아니겠지, 고양이를 피하지 못하면 어쩌나. 비가 오면 비가 와서, 눈이 오면 눈이 와서, 그 애를 보낸 우리의 걱정은 끊이지 않았다. 독수리도 참새로 보이고 하루살이도 참새로 여겨졌다. 보살펴줘야 할 다른 연약한 생명들에 연민이 가득해지는 것이었다. 그 애를 보냄과 함께 미련도 걱정도 끊어야 옳을 텐데 여전히 우리는 어리석기 한량없었다. 그 동네가 참새 살기에 열악하고 척박한 환경이기 때문이었다. 하긴 핑계 없는 무덤이 어디 있으랴.

우리 식구는 뽀뽀 덕분에 어느 부분이 성큼 자랐다. 아가참새 뽀뽀가 온 그날 그 순간부터 우리는 그 애로 인해 기쁘고 즐겁고 행복하지 않은 적이 없었다. 세상의 다른 생명과 존재를 소중하게 여기며 손 내밀 줄 알게 되었다. 어떤 만남이나 인연에는 매번 작은 깨달음이 있기 마련인 것이다. 그렇더라도 이다음 다시 태어나면 참새로 태어나 뽀뽀를 만나겠다는 우리 딸에게 한마디 하지 않을 수 없다. 참새는 절대로 안 돼. 너무 연약한 존재라서 늘 위험에 처해야 한단 말이다. 다음 생에는 뽀뽀도 우리도 신선으로 태어나는 게 좋겠어.

(2007. 5. 31)

어떤 예의

우리 집 고양이 니케와 동물병원 앞에 서 있는데 지나던 유치원생 몇 이 '와아, 고양이다' 하고는 다가들어 조잘댄다. 아이 귀여워! 아줌마네 고양이예요? 여자예요, 남자예요? 이름이 뭐예요? 아, 고양이 기르고 싶다! 나도. 나도.

뭐든 스스럼없이 묻고 말하는 아이들이 많아졌다. 바람직하다. 얘, 물어요? 고양이는 뭐 먹어요? 고양이에 관해 조금이라도 알려줄 수 있는 기회라서 이 아줌마는 이때다 싶다. 고양이는 짠 거, 그런 아무거나 먹으면 병이 나요. 아이들은 너무 어려서인지 얼른 알아듣진 못하는 것 같다. 아줌마는 왜 여기 있어요? 동물병원 앞인데 바깥에 있으니 아이들은 그 점도 궁금한 모양이다. "동생고양이가 예방주사 맞으러 들어가서 기다리는 거예요." 여덟 개 눈동자가 부러움으로 초롱초롱 빛난다. 동생고양이도 있어요? 아줌마 좋겠다!

동물이라면 무조건 무섭다며 피하는 애들도 있는데 명랑한 이 꼬마들은 다르다. 우리 니케를 귀엽다며 만져보고 싶다니 여간 기특하질 않다. 아줌마 입매가 흐뭇하게 이만큼 벌어지려는 찰나다. 뒤따르던 엄마들이 큰일이나 난 듯 달려와 제 아이들을 순식간에 낚아채서다. "어머 얘들 좀 봐! 어르신을 귀찮게 하면 안 된다고 했지. 어르신께 인사드리고, 고양이한테 안녕하고 얼른 가자. 어르신 죄송합니다."

30, 40대쯤인 엄마들이 깍듯하다. 왜 죄송한지, 뭘 귀찮게 했다는 건지 이 '어르신'은 도무지 황당하다. 어르신 어르신하며 돌연 구정물을 끼얹는 심보가 뭐냐. 전생에 원수라도 졌느냐.

(어르신-어르신네「명사」/「1」남의 아버지를 높여 이르는 말. '어른'보다 높여 이르는 느낌을 준다. ≒어르신「1」. /「2」아버지와 벗이 되는 어른이나 그 이상 되는 어른을 높여 이르는 말. ≒어르신「2」.)

사전풀이와 상관없이 나이만큼 존경도 받을 수 있는 인품을 어른 혹은 어르신으로 부른다고 알아 왔다. 노인취급 받았다는 사실도 그렇지만 시중에서 툭하면 남발하는 '어르신'이란 말이 영 불편하던 터다. 방송 같은 데를 보면 술 취해 길거리에 고꾸라져 있는 인물에게도 '어르신' 운운하며 마이크를 들이대더라. 아무렇게나 함부로 살았대도 살아낸 세월자체에 대한 존중이런가.

훌륭한 인격을 갖춘 진짜 어르신이 되기는 얼마나 어려운 노릇인가. 졸지에 어르신이 된 자의, 뭐라 표현할 수 없는 이 애매모호한 기분이라니.

(2014. 3. 17)

거룩한 비둘기

비둘기들이 아장걸음으로 왔다 갔다 한다. 어느 비둘기는 발목이 없고 어느 비둘기는 한두 개씩 발가락이 없다. 성치 않은 비둘기가 왜 있는지는 다른 기회에 이야기하자. 어느 비둘기는 외발인 채로 종일 수고하지만 딱히 먹을 게 없다. 도로경계석 아래로도 무시로 내려가 무엇인가를 쫀다. 차량이 쌩 달려온다. 악, 헉! 다행이다. 차바퀴 바로 앞에서 비둘기는 파드득 비킨다. 경계석 아래에도 먹을 것은 없다.

비둘기가 취객의 토사물 등으로 연명한다는 현실을 아는 이는 안다. 추운 날씨면 새들은 공기로 깃을 부풀린다. 그래서 뚱뚱해 보이는 비둘기에게 무식한 인간은 '닭둘기'라는 오명을 씌웠다. 탐욕스럽고 인색한 자의 눈으로 보니 뭐 눈에는 뭐만 보이는 것이다. 어쩔 수 없이 도시에 놓인 야생동물은 다 비슷한 상황이다. 오로지 척박하며 열악한 터전. 여기에 '유해동물'이라는 낙인마저 찍힌 생명의 생존은 어떠하랴. 반가운 손님 까치에 이어 평화의 상징으로 수입도 불사, 각종 행사에 쓰인 비둘기에게도 '유해조류'란 주홍글씨가 붙었다.

비둘기의 세균이 사람에게 병을 옮길지 모르기 때문이란다. 새 전문가와 의학자는 '비둘기와 연관된 사람의 질병이 아직 보고된 적 없다'고 단언한다. '비둘기의 똥오줌으로 민원이 답지해서'라는 죄명도 있다. 사람의 똥오줌이 지구오염 원인 중 하나인 건 괜찮은 모양이다. 비둘기가 더럽다는 죄목도 있다. 천만에. 비둘기는 목욕을 좋아한다. 물 목욕, 흙 목욕을 하며 깃을 고르고 말리고 가꾼다. 비둘기가 더러운 건 목욕은커녕 마실 물도 주지 않는 도시의 몰인정한 환경 탓이다. 야생의 생존은 어느 가혹한 운명의 사람보다 눈물겹다. 게다가 '유해조류' 비둘기는 독극물로 죽여도 된다는 언도를 받은 셈이다. 알 품은 둥지를 거둬 태우는 건 소위 인도적인 처사라나. 감히 인간님을 불편하게 하면 어찌 되는지 생생하게 본때를 보여준다.

 누가 그런 권한을 주었는가. 사람은 오늘도 오만과 이기심의 바벨탑을 쌓는다. 신의 노여움에 한순간이면 무너질 탑을. 그중 상식이 있는 자는 말한다. 사람만큼 유해한 동물이 지구상에 또 있겠는가고.

 무릇 종교의 성인성녀는 죄도 없이 핍박과 학대와 고난을 당하지 않은 분이 거의 없더라. 다른 나라 사정은 모르겠다. 적어도 우리나라 도시에 사는 비둘기에게 진정 이 이름을 바치고 싶다. 성(聖) 비둘기.
 (2014. 4. 7)

경칩두꺼비

올해 1월 1일부터 시작한 무조건 걷기가 1월 2월을 지나 3월에 이르렀다.

과연 12월 31일까지 지속할 수 있을 텐가. 살아봐야 알 노릇이다.

오랫동안 올림픽 공원을 가지 않았기에, 집에서 그보다는 가까운 풍납토성 길, 그저 강동구 송파구 동네 골목길, 암사 유적지 가까이, 암사 종합시장이며 해공공원 등을 계획 없이 걸었다. 발길에 마음을 맡겼달까, 마음에 발길을 맡겼달까. 어느 게 먼저인지는 잘 모르겠다.

얼마 지나 올림픽 공원 자전거 길을 걷다가 버리고, 안으로 들어가 조깅 길을 택하게 되었다. 공기도 조금 더 낫고, 지금의 몸무게와 발바닥, 다리 무릎 사정으로는 그 길이 그중 낫다는 결론이다. 능선은 아직 자신이 없어서 그 아래 길을 돌아 나온다. 걸음 수가 모자라면 성내천 길이나 자전거 길에서 걸음 수를 채운다.

올림픽 공원은 딸과 거의 같이 다닌 길이다. 매번 경기도 저기 사는 딸이 생각나며 그 시절을 그리워한다. 그때는 우리 걸음으로 34분 걸리던 능선 길을 택했고 걸음 수를 헤아리지는 않았다. 지금 능선 아래 둘레길은 시간은 모르겠고 6000보가 채 안 된다. 그 시절만 그리워하게 되는 게 아니다. 딸은 자꾸 어려져, 대학교 고등학교 중학교 초등학교 그리고 유치원과 유치원 가기 전으로 바뀐다.

지금 키운다면 더 잘해줄 수 있을 텐데 하는 생각에 심정이 아리다.

지난번 미역국 모임에서 내 두 친구가,

- 선덕이 쟤는 아이들에게 엄청 잘 해줬지.

그런 말을 하였지만 지금 돌이켜 보면 모자라다. 친구도 우리도 아이들 모두 어리던 당시는 친구가 이런 말도 하였다.

- 쟤는 쟤네 아이들이 달을 따다 달라고 하면 장대 메고 나갈 아이야.

하지만 역시 지금 생각하면 뭔가 많이 부족하다.

이야기가 새 버렸다.

몽촌토성 능선 아래 길을 걷던 초기는 제법 꽁꽁 언 날도 많았다. 얼마 지나 날이 풀리면서 새들도 풀렸는지, 참새가 많아지고 길 아래 성내천으로 정확히 이름은 모르겠는, 청둥오리로 보이는, 혹은 비오리로도 보이는 그런 아이들과, 까치가 많아지고, 왠지 청승스러운 왜가리며 백로도 많아졌다. 어느 사흘간은 기러기 10명(命)과도 만났다. 잠시 성내천에 들른 기러기 가족이었다. 어찌나 아름답고 품위 있으며 멋있던지!

언젠가는 밀화부리 단체를 만났다. 밀화부리구나!

밀화부리를 처음 보는데, 이름만 아는데, 대뜸 탄성이 나오며 속으로 외쳤던 것이다. 집에 와서 부랴부랴 검색해보니 밀화부리가 맞았다. 다음 날 그 길을 그대로 가는데, 밀화부리가 떼를 지어 낮게 높게 앉았다 날았다 한다. 그런데 전날 바로 떠올랐던 이름이 깜깜하다.

허, 무슨 부리였지? 흰굼부리? 아녀 아녀, 뜬굼부리? 아녀아녀, 굼부리는 새 이름이 아니고 제주도 말인데….

만 보 이상을 굼부리에서 머물다 집에 와서 찾으려니 도저히 못 찾겠다. 뇌 상태가 그런 지경에 이른 것이다. 어이 하오리.

틈을 보아 나가는 형편이기에 대체로 아무 때나 걷게 된다. 그제는 저녁 설거지 끝난 후에 걷게 되어 밤길을 걸었다. 어느 시각, 어느 악천후에 나가도 누군가는 걷고 있다. 열심히 걸음 수를 채우는데 저만큼 길바닥에 검은 그림자가 움직인다. 엉금엉금이라기에는 너무나도 서투르고 어설픈 어그적 어그적.

아니? 아니!

깡말랐지만 두꺼비다. 길 아래 성내천 둑에서부터 올라오던 중일 테니 기력이 다한 것 같다.

옆을 지나던 여자도 거의 동시에 두꺼비를 발견하여 나지막하고 작게 소리 내며 놀란다.

사십 대 중반으로 보일 젊은이다.

서로 모르는 사이지만 두꺼비가 토성 비탈로 갈 수 있게 어서 길을 마저 건널 수 있게 양쪽에 서서 지키며 자연스레 말을 주고받는다. 역시 거의 동시에 비슷한 말을 꺼낸다.

- 너무 느려서, 마음 같아서는 손으로 얼른 건네주고 싶지만 참아야겠죠?

양서류나 물고기는 사람 손으로 그냥 잡으면 화상을 입는 거나 마찬가지라는 이야기를 어디에선가 읽었는데 상대도 아는 모양이다.

- 경칩에는 이 길에서 정말 꼭 개구리를 보게 되더라고요. 다른 데는 모르지만 올림픽 공원에서 경칩에 꼭 만나요.

-그렇군요. 그런데 얘는 개구리가 아니고 두꺼비예요.

-아 그렇네요.

-너무 말랐어요.

두꺼비는 시간을 끌며 사람들 다니고, 더러 자전거도 다녀 진짜 위험한 길을 천천히 천천히 어그적 어그적 간신히 건너 토성 비탈을 향하였다.

한 걸음 한 걸음이 노상 바쁘지만, 이 시간을 못 내어주랴.

두꺼비가 안전해져서야, 젊고 조금 덜 젊은 두 사람은 그 자리를 떴다.

어둠에 얼굴 모양이 거의 보이지 않는 서로는 어쩐지 흐뭇해져 눈인사를 나눴다. 다시 만난대도 서로를 전혀 알아보지 못하겠지만 적어도 그 자리에서 우리는 같은 부족이었음에.

(2024. 3. 7)

12

약간 사회시사 그리고
각종 기도

순진무구
김조광수 그의 어머니
어쩌면
하찮은 깨달음 하나
염세적 낙천주의자의 기도
용기를 위한 기도

순진무구

노상 그렇기는 하지만 나라 안과 밖이 다 함께 시끄럽다. 자연재해로 얼마 전에는 일본에서 있었던 지진이 세계를 놀라게 했고 매스컴은 연이어 캘리포니아를 휩쓴 홍수를 보도한다.

축복받은 우리나라는 여러 달 가뭄이 기승을 부렸다. 대 국민각성을 하려는 찰나 하늘은 소중한 비를 달게, 달게 내려주셨다. 대통령이 우리에게 지진의 위험에 대비하라는 유비무환을 아무리 강조해도 내 자신은 축복받은 땅에 태어나 살고 있음을 단 한 번도 의심해 본 적이 없다. 대폭설, 대홍수, 대지진, 화산대폭발… 그 모두 나와 관계없이 국어사전 속에나 있는 낱말, 또는 외신을 통해 들어오는 먼 나라의 이야기로만 들린다.

걱정거리가 없어서 우리에게도 그런 일이 일어날지 모른다고 노심초사하는 주변 인물도 없지는 않다. 그 걱정은 그러면 그 사람의 걱정이다. 그럴 일이 있다고 믿는 이에게는 있는 것이고, 없다고 여기는 나 같은 사람에게는 어떤 걱정도 없는 것이다. 부처 눈에는 부처가 보이고 나한의 눈에는 나한이 보인다는 말도 있지 않던가. 부처는 부처 나라에 나한은 나한의 나라에 살게 되어 있는 법이다.

그리하여 노래방에라도 가게 되면 나는 아, 대한민국! 하는 행복에 겨운 노래를 부른다. 하늘엔 조각구름 떠 있고, 강물에는 유람선이 떠

있고, 저마다 누려야 할 행복이 언제나 자유로운 곳. 뚜렷한 사계절이 있기에, 볼수록 정이 드는 산과 들, 우리의 마음속 이상이, 끝없이 펼쳐지는 곳….

일본 대지진에 그곳에서 잠깐 나온 이가 있어 진심으로 물었다.
언제 지진이 일어날지 모르는 곳에서 산다는 게 불안하지 않습니까. 우리나라만큼 살기 좋은 곳은 지구상에는 없다고 봐요.
그는 물끄러미 이쪽을 보더니 혀를 차는 어조로 대답했다.
참 순진하시군요. 저렇게 난데없이 다리가 썽둥 떨어져 국민이 날벼락을 맞는 불안한 나라는 이 지구상에 또 없겠지요.

(1995)

김조광수 그의 어머니

협회(소설가협회) 사무실 일을 끝내고 집에 오느라 광화문 사거리를 건너는데 저쪽에서 누가 건너온다. 잘 아는 사람이다. 우리가 알아온 대략 삼십오륙 년 간 길에서 마주친 적은 완전히 처음이다. 무조건 어찌나 반가운지.

하지만 근래에는 살피듬이 엄청나져서 누구든 안 보고 싶은 마음이 굴뚝같다. 살이 쪄서 보기 흉하기도 하지만, 진짜 건강이 나빠졌다. 이만큼 살이 찌게 내버려둔 나태함이 끔찍하며 혐오스럽다.

하필이면 광화문통 사거리에서 딱 마주치다니. 그의 집에 상이 나서 일산 어디 종합병원 장례식장에서 본 이후로 처음이다. 살 때문에 아무리 누구도 안 보고 싶다고 해도, 그렇다고 아는 체를 하지 않을 수야 있나.

"어!"

"어? 웬일이야?"

"어디 가우."

"저기 결혼식이 있어서."

그가 누구 결혼식에 갔는지는 집에 와서 인터넷을 열고 알았다. 시간과 방향이 거기다. 김조광수 씨의 결혼식. 그 결혼을 반대하는 어떤 시민이 오물을 끼얹었다는 어이없는 일도 기사로 있다.

기사 댓글은 그 결혼식과 부부를 축하하는 글이 가뭄에 뭐 나듯 간혹 끼여 있기도 하지만 대부분 온갖 더러운 욕설로 도배되어 있다시피 하다.

메가박스에서 '영화 천안함'을 내렸다는, 차라리 웃어야 할 기사도 있다. 음, 그럼 아까 정 감독 기분이 조금은 그랬겠구나. 여러 가지로 어이없다. 어째 이런가 싶다. 다름을 못 견디는 자들. 다른 목소리를 인정하지 않는 자들.

여기선 김조광수 씨의 일만 적기로 하자.

김조광수 씨를 개인적으로 전혀 모르지만 김조광수 씨 어머니의 바람이 이루어지는 세상, 여러 소수자들도 편안하고 행복하게 사는 세상이 되기를 빈다.

자식을 위해 단상에 올라 발언하는 어머니. 그 어머니의 심경을 이해한다. 내가 엄마였어도 그랬으리라.

"부모님들아, 꼭꼭 숨어있지 말고 앞으로 나와 달라. 속 태우며 살아가고 있는 우리 자녀들을, 함께 힘 모아 보호해줍시다!"

그것이 바로 대가를 바라지 않는 부모의 사랑이다. 자식을 위해, 자식의 행복을 위해 세상이 던지는 돌팔매를 두려워하랴. 자식을 사랑하는 강하고 용기 있는 어머니가 계시니 김조광수 씨는 이미 행복한 사람이다.

어제 당연한 결혼식을 한 김조광수 씨 부부가 잘살기를 빈다.

(2013. 9. 8)

어쩌면

세상의 불의와 부조리와 아픔과 고통을 두 눈 똑바로 뜨고 보겠다.
생살로 문대기겠다. 피하지 않겠다.
핏물이 진물이 되고 흔적이 남으면 더 좋다.
그게 바로 내가 살아있는 증거다. 삶의 증인이 되고 증언자가 되겠다.
세상 구석구석을 아주 잘 봐두겠노라.
그랬던 날들이 있다.
이제 정신이 늙고 보들보들 연약해졌다.
저번 날 지인에게 이 말을 하였다.

― 한강 씨도 김숨 씨도 참 놀랍고 대단한 게,
나는 정말이지 잔인함이나 잔혹함의 광경은 물론 그러한 표현,
그 과정을 통해야 비로소 내릴 수 있는 중요한 결론마저도 읽고 보아내지 못해.
너무 힘들어.

점심 찬거리로 시장 봐오는 길.
지지난해 말일 아가고양이가 어느 차에 치여 죽은 그 지름길로 다니지 못하는 내가 있다.
여전히 멀리 길을 돌아가는 내가 있다.

그렇게 멀찍이에서도,

'아가, 가여운 아가야.'

매번 한숨 쉬고 한탄하고 자책하며 그 아가고양이를 부르는 내가 있다.

부디 다시 태어나 네가 우리 금동이었으면, 우리 호두였으면, 우리 사랑이었으면,

염치없이 바라는 내가 있다.

그러니 하물며….

강남역에 갈 일이 없어서 얼마나 다행인가.

구의역에 갈 일이 없어서 얼마나 다행인가.

어쩌면 앞으로도 소설을 못 쓸지 모른다.

냉정해지지 못하고 아픔도 이겨내지 못하는 것이다.

애도.

애도라는 말 자체가 힘들다.

(2016. 6. 2)

하찮은 깨달음 하나

무심하고 무감각한 이조차도 하늘을 보며, 아 참 높다, 감탄사를 발할 만큼 하늘이 높아졌다. 가을이다.

맑고 건조하며 서늘한 바람결, 머리칼을 날리는, 지는 가로수 낙엽, 가을벌레들 소리, 허리를 휘는 억새의 흰 물결, 적막감을 주는 석양, 그런 풍경이 가을에 있다. 스러져가는 인생의 마지막 분위기 흡사한 가을은 대체적으로 쓸쓸하다. 그렇기에 '가을에는 기도하게 하소서' 하는 시구가 저절로 뇌리를 스치는지 모를 일이다.

풍요를 떠올려주는 풍경도 있다. '가을'이라는 명사 뒤에는 '오곡백과' '풍성한' '무르익고' 그런 말들이 구태의연한 채로 따르기 마련이다. '대풍'이라는 말 뒤에는 먹는 일이 연상된다. 특별히 입맛이 없는 한 먹는 일은 즐겁다. 먹지 않으면 죽게 되니 먹는 일이 생존본능이기는 해도, 먹는 즐거움 특히 맛있는 음식을 먹는 즐거움이 인생 몇 대 쾌락 중 하나임은 분명하다.

일전에 텔레비전 외화로 드라큘라를 보았다. 감동이었다. 그 사랑의 괴로움에서 받는 감동이 컸지만 다른 감동도 있었다. 바로 먹는다는 문제였다. 목숨을 부지하기 위한 화면 속 드라큘라의 입장이 보는 관점에 따라 처절하고 처연하여 가슴이 찡했다. 전설의 드라큘라가 영화소재로 되풀이되는 데는 그런 점이 있어서가 아닐까. 비록 상상이지만, 공포의 드라큘라를 우리가 용서할 수밖에 없는 까닭이다.

　드라큘라도 어쩔 수 없는 것이다. 운명인 것이다. 드라큘라가 된 이상 그들은 더 나은 건강을 위해 피를 탐하는 게 아니라 목숨유지를 위해 흡혈해야 한다. 인간의 피를 빨지 않으면 드라큘라의 생명은 끝장이다. 우리가 멸치든 쇠고기든, 무와 배추든, 뭇 생명을 희생시켜 내 생명을 보존하는 같은 맥락이다. 드라큘라가 해치는 것은 다름 아닌 존귀한 인간의 생명이며, 우리가 취하는 것은 영혼이 있고 언어와 생명이 있는 만물의 영장 사람고기가 아닌, 하잘것없는 생명들이니 차원이 다른 억지주장이라고 할 텐가.

　어느 책의 '하찮은 들꽃도 반짝이는 별이 됩니다.' 이런 광고 문구에 분개했더니, '그 참 하찮은 일 갖고 분개하는군요.' 하는 핀잔을 상대방에게서 들었다.

　하찮은 들꽃이 어디 있는가. 하찮은 존재는 없다. 하찮은 생명도 없다. 드라큘라뿐이랴. 한 포기 풀, 한 마리 매미, 바다 속 한 톨 고동이라도 살아있기 위해 치르는 대가는 이 땅에서 우리가 의식주를 해결하고 문화생활을 영위하기 위해 들이는 노력과 다르지 않은 것이다.

　몇십 년 살다 보니 숱한 사람과 음식 먹는 자리를 가질 기회가 많았다. 상하지 않고 손대지 않은 음식이지만 남았다는 이유로 버리는 일도 적지 않게 보아왔다. 그런 때마다 비닐봉투라도 내밀어 받아오고 싶은 충동이 인다. 실제로 그렇게 해서 갖고 온 음식을 잘 먹는 편이기도 하다. 내가 알뜰해서라거나 거지근성이거나, 혹은 환경보존 차원에서 그러는 게 아니다. 한때 들숨날숨 쉬며 살아있는 생명이었던 그 음식에게 정말 미안해서다.

무엇이든, 내 것이 소중하면 남의 것도 소중한 법이다. 어느 작은 목숨도 마찬가지다. 고귀하다. 그래도 할 수 없이 우리는 하루 세 끼, 최소한 한 끼라도 내 목숨을 잇고자 남의 생명을 먹는다. 나로 인해 사라지는 생명에게 어찌 허튼 마음을 가질 수 있으랴. 그는 생명을 바치는 것이고 나는 그 생명을 취한다. 흡혈 흡식한다.

밥상 아래 밥알이 떨어지면 주워 먹게 하던 어른들이 있었다. 음식이 귀한 시절이기는 했다. 하지만 더 근본은 그 낱알을 영글게 한 자연의 은혜, 뼛골 빠지는 수고를 한 농부들, 낱알을 집에 갖고 올 수 있게 한 가장의 노고와 밥상에 오르게끔 만든 주부의 손길까지, 길고 어려운 과정을 허술히 여기지 말라는 뜻이었다.

여기에 한 가지 더 덧붙인다면 생명에 관한 것일 게다.

모든 곡식, 채소, 나물, 생선, 육고기들. 그 모두 살아 있을 때 그들로서는 그들의 세계, 그들의 우주에서 무엇과도 바꾸고 싶지 않았을 소중한 생명이었다. 그들도 살아내기 위해 저마다 폭풍우와 가뭄과 경쟁상대를 이겨냈다. 밤과 낮을 견뎠다. 그들도 우리와 똑같은 고단한 삶의 장이 있었고 외로움과 힘듦과 견딤과 버텨냄이 있었다. 우리처럼 눈물겨운 존재이다.

내가 하루를 살아내기 위해 우리는 그들을 제물로 삼는다. 저 생명들을 매번 일부러 떠올리지 않아도 되게, 제물이 되어준 생명에게 고마운 마음을 내 안에 깔아놓고 살아야 할 노릇이다.

과연 가을에는 깊은 기도를 해야 하리라. 고귀한 생명이 희생된 이 음식을 취하는 만큼 좋은 삶을 살게 하소서. 밥값을 하는 삶이게 하소서.

밥값을 하게 해달라는 삶이, 업적을 쌓아 세세연년 회자되는 대단한 생애보다 못할 게 무엇이랴. 어떤 위대한 업적, 위인의 삶도 음식이 되어준 것들의 '귀한 생명의 가치'만은 못하리라.

(1998)

염세적 낙천주의자의 기도

며칠 전에 딸이 묻는다.

"엄마, 왕할머닌 몇 살이실 때 돌아가셨지?"

"엄만 노상 헷갈린다. 아흔 여섯이셨는지, 일곱이셨는지. 다섯이셨나?"

"오래 사신 거야?"

"그야 세상에서는 그렇게 말하지. 세상 나이로는 말이야."

"왕할머니는 그때 뭐라고 하셨어? 오래 사셨다고 하셨어?"

"그러긴 하셨어. 너무 오래 살았지요, 징그럽게 오래 살았지요. 그러시더라. 그런데 아닌 거야. 할머니 돌아가시니까 엄마 생각에는 조금도 오래가 아닌 거야. 너무 잠깐인 거야."

내게 남았을 햇수가 뇌리에 스쳤다. 길게 잡아 몇십 년. 쉽게 다 지나가리라. 살아온 몇십 년이 이토록 잠깐이었듯이.

"왕할머니는 진심이신 것 같았어? 오래 살았다고 하신 말?"

"늙으면 죽어야죠, 죽고 싶다, 그런 거 다 거짓말이라고 하잖니. 엄마가 아직 그만큼 살지 않아서 그걸 모르겠어. 정말 죽고 싶을까, 백 년도 못 되는데 징그럽게 오래 살았다고 말하게 될까, 그런 거 말이야. 왕할머니는 진짜 진심으로 말씀하셨고, 우리엄마도 요즘은 걸핏하면 그러셔. 아직 몇 살도 안 되셨잖니."

우리엄마는 일흔여덟이시다.

"그러게. 외할머니는 젊으신데. 외할머니는 왜 그러시지?"

"몸도 여기저기 아프고, 자식들에게 좋은 일은 없고. 그래도 그렇지, 정말 죽고 싶다고 하신단 말이야. 나중엔 정말 죽고 싶어지는 걸까? 그걸 엄마는 모르겠더라."

딸의 하얀 얼굴이 순간 더 희게 되더니 얇은 살갗이 가만히 파르르한다. 순간, 아이에게 쿵, 하는 무엇인가가 지나는 것 같다.

그러더니 문득 기운이 다 빠진 작은 소리로 말한다.

"백 년 다 산대도 사람은 너무 조금 살아."

딸애는 제 방 문을 닫았다. 이 엄마는 아이 표정을 못 본 체, 안 본 체했다. 우리가 고작 백 년도 못 살다가 어느 날 돌연 내 앞에서, 네 앞에서, 완전히 없어지는 존재란 데에 딸은 생각이 미친 모양이다. 엄마는 눈치챘고, 딸애는 엄마 모르라고 충격을 자기 안에 두었다. 딸의 심경이 그대로 보여 심신이 서늘했다. 슬펐다. 누구도 아무도 어떻게 할 수 없는 죽음.

딸은 그날 구청 가정복지과라는 데서 일률적으로 일제히 보냈을 카드를 받았다.

'세상에 이름을 새긴 지 스무 해를 맞는 당신은, 이제 가슴 설레이는 어른으로 태어났습니다. 성년이 되신 걸 진심으로 축하드립니다.'

아, 뭐야 내가 성인이 되는 거야?

앗, 그래? 우리 아기가 성년이 되는 거야? 그럼 지금 몇 살인 거야? 말도 안 돼.

우리는 카드내용을 트집 잡았다. 설레이는 이 뭐냐, 설레는 이지. 맞춤

법이 틀렸다는 둥, 어떻게 어른으로 태어나니? 성년이 된 걸 왜 구청가 정복지과에서 축하하니, 등등.

성년이 될 만큼 딸애가 나이 들었다는 데에 당황하여 모녀는 같이 허둥거렸다. 그 끝에 딸이 물었던 것이다. 엄마, 왕할머니는 몇 살일 때 돌아가셨지?

어느 해인가부터 우리엄마는 애타하였다. 너희들 늙는 게 너무 속상하다.

두 아이가 생기고 둘 다 성년의 날이 지나니 내 엄마의 마음과 기분을 알겠다. 불과 두어 해 전까지만 해도 우리 두 아이가 언제 클까를 걱정하였다. 친구가 우리보다 먼저 애를 낳고 학교를 졸업시키고 성가 시키는 걸 보면 우리 집이 염려스러웠다. 언제 커서 대학 졸업하고 자기 일을 갖고 시집장가를 가나.

그랬던 게 엊그제인데 내 엄마와 같은 말을 나도 한다. 이 엄마 늙는 건 괜찮은데 너희 늙는 게 속상하다. 엄마는 하루라도 빨리 죽고 싶다고 말씀하지만 그 딸인 나는 그건 아직 그렇지 않다. 나는 살고 싶고 나의 두 아이가 살아있는 날까지 함께 있어주고 싶다.

딸애가 들어가 오래 방 문을 닫고 있는 동안 요즘 자주 하던 생각에 다시 잠겼다.

죽고 싶지 않다고 바라게 된 건 너희 때문이다. 세상과 나를 이어주는 끈, 너희 때문이다. 너희를 두고 간다는 게 견딜 수 없다. 더 견디지 못할 건, 너희가 늙는다는 일보다 너희도 세상을 떠나야 한다는 사실이다.

거기에 이르면 마음이 몹시 아프다. 게다가 문명의 이기는 날로 발달하고 편해지지만 앞으로의 세상은 절망적이기만 하다. 지구환경이 자꾸 나빠져 지구온난화가 가속화되며 물도 모자라리라 한다. 너무 많은 사람이, 걸어갈 거리도 승용차를 타고 더위를 참지 않으려들며 에어컨을 틀어댄다. 사람들은 잠깐 반성하지만 실천하지 않는다. 성정들이 날카롭고 간교해지며 극악을 향해 치달린다. 이런 세상에 두 아이를 낳은 일이 미안하기 그지없다. 이 미안함을 조금이라도 갚을 세월이 겨우 이십여 년, 별로 많이 남지 않았다.

그날 이후로도 딸애는 새벽이 되도록 학교에 낼 리포트를 쓰고 만화책도 보고 만화를 그린다. 아들도 어제에 이은 일상을 계속하고 나 또한 마찬가지다. 우리 모두 어쩔 수 없으며 별수 없이 살아내야 하는 피조물의 운명이다.

세상에 남아있는 까닭이 사랑 때문임을 알고 있으니 그건 다행이다. 사랑이 세상과 나를 연결해주는 유일한 끈임을 알고 있으니 다행이다. 가장 큰 다행은 사랑할 대상이 있다는 점이다.

남은 시간, 있는 힘 다해 두 아이를 위해 살리라. 사랑하는 이를 사랑하고 연약한 생명도 사랑하리라. 너그러워지리라. 그렇다고 두 아이를 향한 이 엄마의 미안함이 없어지는 건 아니다. 그러나 어쩌랴. 이 엄마 피조물은 정리되지 않는 상념을 뭉개며 또 단순한 주문을 넌다.

세상과 엄마를 이어주는 강력접착제 너희가 있어 고맙다. 사랑할 대

상인 너희가 있어 엄마 생은 축복받은 것이다. 얼마나 고마우냐. 사랑을 보내준 조물주에게 감사한다.

    그리고 아들과 딸아. 너희가 세상을 떠나는 날까지 한순간도 빠짐없이, 세상을 살아낼 이유, 힘이 될 사랑하는 대상이 너희에게도 함께하기를 기원한다. 고마워하며 따뜻한 마음으로 살기를. 그래서 아프고 슬퍼도 행복하기를.

    오후엔 빵의 명가에 예약해놓은 체리케이크를 찾으러 갈 것이다. 우리 딸의 만 스무 번째 생일케이크.

    (2007. 5. 22)

용기를 위한 기도

지난주 19일 토요일. 인천에서 1박하고 일요일에 왔다.

인천에 간 본래 이유는 '제35회 새얼 전국학생 학부모 백일장' 심사가 있어서이다.

백일장 심사 날짜와 시간이 정해지자 이번에는 끝난 후 엄마와 자고 와야겠다고 마음먹었다. 전과 같은 일요일이 아니고 토요일이라 맞춤이다.

대학 입학 다음해에 통학시간이 왕복 6시간 걸린다는 핑계로 인천 집을 떠났다. 당시 도화동 235번지에서 서울 회기동까지 그만큼 걸렸다. 그대로 서울에 눌러 살게 되어 어정쩡한 서울 시민이 되고 말았다. 엄마와 단둘이 자본 기억이 한 번도 없다. 엄마가 세상을 떠난다면 엄청나게 후회할 게 틀림없다.

서로 자주 전화 통화하고, 가족 카톡 방에서, 또 엄마와의 개인 카톡에서도 여러 주제로 대화를 주고받는다. 그래서인지 처음 같이 자는데도, 전화통화와 카톡 문자할 때의 범주에서 크게 벗어나지 않는다. 나라와 정치를 노상 걱정하며 관심이 커서 그런 대화를 하고 싶어 하신다. 엄마의 청년시절은 애국청년, 지금은 애국노인이다.

시국 걱정하는 엄마 덕분에 직접 만나면 꼭 묻고 들으려던 이야기는 물 건너가고 말았다. 나를 낳기 전의 엄마와 할머니 그 옛날이야기들을 더 듣고 기록해두고 싶었는데, 다음 기회를 기다려야 하니 차라리 잘된 일인가.

나란히 어깨를 안고 자고, 새벽에는 기도 이야기를 엄마의 새벽 기도 후에 들었다. 엄마 기도의 골자는 내 블로그에도 몇 번이나 썼다.

엄마의 일과는 규칙적이다. 정한 일상을 철저히 지킨다. 연세가 들어서의 일정은 젊은 날 이러저러한 사업할 때와 물론 다르다. 아침 5시에 일어나 두 눈 찜질하고, 집안 치우고, 기도한다. 세계 평화와 우리나라와 문재인 대통령 내외, 엄마의 자식과 손자손녀, 엄마언니의 자식인 조카들과 손자손녀를 위한 기도이다.

"얘, 나는 너희들 전부에 대한 기도가 다 다르단다. 그래서 오래 걸려. 우리 큰딸을 위해서는 이렇게 기도한단다."

그러고는 큰 소리로 기도하며 들려주신다.

"하느님 아버지, 그리고 어머니이신 성모마리아여, 우리 큰딸 선덕이가 용기를 잃지 않고 열심히 살게 해주셔서 감사합니다. 열심히 살 수 있는 건강을 주셔서 감사합니다. 앞으로도 우리 큰딸 선덕이에게 용기를 주셔서 어떤 난관에서든 씩씩하게 이기며 살게 해달라고 기도하니 들어주소서. 아멘."

"하하하. 그래요 엄마. 정말 좋은 기도예요. 엄마 고마워요. 저도 아멘."

그런데 용기. 지난해 올해 내가 살아내는 이것은 용기일까. 용기란 게 고작 이런 걸까.

얼마의 돈이 필요하여 남이 뭐라고 하건 다른 집 아이를 봐주러 다니는 일. 집안 여러 사람, 특히 엄마의 반대와 한탄을 뒤로 하고 말이다. 언제고 끝낼 일이긴 하지만, 토요일 일요일에만 쉴 수 있는 남의 집 애보기를?

국어사전에는 이렇다.

용기2(勇氣)「명사」씩씩하고 굳센 기운. 또는 사물을 겁내지 아니하는 기개.

어제 토요일에는 반백만 년 만에 동화 작가 이규희를 만났다. 절친하지만 몇 년에 한 번 만나면 잘 만나는 사이이다. 그래서 미리 설렌다. 오랜만이다 보니 그동안 그의 저서가 잔뜩 늘어나 있다. 당장도 장편동화 〈악플 전쟁〉이 장안의 지가를 올리고 있는지를 그제야 알게 된다.

친구는 선물로 자기의 다른 책을 갖고 왔다. 청소년 소설 〈두 소녀의 용기〉. 답게 출판사에서 나온 책이다.

"우선덕, 이 책을 왜 갖고 왔는지 알아? 자기도 제발 쓰라고 갖고 온 거야. 자긴 쓸 수 있어. 잘 쓸 수 있어. 청소년 소설이 대세야. 옛날에 청소년 소설 자긴 정말 잘 썼잖아."

그야 〈두 소녀의 용기〉의 용기와 나에게 가지라는 용기는 다른 내용이다. 다만, 내 친구 우선덕아 남의 집 일하러 다니지 말고 쓰겠다는 마음과 용기로 글을 쓰라는 것이다. 쓰면 된다는 용기를 가지라는 것이다. 이규희의 진정성이 마구 전해오기 때문에 그 자리에서는 금방 그럴 수 있을 것 같은 기분이 나도 마구 든다. 과연 예전처럼 뚝딱 써낼 것 같다.

이규희가 내는 진수성찬 점심을 먹고 이규희의 영역인 인사동 안국동 삼청동 일대, 청와대 정문 앞길까지 두루 걷고 커피를 마신 후 헤어졌다. 반백만 년 말고 우리 일 년에 두 번이라도 만나자면서. 어쩌다 만나면 매번 하는 소리이다. 일 년에 두 번이라도, 아니 일 년에 한 번이라도.

그나저나 가지라는 용기, 용기가 과제다.

세상은 여전히 너무 빤하게 돌아가서 쓰고 싶은 세상의 문제가 없으니 문제이다.

정말 정말, 아아아아아아 정말.

(2020. 9.27)